Jahrbuch Coaching und Organisationsberatung

Christian Kuhlmann • Markus Walber
Hrsg.

Jahrbuch Coaching und Organisationsberatung

Professionalisierende Subjekte im Spannungsfeld von Wissenschaft und Erfahrung

Springer VS

Hrsg.
Christian Kuhlmann
Akademie Universitäre Weiterbildung
Universität Bielefeld
Bielefeld, Deutschland

Markus Walber
Akademie Universitäre Weiterbildung
und Fakultät Erziehungswissenschaften
Universität Bielefeld
Bielefeld, Deutschland

ISBN 978-3-658-27270-8 ISBN 978-3-658-27271-5 (eBook)
https://doi.org/10.1007/978-3-658-27271-5

Die Deutsche Nationalbibliothek verzeichnet diese Publikation in der Deutschen Nationalbibliografie; detaillierte bibliografische Daten sind im Internet über https://portal.dnb.de abrufbar.

Springer VS ist ein Imprint der eingetragenen Gesellschaft Springer Fachmedien Wiesbaden GmbH und ist ein Teil von Springer Nature.
Die Anschrift der Gesellschaft ist: Abraham-Lincoln-Str. 46, 65189 Wiesbaden, Germany

Inhaltsverzeichnis

Coaching zwischen Bedarf und Qualität – Zum Anliegen dieses Jahrbuchs

Christian Kuhlmann und Markus Walber

Zusammenfassung

Coaching hat sich als etabliertes Format zur Reflexion und Weiterentwicklung in verschiedensten Lebens- und Arbeitsbereichen durchgesetzt. Angesichts zunehmender gesellschaftlicher Komplexität, Unsicherheit und Entscheidungsdrucks wächst der Bedarf an professioneller Begleitung – Coaching fungiert hier oft als entlastende Unterstützung. Gleichzeitig bleibt der Markt unübersichtlich: Es mangelt an allgemein akzeptierten Qualitätsstandards, und die Grenze zwischen Coaching und Beratung ist oft unscharf. Das Jahrbuch thematisiert daher die Professionalisierung von Coaching unter besonderer Berücksichtigung der Rolle wissenschaftlicher Erkenntnisse. Es geht weniger um die Etablierung einer neuen Profession als um die Förderung professioneller Qualität in einem dynamischen, wenig regulierten Feld. Die Beiträge diskutieren zentrale Spannungsfelder und die Notwendigkeit, wissenschaftliches Wissen mit erfahrungsbasiertem Handeln zu verbinden. Im Zentrum steht die Frage, wie professionelles Handeln im Coaching fundiert, reflektiert und ethisch begründet werden kann.

C. Kuhlmann
Akademie Universitäre Weiterbildung, Universität Bielefeld, Bielefeld, Deutschland
E-Mail: kuhlmann@dimension21.de

M. Walber (✉)
Akademie Universitäre Weiterbildung und Fakultät Erziehungswissenschaft, Universität Bielefeld, Bielefeld, Deutschland
E-Mail: markus.walber@uni-bielefeld.de

C. Kuhlmann, M. Walber (Hrsg.), *Jahrbuch Coaching und Organisationsberatung*, https://doi.org/10.1007/978-3-658-27271-5_1

1 Coaching überall – ein nicht mehr zu überschauendes Feld

Coaching und Beratung boomen seit Jahren und haben sich in Organisationen als regelmäßige Formate der Weiterentwicklung und Reflexion etabliert. Der Beratungsmarkt umfasste im Jahr 2022 einen Umsatz von ca. 43 Mio. € in Deutschland (Statista, 2025). Im Jahre 2016 betrug der Coachingmarkt einen Umsatz von ca. 520 Mio. € in Deutschland (Stephan & Rötz, 2018). Unabhängig von dieser betriebswirtschaftlichen Einschätzung kann man die wachsende Bedeutung im Coaching auch daran ablesen, dass zunehmend mehr Themen und sich ausdifferenzierende Zielgruppen des Coachings zu verzeichnen sind (Schreyögg & Schmidt-Lellek, 2015). So spricht man heute von Lerncoaching, Orientierungscoaching, Karrierecoaching, Lebenscoaching, Life-Coaching oder auch Female-Coaching. Es scheint kaum einen gesellschaftlichen Bereich mehr zu geben, bei dem Coaching nicht unterstützen kann. Coaching entwickelt sich zunehmend zu einem dauerhaften Begleiter des Alltags.

Die Gründe hierfür dürften vielfältig sein: Insbesondere wird aber immer wieder auf eine **steigende Komplexität gesellschaftlicher und individueller Lebensverhältnisse** rekurriert (u. a. Nassehi, 2021). Mit dieser gehen vermehrt Unsicherheiten der eigenen Lebensführung in den verschiedenen Lebensbereichen (Schule, Wirtschaft, Familie etc.) und eine erhöhte Orientierungssuche nach passenden Entscheidungen einher. Das damit verbundene Risikopotenzial von *Fehlentscheidungen* hat aus mehreren Gründen deutlich zugenommen:

- Allgemeingültige Legitimationsquellen (z. B. Traditionen, eindeutige Bewertungsvorstellungen) auf die man sich bei Entscheidungen berufen kann, verlieren an Bedeutung. Entscheidungen müssen folglich zunehmend individuell begründet werden, was höhere Anforderungen an das eigene Urteilsvermögen stellt.
- Aufgrund eines erhöhten Zugangs zu Informationen und Handlungsressourcen hat sich die Anzahl der Entscheidungsoptionen deutlich erhöht. Entscheidungsnotwendigkeiten und Entscheidungskomplexität nehmen darum enorm zu.
- Durch die gesteigerte Dynamik, die heute sozialen Zusammenhängen innerwohnt, besteht die Möglichkeit, dass die Grundlagen von Entscheidungen immer wieder variieren und Entscheidungen folglich ihren Wert verändern.
- Mit steigender Komplexität, die mit einer vermehrten digitalen Vernetzung einhergeht, sind Folgen von Entscheidungen heute kaum noch abschätz- und kalkulierbar.

Diese veränderten Rahmenbedingungen fungieren in der Wirtschafts- und Coachingwelt unter dem Akronym „VUKA". VUKA steht für vier Begriffe, die diese sich dynamisierenden Änderungen beschreiben: Volatilität, Unsicherheit, Komplexität und Ambiguität. Es dürften solche Entwicklungen sein, die zu einem Bedarf an kontinuierlichen Beratungs- und Coachingprozessen führen. Mit Beratung und Coaching wird also versucht, die mit diesen Risikolagen der eigenen Entscheidungen verbundenen psychischen Begleiterscheinungen wie Unsicherheitserleben, Scheiternsängste, Rechtfertigungsdruck oder auch Orientierungslosigkeit, abzumildern. Coaching hat somit nicht selten eine Entlastungsfunktion. Der Soziologe Hartmut Rosa (2005) hat herausgearbeitet, wie die beschriebenen Gesellschaftsveränderungen mit einer ansteigenden psychischen Belastung und in einer allgemeinen Entfremdung bei den Individuen einhergehen, insbesondere dann, wenn es um das Treffen guter Entscheidungen und das sich Orientieren in einer komplexeren Welt geht.

Coaching – so lassen es die bisherigen Ausführungen vermuten – wird in diesem Band in einem eher weiten Sinne verstanden. So schreiben Böning und Kegel (2015):

> *„Im Coaching, in seinen allgemeinen und weitgefassten Definitionen, werden Ziele und Themen überwiegend im 4-Augen-Gespräch bearbeitet, die unterschiedliche Ebenen und Inhalte betreffen, die miteinander verknüpft oder auch unabhängig voneinander auftreten können."* (S. 6).

Angelehnt an diese Definition wird Coaching hier als ein professionelles Reflexionsformat verstanden, welches nicht allein auf die Optimierung individueller Leistungsfähigkeit abzielt, sondern dazu beitragen soll, gute professionelle Entscheidungen in einer komplexer werdenden Welt zu treffen. Aus diesem Grund verschwimmt auch die Grenze zwischen den Begriffen Coaching und Beratung, was dazu führt, dass beide in den Artikeln unterschiedlich akzentuiert verwendet werden.

Mit der wachsenden Bedeutung von Coaching rücken Fragen nach Professionalität und Qualität in den Fokus. Gerade die Vielfalt an Coachingthemen, Coachingzielgruppen und Coachingansätzen führt zu einem unübersichtlichen „Angebotsdschungel". Es ist kaum ersichtlich, wobei es sich um seriöse Angebote handelt. Dieser Befund gilt sowohl für die Suche nach Coachinnen und Coaches als auch für die Suche nach entsprechenden Aus- und Weiterbildungen zum/zur Coach:in.

Wie stark diese Streuung von Qualitäts- und Nicht-Qualitätsangeboten ist, wurde in der Anfang 2024 ausgestrahlten Sendung „Scobel – der Coaching Boom" erkennbar. Es fehlt an eindeutigen Standards und Orientierungslinien, die ein gutes von einem schlechten Coaching unterscheiden und die eine qualitativ wertige von einer qualitativ unwertigen Ausbildung differenzieren. Es ist nicht so, dass es solche Standards nicht gibt. Aber auch diese, die insbesondere im Kontext von Coachingverbänden entwickelt wurden, sind heute vielfältig und von einem allgemeinen akzeptieren Standard weit entfernt.

Immerhin ist in den letzten Jahren eine steigende wissenschaftliche Auseinandersetzung mit zu beobachten, sodass sich die wissenschaftliche Expertise deutlich erweitert hat (Greif, 2021). So liegen beispielsweise Forschungsergebnisse zur Beziehungsgestaltung zwischen Coach:in und Coachee, zur Auftragsklärung oder auch zum Coachingprozess selbst vor (u. a. Graßmann, 2019). Die Professionalisierung von Coaching ist darum einerseits in den letzten Jahren fortgeschritten, andererseits besteht noch erheblicher Klärungsbedarf bzgl. dem, was unter professionellem Coaching verstanden werden und wie dessen Qualität sicher gestellt werden kann (Fietze, 2015).

Um sich im Rahmen des relativ neuen Handlungsfeldes Coaching mit Professionalisierung auseinanderzusetzen, erweisen sich klassische Professionalisierungsstrategien nur eingeschränkt als anwendbar. So gelten beispielsweise viele professionssoziologische Merkmale, die vom Gegenstand her definiert sind für Coaching nur bedingt. Bezugnehmend auf zentrale professionssoziologische Forschungsarbeiten hebt Mieg (2016) folgende ausgewählte Merkmale von Professionen hervor:

- Professionen gelten als selbstbestimmte Berufe, die über Autonomie verfügen, da sie ein Zuständigkeitsmonopol für einen bestimmten gesellschaftlichen Handlungsbereich innehaben;
- Sie verfügen über ein spezifisches akademisches Wissen und können somit als wissens- bzw. wissenschaftsbasierte Berufe bezeichnet werden;
- Ihre Tätigkeit ist an dem gesellschaftlichen Gemeinwohl bzw. an zentralen Werten orientiert;
- Professionen weisen gegenüber anderen Berufsgruppen eine Autorität auf, da der Zugang zur Ausbildung sowie zum Tätigkeitsfeld beschränkt ist;
- Darüber hinaus werden sie durch eine berufsständische Vertretung organisiert.

Insbesondere Medizin und Rechtswissenschaften gelten in diesem Sinne als klassische Professionen (Mieg, 2016, S. 27–29).

Auf das Handlungsfeld Coaching treffen diese Merkmale kaum zu. Vor diesem Hintergrund wird Professionalisierung in diesem Jahrbuch eher Tätigkeitsbezogen verstanden unter der Frage, was es braucht, damit ein Coaching professionell gelingt. Ziel ist hier nicht die Etablierung einer „Profession Coaching“, sondern die Förderung professioneller Qualität im Coaching.

2 Professionalisierung von Coaching – eine Aufgabe der Wissenschaft oder ein Ergebnis von Erfahrung?!

Wenn sich dieses Jahrbuch dem Thema der Professionalisierung von Coaching widmet, dann ist insbesondere die Frage nach der Rolle der Wissenschaft diesbezüglich von zentraler Bedeutung. Kann die Wissenschaft einen relevanten Beitrag zur Professionalisierung von Coaching leisten? Eine solche Frage wird erst dann relevant und sinnvoll zu beantworten sein, wenn ein gewisses Maß an wissenschaftlicher Expertise in diesem Gebiet vorliegt – wovon, wie die vorangegangenen Ausführungen gezeigt haben, heute ausgegangen werden kann. Das bloße Vorhandensein wissenschaftlicher Erkenntnisse bedeutet bei weitem noch keine Professionalisierung des Coachingfeldes. Gerade in einem Ausbildung- und Weiterbildungsmarkt für Coach:innen, in dem sich eine Vielzahl von Anbietern bewegt, die nicht auf diese Expertisen und Erkenntnisse zurückgreifen, besteht die Gefahr, dass die vorhandenen Erkenntnisse das Feld gar nicht erreichen. Aber selbst wenn dies gelänge, stellt sich die Frage, welches Professionalisierungspotenzial wissenschaftliche Erkenntnisse für Coaching tatsächlich entfalten können und wie dieses Potenzial in Ausbildungs- und Weiterbildungsangeboten systematisch erschlossen werden kann. Wie herausfordernd ein solcher wissenschaftlich fundierter Professionalisierungsversuch ist, zeigen Erfahrungen aus anderen Feldern wie z. B. der Schule, in der heute eine kaum überschaubare Zahl wissenschaftlicher Erkenntnisse vorliegt, deren praktische Auswirkungen auf Professionalisierung hingegen deutlich hinter diesen Erkenntnissen zurückbleibt. Wie also kann man das Professionalisierungspotenzial wissenschaftlichen Wissens für das Coachingfeld wirksam und nachhaltig nutzbar machen?

Um diese Frage zu beleuchten, lohnt es sich, einen Blick auf das Zusammenspiel von wissenschaftlichem Wissen und erfahrungsbasiertem Praxiswissen zu werfen. Während ersteres strukturierende Orientierung und theoretische Fundierung bietet, stellt sich im Kontext personenbezogener Dienstleistungen wie Coaching die Herausforderung, dass professionelles Handeln nur bedingt standardisierbar ist. Vielmehr scheint Professionalität hier in hohem Maße auf situationsbezogene Erfahrung und persönliches Praxis-Know-how angewiesen zu sein. Solches Erfahrungswissen im Sinne eines „Ich verstehe mich auf eine Situation“ bzw. „ich kenne mich in dieser Situation aus“ dürfte gerade in der Professionalisierung von Coaching eine wesentliche Rolle spielen. Die Frage, die sich dann jedoch stellt, ist, wie man Erfahrungswissen entwickeln kann, das einerseits der Gefahr entgeht zur einer „Trivialisierung von Situationen“ zu führen und andererseits, welches wissenschaftliche Expertise in sich integriert.

Eine Professionalisierung von Coaching bedarf somit einer Verzahnung von wissenschaftlicher Erkenntnis und praktischer Erfahrung. Dieses Anliegen steht im Mittelpunkt des 2019 an der Universität Bielefeld gegründeten Forschungsclusters „Professionalisierung in Coaching, Beratung und Weiterbildung". In diesem Rahmen haben wir ein weiterbildendes Studium mit dem Titel „Professional Business Coaching" entwickelt, in welchem explizit das Ziel verfolgt wird, das wissenschaftliche Potenzial für Professionalisierungsprozesse im Zusammenspiel mit den Erfahrungen der Professionals zu nutzen. Aus der praktischen Arbeit im weiterbildenden Studium entstehen immer wieder neue Impulse, die Verbindung von Wissenschaft und Coachingsausbildung zu reflektieren. Dabei ergaben sich eine Vielzahl von Fragestellungen, die helfen können, diese Verbindung intensiver zu beleuchten, beispielsweise:

- Wie lässt sich das Verhältnis der Vermittlung von wissenschaftlichen Erkenntnissen und praktischen Übungen angemessen gestalten?
- Wie kann man mit möglichen Spannungsfeldern zwischen praktischen Erfahrungen und wissenschaftlichen Erkenntnissen im Rahmen von Professionalisierung umgehen?
- Welche Fähigkeiten auf Seiten der Coaches/Coachinnen braucht es, um das Professionalisierungspotenzial wissenschaftlichen Wissens in konkreten Coachinggesprächen zu erschließen?
- Was sind Motive auf Seiten der Coaches/Coachinnen sich mit wissenschaftlicher Expertise zur Selbstprofessionalisierung als Coach:in zu beschäftigen?
- Wie tiefgehend muss die Vermittlung von wissenschaftlichen Erkenntnissen sein, damit das Professionalisierungspotenzial wirken kann?

Die Beantwortung dieser und weiterer Fragen steht zudem vor der Herausforderung, dass Wissenschaft in der Regel vorläufige und oft auch widersprüchliche Erkenntnisses liefert, mit denen Coaches/Coachinnen in konkreten Situationen dennoch umgehen müssen.

Zudem leidet die Professionalisierungsdebatte im Coaching an einem *normativen* Defizit. Professionalisierungsfragen beinhalten – so die These der Autoren – immer auch Bewertungsfragen, denn die Professionalisierung zielt auf eine Verbesserung von Coaching und eine solche setzt Bewertungsmaßstäbe voraus. Ohne solche Maßstäbe verbleibt die Professionalisierungsthematik auf der Ebene reiner Wirkungsforschung ohne die Klärung, welche Wirkungen eigentlich erwünscht und beabsichtigt sind. Dies erinnert dann stark an die Qualitätsdiskurse im Bereich der Weiterbildung zu Beginn der 1990er-Jahre, wo sich Modelle etabliert haben, die Qualität und damit auch Professionalisierung an der Erfüllung formaler Elemente wie beispielsweise Prozessstandards festgemacht haben (Feuchthofen & Severing, 1995). Es besteht dann die Gefahr, dass Qualität eine *Leerformel* für die Organisation von Rahmenbedingungen wird ohne, dass gefragt wird, welche Wirkungen durch Qualitätsmaßnahmen oder eben auch Coachingmaßnahmen angestrebt werden sollen. Eine solche „normative" Notwendigkeit im Rahmen von Professionalisierungsprozessen kann heute nicht mehr mit der Vorgabe „guter" Inhalte oder *guter* Ergebnisse bearbeitet werden. Vielmehr verlangt sie, dass Coaches/Coachinnen in der Lage sein sollten, die eigene Art des Vorgehens fundiert zu begründen und diese Begründung immer wieder kritisch zu reflektieren. Eine Verbindung von Professionalisierung und Ethik erscheint darum nicht nur sinnvoll, sondern notwendig.

Das bedeutet jedoch nicht, dass sich in der Coachingforschung keine Bemühungen um die Entwicklung von Evaluationskriterien finden lassen. Starke Verdienste sind hier insbesondere Siegfried Greif (2015) zuzuschreiben. So existieren heute verschiedene Kriterien anhand derer man Coaching evaluieren kann, z. B.:

- Klarheit der Zielklärung
- Erhöhung der Selbstwirksamkeit auf Seiten des/der Kunden/Kundin
- emotionale Klarheit auf Seiten des/der Kunden/Kundin,
- Zunahme ergebnisorientierter Reflexionen.

Es handelt sich dabei durchaus um normative Kriterien, aber sie lassen oft ohne eine ethische Reflexion und Begründung vermissen. Es bleibt unklar, was diese Evaluationskriterien begründet und was ihre Grundlage ist. Bereits unterschiedliche Coachingansätze (z. B. systemisch vs. humanistisch) bringen je eigene Erfolgs- und Prozesskriterien mit sich – nicht nur auf Ebene der Ergebnisse, sondern auch hinsichtlich der Gestaltung des Coachingprozesses. So gestaltet sich in der Regel – abgesehen von basalen Formen der Beziehungsgestaltung – das Zusammenspiel zwischen Coach:in und Coachee sehr unterschiedlich.

Die Frage nach einem *guten* Coaching bildet somit den gemeinsamen Hintergrund aller Beiträge dieses Jahrbuchs. Wir selbst arbeiten gerade an Grundzügen einer Ethik des Coachings unter Einbezug wissenschaftlicher Expertise und laden daher ausdrücklich zur Auseinandersetzung mit ethischen Dimensionen von Coachingprozessen ein. Vor diesem Hintergrund sind die Leser:innen eingeladen, die vorliegenden Beiträge auch unter der Frage zu betrachten:

Was tragen die vorliegenden Beiträge zu einer Klärung ethischer Aspekte von Professionalisierung bei bzw. wo ergeben sich Lücken, gerade weil diese ethischen Fragen nicht explizit bearbeitet werden?

3 Hintergründe und Themen der einzelnen Beiträge

Die einzelnen Beiträge sind insbesondere im Rahmen der von den Herausgebern durchgeführten Ringvorlesung „Coaching Wahn ohne Wahnsinn“ entstanden, die im Jahre 2019 an der Universität Bielefeld durchgeführt wurde. Die Akademie Universitäre Weiterbildung, deren Vorläuferorganisation die diese Ringvorlesung institutionell begleitet hat, legt einen expliziten Fokus auf Professionalisierungsbemühungen durch wissenschaftliche Weiterbildung, und das hier erstmalig vorliegende Jahrbuch ist Ausdruck dieser Bemühungen.

Katharina Gröning thematisiert in ihrem Artikel das Verhältnis von Coaching und pädagogischer Beratung. Die Besprechung und die Reflexion dieses Verhältnisses findet am Beispiel des Einzugs von Coachingpraktiken in den kindheitspädagogischen Raum statt. Kinder werden dabei frühzeitig als Erwachsene behandelt, die durch Coaching zu der eigenverantwortlichen und rationalen Optimierung ihres Lebens angehalten werden sollen. Mit Bezugnahme auf die Philosophie der Natalität von Hannah Arendt zeigt Gröning auf, wie der Einzug von Coaching in den kindheitspädagogischen Raum der Situation des Kindes und seiner Möglichkeiten nicht gerecht wird.

Torsten Nicolaisen wendet sich in seinen Ausführungen der Frage zu, ob die persönliche Haltung des/der Coaches/Coachin als ein Element von professionellem Coaching zu verstehen ist. Ausgehend von einer zweidimensionalen Definition des Haltungsbegriffs will Nicolaisen klären, was Haltung konkret im Coaching bedeutet, wie sich eine solche Haltung entwickelt und ob man diese im Rahmen von Professionalisierungsprozessen formen und ausbilden kann. Dabei bietet er verschiedene Theorieperspektiven an, die die Reflexion der eigenen Haltung unterstützen können. Abschließend bringt Nicolaisen den Haltungsbegriff mit dem Begriff der Selbstkompetenzen in Verbindung. Die Entwicklung von Selbstkompetenzen wird – neben einer grundsätzlichen Reflexion – als Möglichkeit der Professionalisierung der Coachinghaltung begriffen.

Steffen Kirchhofs Überlegungen nehmen ihren Ausgangspunkt von der aus seiner Sicht auffallenden Beobachtung, dass einerseits die Themen Selbsterfahrung und Selbstreflexivität im Coaching von hoher Bedeutung sind, andererseits diese Themen in Coachingausbildungen kaum Beachtung finden. Dabei ist das Anliegen von Kirchhof, zunächst aufzuzeigen, welche Bedeutung Selbsterfahrung und Selbstreflexion in der praktischen Coachingarbeit zukommt. Ausgehend von der Beschreibung des Coachings als professionelle Beziehungs- und Interaktionsgeschehen hin zu einem Vergleich mit psychotherapeutischer Arbeit wird die Bedeutung einer professionellen Selbstauseinandersetzung deutlich. Abschließend leistet Kirchhoff dann in seinem Artikel den Versuch die Begriffe Selbsterfahrung und Selbstreflexion auszuleuchten, was im Ergebnis beiden Begriffen die Form einer Meta-Kompetenz im Coaching zuschreibt.

Die Ausführungen von Rainer Zech nehmen ethische Fragestellungen direkt in den Fokus. Zech fragt: Wie gestaltet sich der/die Berater:in selbst durch die Art seiner/ihrer Beratung und welche Rolle spielt dabei die Ethik? Damit stellt er die Frage eines guten oder gelingenden Coachings in einen Zusammenhang mit der persönlichen und professionellen Entwicklung des/der Beraters/Beraterin durch die Art und Qualität seiner Beratung. Zech fokussiert dabei nicht ausdrücklich auf das Coachingformat, sondern wählt mit dem Begriff der Beratung einen weiteren Blick. Im Ergebnis zeigt Zech erste Grundzüge einer Verantwortungsethik für Beratung auf, die sich zu einer Weiterentwicklung einer umfassenden Beratungsethik nutzen lassen.

Hans-Peter Griewatz hingegen greift mit dem Vergleich zwischen Supervision und Coaching eine Debatte auf, die sowohl theoretisch als auch praktisch immer wieder geführt wird. Dabei nehmen seine Ausführungen ihren Ausgangspunkt in einer zunehmend beobachtbaren Nähe von Coaching und Supervision, die man in der Praxis sehen kann und die zu der Annahme führen könnte, dass es sich am Ende um vergleichbare Formate handelt. Griewatz setzt dieser Annahme eine strukturtheoretische Bestimmung von Supervision im Sinne Oevermanns entgegen. Supervision differenziert sich für ihn als ein eigenständiges Format über das Medium des Fallbezugs einerseits und über die Offenlegung von typischen Strukturproblemen in der Supervision andererseits. Das führt dazu, Supervision eine spezielle gesellschaftliche Funktion zuzusprechen. Eine solche strukturtheoretische Reflexion fehlt nach Griewatz im Coaching und könnte – so die Herausgeber dieses Bandes – auch für den Bereich des Coachings erkenntniserhellend sein.

Kuhlmann und Walber widmen sich der Frage, was genau Professionalisierung von Coaches/Coachinnen und Coaching bedeuten kann. Unter Rückgriff auf ein wissensbasiertes Professionalisierungsverständnis, konkretisieren und erweitern sie das Modell der interaktionellen Professionalisierung, welches von Walber und Jütte entwickelt wurde. Im Ergebnis entstehen heuristische Merkmale des Begriffs Professionswissens und seiner Anwendung im Coaching-Feld. Eine solche Anwendung – so versuchen es die Autoren zu zeigen – setzt eine Meta-Kompetenz voraus, die als „reflektierte Kontingenzkompetenz“ bezeichnet wird. Mit ihren Überlegungen wollen die Autoren einen Professionalisierungsbeitrag gerade für solche Handlungsfelder aufzeigen, die strukturell von hoher Unbestimmtheit gekennzeichnet sind.

Förster und Walber wenden sich in ihrem Artikel der Frage zu, ob und wenn ja, in welcher Form wissenschaftliche Weiterbildungsangebote zu einer Professionalisierung beitragen. Ausgehend von dem Bielefeld.er Modell der interaktionalen Professionalisierung werden mögliche Professionalisierungseffekte des weiterbildenden Studiums „Professional Business Coaching" untersucht. Entsprechend des Modells liegt der Untersuchungsfokus darauf in welcher Form eine Verschränkung wissenschaftlichen Wissens mit dem eigenen Erfahrungswissen geschieht und welche möglichen Auswirkungen diese Verschränkung auf eine Veränderung der eigenen Denk-, Verhaltens- und Reflexionsmuster ausübt.

Den Abschluss des Jahrbuches bildet ein studentischer Artikel, der im Rahmen eines Seminars zum Thema „Ethik im Coaching" entstanden ist. Klaus Erfkampf reflektiert vor einem ethischen Hintergrund verschiedene Coachingansätze, wie sie mit dem Begriff der Verantwortung umgehen. Er „deckt" dadurch implizite ethische Prämissen der einzelnen Ansätze auf und leistet einen Beitrag zu einer entsprechenden Auseinandersetzung.

Bei allen Bemühungen um die Professionalisierung von Coaching und dem weiteren Feld der Beratung werden immer wieder Spannungsfelder deutlich, zwischen denen sich professionelle Coach:innen und Berater:innen bewegen müssen:

- *Standardisierung vs. Flexibilisierung:* Coachingprozesse sollen einerseits bestimmten Qualitätsstandards und methodischen Leitlinien folgen, andererseits müssen sie flexibel an individuelle Bedürfnisse, Kontexte und Entwicklungen angepasst werden.
- *Person vs. Rolle:* Der/Die Coach:in agiert in einer professionellen Rolle, bringt zugleich stets auch seine/ihre Persönlichkeit, Werte und Haltung mit ein. Die Kunst liegt darin, beides bewusst zu reflektieren und angemessen einzusetzen.
- *Haltung vs. Methode:* Eine professionelle Grundhaltung (z. B. Wertschätzung, Ressourcenorientierung) ist zentral für Coaching – zugleich sind methodische Kenntnisse und Techniken notwendig.
- *Erfahrung vs. Erkenntnis:* Coaches/Coachinnen greifen auf eigene berufliche und persönliche Erfahrungen zurück – doch diese müssen reflektiert und in den Kontext wissenschaftlicher Erkenntnisse gestellt werden.
- *Nähe vs. Distanz:* Wie nah darf oder soll der/die Coach:in dem/der Coachee kommen – emotional, persönlich oder im Sinne von Beziehungsgestaltung? Hier ist ein ständiges Austarieren notwendig, um professionell und hilfreich zu bleiben.
- *Selbststeuerung vs. Fremdsteuerung:* Einerseits soll der/die Coachee als selbstbestimmtes Subjekt gestärkt werden, andererseits wirkt der/die Coach:in steuernd durch Impulse, Methoden und Strukturierungen.
- *Autonomie vs. Anpassung:* Coaches/Coachinnen sind als eigenständige Profis gefordert, ihre individuelle Handschrift zu entwickeln – gleichzeitig müssen sie

sich an organisationalen Vorgaben, Kund:innenwünschen oder institutionellen Rahmenbedingungen orientieren.

- *Vertraulichkeit vs. Transparenz:* Gerade in organisationalen Kontexten stellt sich die Frage: Was darf oder muss gegenüber Auftraggeber:innen transparent gemacht werden – und was bleibt im Vertrauensraum des Coachings?
- *Wirtschaftlichkeit vs. Ethik:* Wie lässt sich professionelles Coaching mit ethischem Anspruch wirtschaftlich betreiben – ohne Coachees zu instrumentalisieren oder Coaching zur bloßen „Leistungserbringung" verkommen zu lassen?
- *Stabilisierung vs. Veränderung:* Einerseits sollen bestehende Strukturen und Kompetenzen gestärkt werden – andererseits geht es im Coaching oft um Veränderung, Irritation und das Verlassen vertrauter Bahnen.
- *Reflexivität vs. Handlungsorientierung:* Coaching zielt auf Selbstreflexion, aber auch auf konkrete Handlungen. Das Spannungsfeld liegt in der Balance zwischen Denken und Tun.

Professionalisierung dürfte gerade darin bestehen, diese Spannungsfelder nicht einseitig zu schließen, sondern immer wieder in der Spannung zu halten.

Das vorliegende Jahrbuch macht deutlich: Coaching bewegt sich im Spannungsfeld zwischen Bedarf und Qualität, zwischen Alltagsphänomen und Professionalisierungsherausforderung, zwischen individueller Erfahrung und wissenschaftlicher Fundierung. Die hier versammelten Beiträge laden dazu ein, dieses Spannungsfeld kritisch, differenziert und perspektivenreich zu durchdringen – mit dem Ziel, zur weiteren Klärung, Fundierung und Entwicklung professionellen Coachings beizutragen. In diesem Sinne ist das Jahrbuch nicht nur eine Sammlung von Beiträgen, sondern ein Impulsgeber für den weiteren Diskurs und die Professionalisierungspraxis in Coaching, Beratung und Weiterbildung.

Christian Kuhlmann & Markus Walber, Bielefeld im April 2025

Literatur

Böning, U., & Kegel, C. (2015). *Ergebnisse der Coaching-Forschung*. Springer.

Feuchthofen, J., & Severing, E. (1995). *Qualitätsmanagement und Qualitätssicherung in der Weiterbildung*. Luchterhand.

Fietze, B. (2015). Coaching auf dem Weg zu einer eigenen Profession? In A. Schreyögg & C. Schmidt-Lelleck (Hrsg.), *Die Professionalisierung von Coaching* (S. 3–22). Springer.

Graßmann, C. (2019). Beziehungsqualität im Coaching? *Coaching-Magazin, 2019*(*4*), 45–49. Osnabrück.

Greif, S. (2015). Evaluation von Coaching. Eine schwer zu bewertende Dienstleistung. In A. Schreyögg & C. Schmidt-Lelleck (Hrsg.), *Die Professionalisierung von Coaching* (S. 47–70). Springer.

Greif, S. (2021). *Was ist Coaching? Wissenschaftliche Grundlagen und praktische Methoden*. Siegfried Greif Verlag.

Mieg, H. A. (2016). Profession: Begriff, Merkmale, gesellschaftliche Bedeutung. In M. Dick, W. Marotzki, & H. Mieg (Hrsg.), *Handbuch Professionsentwicklung* (S. 27–40). Klinkhardt.

Nassehi, A. (2021). *Unbehagen – Theorie der überforderten Gesellschaft*. Beck.

Rosa, H. (2005). *Beschleunigung. Die Veränderung der Zeitstrukturen in der Moderne*. Suhrkamp.

Schreyögg, A., & Schmidt-Lellek, C. (2015). *Die Professionalisierung von Coaching*. Springer.

Statista. (2025). Umsatzveränderung auf dem Unternehmensberatungsmarkt in Deutschland in den Jahren von 2004 bis 2022. https://de.statista.com/statistik/daten/studie/201829/umfrage/umsatzentwicklung-auf-dem-deutschen-consultingmarkt-im-vorjahresvergleich/#:~:text=Im%20Jahr%202022%20lag%20der,der%20Umsatzerlöse%20von%2015%20Prozent. Zugegriffen am 30.05.2025.

Stephan, M., & Rötz, C. (2018). *Coaching-Marktanalyse 2016/17. Ergebnisse der 4. Marburger Coaching Studie 2016/17*. Philipps-Universität Marburg.

Zum Verhältnis von Coaching und pädagogischer Beratung

Katharina Gröning-Lienker

Zusammenfassung

Der Beitrag analysiert die Entwicklung und das Verhältnis von Coaching und pädagogischer Beratung vor dem Hintergrund gesellschaftlicher und arbeitsweltlicher Veränderungen seit den 1990er-Jahren. Die Autorin beschreibt, wie Coaching als Antwort auf Individualisierung, Digitalisierung und die Krise des Wohlfahrtsstaates zunehmend an Bedeutung gewinnt und klassische, diskursethisch geprägte Beratungsformate herausfordert. Insbesondere in der pädagogischen Praxis – etwa im schulischen Lerncoaching oder in der Arbeit mit Jugendlichen – etabliert sich Coaching als neues, alltagsnahes Unterstützungsformat. Der Text diskutiert die Abgrenzung von Coaching zur Supervision und hebt hervor, dass Coaching stärker auf individuelle Leistungsoptimierung und Anpassung an ökonomische Anforderungen abzielt, während Supervision traditionell auf Teamarbeit, Mündigkeit und gesellschaftliche Erneuerung fokussiert war. Abschließend wird die gesellschaftliche Funktion von Coaching und Supervision im Kontext aktueller Normalismustheorien reflektiert und auf die Verschiebung von Beratungskulturen im Zuge gesellschaftlicher Krisen eingegangen

K. Gröning-Lienker (✉)
Universität Bielefeld, Bielefeld, Deutschland
E-Mail: katharina.groening@uni-bielefeld.de

C. Kuhlmann, M. Walber (Hrsg.), *Jahrbuch Coaching und Organisationsberatung*, https://doi.org/10.1007/978-3-658-27271-5_2

1 Einleitung

Die derzeitige Konjunktur des Coachings kann als Ausdruck einer Wende im Arbeitsfeld der pädagogischen, psychosozialen und berufsbezogenen Beratung und Supervision verstanden werden, die im Folgenden näher bestimmt werden soll. Diese Wende wird seit ca. 15 Jahren registriert und als Reaktion auf den sozialen Wandel in Gesellschaft und Arbeitswelt interpretiert. Die Stichworte hierzu sind struktureller Natur und soziologisch beschrieben: Ende der alten Industriegesellschaft, Ende des sozialdemokratischen Jahrhunderts, Übergang zunächst in die Dienstleistungsgesellschaft, jetzt in die Digitalisierung, Globalisierung, technische Revolution 4.0 mit einer Neubestimmung von Konsum und Produktion sowie Individualisierung der Produktlinien betreffen vor allem die Ökonomie und das Arbeitsleben. Hierhin gehören Forderungen nach und Beschreibungen eines veränderten Habitus von Arbeitnehmerinnen und Arbeitnehmern wie unternehmerisches Selbst oder Arbeitskraftunternehmern. Eine stärkere Passung zwischen Produktivkraftentwicklung und Habitus ist das Ziel dieser Anrufungen. Diese Passung soll zunehmend individualisiert erfolgen. Neben Qualifizierung wurde Beratung als vermittelndes Format zwischen den Anforderungen der Arbeitswelt und der Persönlichkeit der Arbeitnehmer:innen entdeckt. Im Sinne der Beratungstheorie von Großmaß (2002) wurde Beratung als Instrument der Verkopplung zwischen psychischen und sozialen Systemen neu verstanden und definiert. Insofern gehört das Coaching zum systemtheoretischen Paradigma. Die diskursethischen und auf Vernunft und Mündigkeit gerichteten Formate (vgl. Mollenhauer, 1965; Sprey, 1968; Hornstein, 1973; Thiersch, 1992), die seit den 1960 Jahren sowohl die psychosoziale als auch die pädagogische Beratung geprägt hatten und in der Supervision noch immer eine zentrale Rolle spielen, werden in Frage gestellt. Sie sind schon durch die Karriere der systemischen Familientherapie und später systemischen Beratung oder durch Formate wie lösungsorientierte Beratung oder ressourcenorientierte Beratung unter Druck geraten. Zu verorten ist diese Wende im Arbeitsfeld Beratung in den 1990er-Jahren als der Wohlfahrtsstaat in die Krise geriet und sowohl seine Finanzierung als auch Steuerung politisch problematisiert wurde. Weit über die Grenzen der jeweiligen politischen Lager war es Konsens, dass die Entwicklung des Wohlfahrtsstaates und mit ihr seine Dienstleistungen weder als effizient noch als zielführend qualifiziert wurden. Selbsthilfe, neue Verantwortung der Zivilgesellschaft, Eigenverantwortung, social support galten auch für das Arbeitsfeld Beratung. Die neuen Formate von Beratung (vgl. Nestmann et al., 1999; Nestmann, 2007) reagierten zum einen auf das Paradigma der Risikogesellschaft, also Individualisierung, Entstandardisierung, Pluralisierung (Beck,

1986), zum anderen auf die in den 1990er-Jahren starke Sozialstaatskritik: Gesellschaft von Betreuten (Scheuch), Entmündigung durch Experten (Illich, zusammengefasst bei Olk, 1986) sowie die Forschung zu den konstitutiven Merkmalen sozialer Dienstleistung (Bandura & Gross, 1976) wie Koproduktion, Interaktionsintensität und uno acto, d. h. Produktion und Konsum fallen zusammen (Olk, 1986). In die Kritik geraten waren zudem lange andauernde zeitintensive Beratungsprozesse sowie Therapien. Psychoboom, Therapiegesellschaft waren schon in den 1980 Jahren (vgl. Bude & Schmitz, 1989) im Fokus von sozialwissenschaftlich begründeter Beratungskritik, die vor allem den Begriff der Klientelifizierung prägte und Widersprüche sowie psychopathologische Vorannahmen in Beratungsprozessen, auch in amtlichen Beratungen (Kasakos, 1980) nachgewiesen hat. Neue Formate in der Sozialen Arbeit, der Pädagogik und schließlich methodisch in ihren Beratungszusammenhängen wurden gesucht, die einerseits schneller, zweitens eigenverantwortlicher und drittens netzwerkbildender sein sollten, vor allem aber die Ausgaben der öffentlichen Hand für soziale Dienstleistungen reduzieren und Lebenswelten sowie deren Sinnstrukturen im Sinne der beschriebenen Tugenden des Arbeitskraftunternehmers neu bestimmen sollten.

Die in dieser Epoche der 1990er-Jahre entwickelten, vor allem aus den USA importierten Formate (Lösungsorientierung, social support), versprachen die Machbarkeit und Steuerbarkeit auch von sperrigen Lebenswelten und das in kurzer Zeit. Sie kamen so dem politischen Denken entgegen. Die Entwicklung traf im Arbeitsfeld der pädagogischen Beratung alle, die bis dahin hermeneutisch und klientenzentriert im Sinne von Rogers (1972) gearbeitet hatten und sie traf die Supervision und zwar in einer Phase, in der sich das Format selbst aus den Traditionen der humanistischen Psychologie und Seelsorge löste und nicht mehr als eine Art angewandte Psychotherapie im Beruf mit Akzenten der Begleitung, Betreuung und teilweise des Schutzes verstanden werden wollte. Supervision wollte sich als eigenständiges nicht therapeutisches Beratungsformat professionalisieren (Gaetner, 1995).

In Bezug auf den erziehungswissenschaftlichen Rahmen dieses Beitrags ist zudem von Bedeutung, dass sich das Format Coaching nicht nur im Bereich der Erwachsenenbildung und der Sozialen Arbeit platziert hat, sondern in der Lebensphase der Kindheit und Jugend, vor allem im Umfeld der Schule, angekommen ist. Bei Kindern werden ab der mittleren Kindheit mittels Coaching Korrekturen ihrer Entwicklung vorgenommen, sei es im Bereich Lernen, sei es im Bereich Persönlichkeitsentwicklung. Stichworte sind hier das Lerncoaching, welches durch Lehrer:innen durchgeführt wird und eine Antwort auf Leistungsprobleme in der Schule darstellt, oder der/die Kinder- und Jugendcoach:in mit Formaten für mehr

Konzentration, Selbstwertgefühl, Erfolg,[1] Ressourcenaktivierung und Steigerung des Selbstwertgefühls. „Wer hoch hinaus will lässt sich coachen".[2] Wer einen Streifzug durch die Welt des Coachings im pädagogischen Bereich unternimmt, wird zur Kenntnis nehmen, dass Coaching sich anschickt, zum Alltagsbegleiter für Kinder in der Wettbewerbsgesellschaft zu werden. Neben der Nachhilfe wird es künftig zu einem wichtigen pädagogischen Format avancieren. Zielgruppe für das Coaching sind weiterhin Jugendliche im Übergang von der Schule in den Beruf, die sich mit komplexen Entwicklungsaufgaben wie Ablösung, Identitätsfindung, Einmündung in das Ausbildungssystem etc. auseinandersetzen müssen. Coaching schickt sich demnach an, die pädagogische Beratung in der Tradition von Thea Sprey (1968) oder Hans Thiersch (1992) zu verdrängen.

Um Coaching beratungswissenschaftlich zu qualifizieren, ist zunächst die Auseinandersetzung zwischen Supervision und Coaching zu berücksichtigen. In einer zweiten Argumentation sind noch einmal jene Kerne pädagogischer Beratung zu bestimmen, die bisher für die Beratung von Kindern und Jugendlichen einen wissenschaftlichen Begründungszusammenhang abgegeben haben. Dies ist bei Thea Sprey (1968) (vgl. auch Gröning, 2016) der Bezugspunkt Natalität als Thema des In-der-Welt-Seins und Existierens von Kindern und Jugendlichen und bei Hans Thiersch der Bezug zur Lebenswelt, das heißt zu den individuellen, generationsbezogenen und sozialen Sinnstrukturen und Konflikten im Kontext von Kindheit und Jugend.

2 Widersprüche und Entwicklung der Supervision

Die konzeptionelle Auseinandersetzung um das Coaching als Beratungsformat hat u. a. 2004 mit einer Systematik der Organisationswissenschaftlerin Astrid Schreyögg[3] begonnen, die das Verhältnis von Coaching und Supervision als Gegensatz zwischen einer Personenberatung (Supervision) und einer Personalberatung (Coaching) beschrieben hat. Methodisch unterscheidet sie Coaching von der Supervision dahingehend, dass es sich beim Coaching nicht nur um eine methodisch von

[1] https://www.pec-institut.de/ausbildungen/kinder-und-jugendcoach/.

[2] https://www.emotion.de/coaching/coaching-fuer-kinder.

[3] Schreyöggs Ansatz (Schreyögg, 2004) ist der von Beratung als sozialer Formung der Arbeitskraft durch das Unternehmen. Coaching wird als Konsequenz von Change-Prozessen in Unternehmen verstanden. Bei der Personenentwicklung der Führungskräfte, also Supervision und Beratung, werden Selbstrepräsentation und Selbstmarketing, Work-Life-Balance, Krisen, ethische Fragestellungen sowie biografisch relevante Themen aufgezählt.

der Supervision, zu differenzierende Form handelt, die mehr aus Anleitung, Feedback, aber auch Bewertung hinsichtlich zu bewältigender Anforderungen besteht, also eine typische Personalentwicklungsmaßnahme, sondern der Unterschied bestünde vor allem im Menschenbild zwischen Coaching und Supervision. Menschen würden im Coaching als betriebliches Produktionsmittel mit Eigenwert und Eigensinn betrachtet.

Mit dieser Unterscheidung hat Schreyögg nicht nur dem Zeitgeist zur Jahrtausendwende entsprochen, sondern Beratung und Supervision als Institution provoziert, deren gesellschaftliches Projekt es in der Tat war, die Idee der politischen Demokratie durch Beratung/Supervision in Teams und Organisationen zu tragen. Supervision ist nicht zufällig in der Epoche der inneren Reformen, in den 1960er- und 1970er-Jahren, in die Bundesrepublik gekommen und nicht zufällig hat sie bei den Angehörigen der Professionen im Bildungs-, Sozial- und Gesundheitsbereich deshalb Begeisterung ausgelöst, weil sie es vor allem durch das Format der supervisorischen Fallbesprechung, durch ihre Kontraktethik und ihr Prozessmodell von Beratung ermöglichte, das bis dahin verbreitete normalistische und auf Bewahrung und Selektion gerichtete Denken der Professionellen und Semiprofessionellen in Heimen, Psychiatrien und Ämtern zu erneuern. Supervision hat geholfen, die in den 1960er- und 1970er-Jahren vollzogenen Neubestimmungen der Professionen und Semiprofessionen in der sozialen Dienstleistungsarbeit umzusetzen. So konnte das bis dahin herrschende psychopathologische, klinische, aber auch das Anpassungs-, Ordnungs- und Fürsorgedenken im Gesundheits- und Sozialbereich überwunden werden. Mehr Mündigkeit, Selbstbestimmung und Freiheit durch Verstehen und Identifizieren in die klinischen und sozialen Institutionen zu tragen, war auch Anliegen der jungen Erziehungswissenschaft. Der Diplomstudiengang Pädagogik wurde 1969, also in der Epoche der inneren Reformen gegründet und die sich ebenfalls in dieser Zeit konstituierende pädagogische Beratung schien eine Methode zu sein, die, wie Mollenhauer es 1965 formulierte, „unserer Zeit besonders liegt“ (Mollenhauer, 1965, S. 21). Zusammen mit den anderen politischen Projekten der inneren Reformen (Borowski, 1998) wie Psychiatriereform, Strafrechtsreform, Bildungsreform, um die Wichtigsten zu nennen, flankierten Supervision und Beratung auf der Ebene des institutionellen Alltags und des professionellen Handelns die Idee der politischen Erneuerung der Bundesrepublik nach der Hitlerdiktatur und waren Teil ihrer Umsetzung (vgl. dazu auch Gröning, 2016). Mehr als 50.000 Menschen haben nicht zufällig zu Beginn der 1970er-Jahre am Funkkolleg Beratung in der Erziehung teilgenommen und markierten mit einem Verständnis von Beratung als Methode des Demokratielernens die *Idee deren Zeit gekommen ist.* Eine sozialwissenschaftliche und an vielen Stellen macht- und professionskritische Kultur, in deren Mittelpunkt die Teamarbeit stand, entstand im

Sozial-, Bildungs- und Gesundheitswesen. Supervision entfaltete sich innerhalb dieses Paradigmas und entwickelte ein eigenes Prozessmodell, eine Kontraktethik und eine theoretische Fundierung, Entsprechend war Beratung institutionskritisch, begründete sich daneben aus Theorien zur Lebenswelt, entwickelte interdisziplinäre Theoriebausteine zum Verstehen (vgl. Supervision, 1992; Gröning, 2015). Eine gewisse Bedeutung kam dem Diskursmodell der neuen Frankfurter Schule (Habermas, 1992) zu. Supervision als verständigungsorientiertes Handeln zu praktischen Normen im Beruf fokussierte die hinter den Berufsrollen und beruflichen Funktionen liegenden ethisch-normativen Orientierungen in Teams und Organisationen. Allerdings war die Entwicklung von Supervision im Rahmen der Diskurstheorie vielen Supervisor:innen zu schwierig. Das Format der klientenzentrierten Beratung nach Rogers (1972) schien vielen praktikabler, führte dann aber zu jener therapeutisierenden Engführung, die in den 1990er-Jahren in die Legitimationsprobleme der Supervision als *Therapie im Beruf* führte.

Mit dem Scheitern der inneren Reformen Ende der 1970er-Jahre, den Sparmaßnahmen der öffentlichen Haushalte und der Krise des Sozialstaates wurde Supervision nicht nur wissenschaftlich, sondern auch bei den Trägern zunehmend infrage gestellt. Es gab kostengünstigere Lösungen wie kollegiale Beratung oder Fallbesprechung durch Vorgesetzte. Die ökonomischen Probleme der alten Industriegesellschaft, der Strukturwandel des Arbeitslebens, das Sparen im Staatssektor taten ihr Übriges dazu, dass Supervision sowie verwandte Professionen, damals vor allem die Gruppendynamik, sich nach neuen Tätigkeitsfeldern umschauten. Dem Format Supervision als verständigungsorientiertes Handeln war ideengeschichtlich bereits zu dieser Zeit in den 1980er-Jahren die Grundlage entzogen worden. Die New Economy, Stichworte sind hier der Thatcherismus und das, was 1999 im Schröder-Blair-Papier formuliert wurde, forderten die gründliche Flexibilisierung der Arbeitsmärkte[4] und die Erziehung einer neuen Generation von unternehmerisch denkenden Arbeitnehmer:innen. Die Supervision hat sich dem Zeitgeist, wie Adrian Gaertner es (Gaetner, 2004) verbittert formuliert hat, in die Arme geworfen.

3 Widersprüche des Coachings

Der Kulturwissenschaftler und Normalismustheoretiker Jürgen Link hat 2014 seine Theorie des Normalismus auf Coaching und Supervision angewendet und diskutiert. Dabei geht er in Bezug auf die gesellschaftliche Entwicklung von einem

[4] http://www.glasnost.de/pol/schroederblair.html.

Paradoxon der gegenwärtigen Weltgesellschaft aus, dass er 2013 in seinem Buch „Normale Krisen?“ erläutert hat (Link, 2013). Die gesellschaftliche Entwicklung sei keineswegs die hin zur Globalisierung, zur Wissens- und Informationsgesellschaft etc., sondern mit der Finanzkrise von 2008 hätten sich kulturelle Koordinaten verschoben. Normalität und Krise stünden nicht mehr wie früher in einem einfachen Verhältnis in dem die Krise die Einbuße des Normalen, der Verlust von Normalität ist, sondern die Krise würde chronisch (Link, 2014). Es sei erstaunlich, dass nach der Finanzkrise von 2008 kein Politikwechsel stattgefunden hat. Link erklärt dies damit, dass der Glaube an das Wachstum sich so tief in die Menschen eingeschrieben hat, dass Wachstum zur zentralen kulturellen Kategorie geworden sei und dieses Wachstum weise in die Unendlichkeit. Supervision und Coaching stehen bei Link ebenfalls im Zusammenhang mit Wachstum: Sie seien Hilfen zum personal growth. „Sei es im Sinne monetarisierbarer Kompetenz“ (Link, 2014, S. 9), (Coaching und Supervision) sei es die Normalisierung der Klient:innen (in der Supervision).

Im normalismustheoretischen Kontext, so Link (2014), handele es sich sowohl bei der Supervision als auch beim Coaching um flexibel-normalistische Dispositive. Weder im einen noch im anderen Fall spielten enge Normalspektren, harte Normalitätsgrenzen und Stigmatisierung von vorgeblich *Anormalen* eine Rolle. Ein klarer Unterschied sei dennoch der, dass der Blick des Coachings einseitig und geradezu starr auf die obere Normalitätsgrenze gerichtet sei, in deren Richtung die Klientel eben gecoacht werden soll. Während es der Supervision auch darum ginge, *Verlierer aufzufangen*, also bestimmte Klient:innen vor dem Absturz in die Subnormalität zu bewahren. Das Coaching widme sich kaum Problemen wie dem Burnout oder der beruflichen Krise also klaren Anormalitäten. Coaching entstamme sowohl als Begriff wie als Dispositiv aus dem Sport,[5] sodass sich ein vorgängiger Blick auf das Verhältnis von Sport und Normalismus empfehle.

Link argumentiert weiter, dass die Weltranglisten individueller oder kollektiver (Mannschaften) Spitzensportler:innen den bekanntesten und populärsten Fall von normalistischer Verpunktung, Konkurrenz und Erstarrung darstellten. Obwohl sie nur das supernormale Segment – das aber umso intensiver – auf die äußeren und inneren Bildschirme der Kultur projizierten, entwürfen sie stets indirekt ein sportliches Ranking der gesamten Population – vom Spitzensport bis hinunter in die Kreisklasse und dem Schul- oder Massensport. So bekämen Kategorien wie Spitzenklasse, Mittelfeld und Absteiger insgesamt gesellschaftlich Geltung. Der medialisierte Sport, so Link (2014), inszeniere in seinen meisten Dimensionen basale Kategorien des Normalismus geradezu modellsymbolisch: Die Masse, die

[5] Hier ist der Begriff seit 1885 geläufig.

Atomisierung, die Kontinuität eines Feldes, die Spezialisierung, die Konkurrenz, die *Leistung* und die *Motivation* – und all das strukturiert durch Verpunktung, Verdatung und Ranking.

Es habe sich eine kulturelle Symbiose zwischen Sport und flexiblem Normalismus herausgebildet: Neben Popfilm und Popmusik sei der Sport das wichtigste Feld für Prozesse der Hegemonie der Stars und Sternchen, die als Vor-Bilder flexibel-normalistischer *Charaktere* gelten: In ihrem hedonistischen und permissiven Lifestyle, besonders auf sexuellem Gebiet, aber auch in ihren kurvenreichen Karrieren, in denen es exemplarisch um Überschreitung von Normalitätsgrenzen mit ihrer ganzen Ambivalenz und ihrem Absturzrisiko ginge, sorgen sie nicht nur für Bespaßung, sondern ihnen käme Leitbildfunktion zu.

Das Modell des Sports illustriere die normalistische Dimension des Coachings. Es ginge um Steigerung, also Wachstum, von *Leistung* und *Motivation*. Dazu dient die Implementierung eines sportlichen Konkurrenzdispositivs ins Subjekt. Dieses Dispositiv kann – wie im Sport – sowohl auf das Individuum als auch auf das Team bezogen sein – wenn auf das Team, dann geht es mit individueller Konkurrenz innerhalb des Teams einher.

4 Coaching in der pädagogischen Beratung

Die Qualitätssicherung in Schulen hat ein beachtliches Beratungsangebot nach sich gezogen. Mediator:innen, Streitschlichter:innen, Antiaggressionstrainer:innen, Konfliktberater:innen, Lerncoaches/Lerncoachinnen, Schullaufbahncoaches/Schullaufbahncoachinnen und der Trainingsraum sind wohl die üblichsten Beratungsformate in der Schule. Am Beispiel des Trainingsraums soll die Dimension der Gouvernementalität durch Beratung in der Schule vorgestellt werden. Der Trainingsraum (vgl. Pongratz, 2014) gilt hinsichtlich seiner beratungswissenschaftlichen Grundlagen als „*ein lösungs- und prozessorientiertes Beratungskonzept auf der Basis eines humanistischen Menschenbildes*" (Pongratz, 2014). Das auf Bründel und Simon (Bründel & Simon, 2003, auch Balke & Hogenkamp, 2000) zurückgehende Konzept basiert auf Rechten von Lehrer:innen und Mitschüler:innen, die schwerlich mit der pädagogischen Realität in Einklang zu bringen sind. Danach habe jede:r Schüler:in das Recht auf einen guten Unterricht und die Pflicht (sic!), diesen störungsfrei zu ermöglichen und jede:r Lehrer:in habe das Recht auf einen störungsfreien Unterricht und die Pflicht, diesen gut zu gestalten. Dies müsse gewahrt, respektiert und erfüllt werden. Daraus folge im Umgang mit Unterrichtsstörungen: Der/Die Lehrer:in solle sodann dem/der störenden Schüler:in maximal fünf Fragen stellen. Diese:r könne sein/ihr Störverhalten ändern oder nicht, das entscheidet er/sie nach diesem Modell frei. Störverhalten sei damit eine Entscheidung des Kindes, womit der/die Störer:in, der/die nicht aufhört zu stören auch entscheide, dass er/sie den Klassenraum verlassen wolle (Bründel & Simon, 2003, S. 114 ff.). Das Kind geht nach diesem Modell dann in den Trainingsraum und denkt über sein Verhalten nach bzw. arbeitet an einem Rückkehr-Plan. Verweigert ein Kind dieses Vorgehen, wird es nach Hause geschickt und soll am nächsten Tag mit den Eltern zu einem Gespräch in die Schule kommen. Das Kind darf so lange nicht am Schulunterricht teilnehmen, bis das Gespräch stattgefunden hat (Bründel & Simon, 2003, S. 115 f.). Nach Pongratz (2014) wird der/die Lehrer:in hier zum/zur Coach:in. Das Kind entscheidet, der/die Lehrer:in berät. Eine von der Wirtschaftswissenschaft geprägte Grundannahme der Rational Choice Theorie (vgl. Hellmann, 2017) und ihr zunehmender Einfluss in den Sozialwissenschaften, vor allem in der Psychologie und Schulpädagogik, macht Kinder zu ökonomischen Entscheider:innen und Lehrer:innen zu ihren Coachinnen und Coaches. Dazu passt, dass Lehrer:innen nach Auffassung der Begründerinnen des Trainingsraumes entspannt und vorwurfsfrei arbeiten sollen (Bründel & Simon, 2003, S. 58). Die Gewalt besorgt die Struktur. Mit Foucault (1978) Ansatz zur Gouvernementalität argumentiert Pongratz (2014), dass in der modernen Gesellschaft das Leben nicht beschnitten oder vernichtet wird, sondern produktiv gemacht und zu immer größerer Leistung angehalten wird. Es ist demnach kein Zufall, dass das Coaching in die Schulen, die Kindheit und die Familien Einzug erhalten hat. Zentral ist hier auch das Argument von Hellmann (2017, S. 8), der die Dominanz des Menschenbildes des Homo Oeconomicus in den Sozial- und Verhaltenswissenschaft auf einen Vorschlag des Nobelpreisträgers Gary Becker zurückführt.

5 Über die Geburtlichkeit[6]

Die nachfolgende Kritik über die Ausweitung des Coachings auf die Kindheit und Jugend vor allem im Umfeld der Schule bezieht sich zum einen auf die Verletzungsoffenheit von Kindern und das Problem der Macht (Popitz, 1992), zum zweiten auf

[6] 2016 habe ich Thea Sprey interviewt, die, heute hochaltrig, nach langer Krankheit bereit war, mit mir zu reden. Thea Sprey hat 1968 zur pädagogischen Beratung promoviert und spricht sich für Lehrer:innen als Erzieher:innen und pädagogische Berater:innen aus. Beratung bei ihr verfolgt keine anderen Ziele als das Kind selbst hat, sie geht nicht von den Eltern und ihren Interessen, den Ängsten von Lehrer:innen und ihren Interessen oder den Anrufungen der Gesellschaft aus. Spreys kindheitstheoretische Fundierung der Beratung begründet sich, so wie sie mir es 2016 mitteilte, auf Hannah Arendts Philosophie der Geburtlichkeit (Arendt, 2002) und ist anschlussfähig an den Capability-Approach von Mar-

die offene Frage, ob die Art und Weise wie Erwachsene die Welt betrachten, also ihre Fähigkeit, sich das Leben von einem Endpunkt vorstellen zu können, sich nicht fundamental von jener Perspektive unterscheidet, die den kindlichen Blick auf die Welt und das Selbst ausmacht. So hat der international bekannte Gruppentheoretiker und Psychotherapeut Irving Yalom in seinem Therapieroman „Die Schopenhauer Kur" (Yalom, 2005) den Ausgangspunkt jeder Reflexion auf das eigene Leben als Fähigkeit betrachtet, sich das Leben von seinem Endpunkt und der Gewissheit der Sterblichkeit vorzustellen (vgl. dazu auch Brumlik, 2002). Wer über sich reflektieren will, solle sich vorstellen, dass sein gelebtes Leben wie in einer Endlosschleife immer wieder zu ihm zurückkäme, und er/sie solle sich dann klarmachen, ob er/sie dieses Leben so anerkennen könne. Diese für den *freien Blick auf das Selbst* wesentliche Perspektive ist bei Kindern und Jugendlichen so nicht möglich, da die Erfahrung eines Lebenszyklus fehlt. Ihre Perspektive ist nicht der Endpunkt, sondern der Anfang ihres Lebens – Natalität.

Natalität geht zurück auf Hannah Arendt, die als Philosophin der Geburtlichkeit gilt. Im Mittelpunkt ihrer Argumentation steht der Neuanfang, den jeder Mensch durch seine Geburt in den Weltenlauf einbringe. Lütkehaus (2006), der Arendts Philosophie der Geburtlichkeit zusammengefasst hat, konkretisiert Natalität als Zustand, in eine bestimmte Zeit, an einen bestimmten sozialen Ort, in eine Familie geboren und damit geworfen zu werden, gebunden zu sein und damit zurechtkommen zu müssen. Auch wenn die Philosophie der Natalität nicht für Kinder bzw. kindheitstheoretisch entworfen wurde, so ist ihre Bedeutung für ein Verstehen von kindlichen Konflikten und Seinszuständen geradezu atemberaubend. Kinder werden ohne Zweifel ins Leben geworfen und niemand fragt sie, ob sie unter diesen

---

tha Nussbaum (1999). Die Entdeckung der Bedeutung des Geborenseins als totalem Tatbestand der Kindheit sei ihrer Praxis als Lehrerin geschuldet. Leider hat Thea Sprey es abgelehnt, das Interview aufzeichnen zu lassen, es existieren deshalb nur Notizen. Die Auseinandersetzung mit der eigenen Geburtlichkeit mündet nach Sprey in ein spezifisches Natalitätsdilemma, welches zentral für die Kindheit sei: Warum bin ich überhaupt da? Das haben andere entschieden, ohne zu fragen, die über mein Leben entscheiden, ohne zu fragen und zwar aus der Ordnung einer Abstammungslinie heraus (Bourdieu, 1997), die Bourdieu in seiner Auseinandersetzung mit der Erbdynamik vielfach zu Recht als „der Tote packt den Lebenden" bezeichnet hat. Der Blick der Erwachsenen und der Institutionen auf das Kind sei, so Sprey, von der Erfahrung eines Lebenszyklus, bei Bourdieu von der Institution der Abstammungslinie, bestimmt. Die Erfahrung der Generationen sowohl im Sinne des Lebenszyklus als auch im Sinne der Abstammung kann das Kind aber noch gar nicht gemacht haben. Es versteht die Erwachsenen nicht. Deren Denken sei es, wie Brumlik in „Bildung und Glück" (2002) über Heidegger formuliert, den Lebenslauf aus der Sterblichkeit heraus, von einem Endpunkt und einem finalen Sinn zu bestimmen. Hannah Arendt hingegen entwirft den Lebenslauf aus der Geburtlichkeit, der Natalität.

Umständen auf die Welt kommen wollen. Sie können dem totalen Tatbestand der Generation nicht ausweichen. Vater und Mutter, Zeit und Ort der Geburt wie auch viele Jahre des Aufwachsens sind zunächst Schicksal. Die Identifizierung mit Geschlecht und Generation, Familie, Genealogie, mit seinem/ihrem Leben, der Zeit und dem Ort, an dem man geboren ist, wird als psychosoziale Entwicklungsaufgabe durch, die die Welt beherrschenden Generationen definiert. Geburt ist deshalb immer auch eine Zumutung, die kindliche Krisen auslöst. Es bedarf der Bildung und Ausbildung von Fähigkeiten, der Unterstützung durch Erwachsene und der Liebe, um dazu zu kommen, dass es vielleicht nicht die beste Zeit, der beste Ort, das beste Leben ist, in das man hinein geboren wurde, aber die eigene Zeit, das eigene Leben und der eigene Ort – eben der Neuanfang, der durch die Geburt entstanden ist.

Zeit, Ort, Lebensgeschichte, das Schicksal der Eltern führen zu Fragen, die sich nicht mit Schullaufbahnberatung und mit dem Trainingsraum beantworten lassen. Es braucht dazu einen lebendigen zugewandten Erwachsenen mit Erfahrungsvorsprung, Wissen, Bildung und eben einem Gespür für diese Natalität des Kindes – und wer wäre dafür besser geeignet als Lehrer:innen, die sich als Erzieher:innen verstehen und deren Selbstverständnis sich nicht im Unterrichten und Bewerten erschöpft. Fragen der Natalität können, wenn man Kinder sprechen lässt, als die typischen Fragen der Kindheit verstanden werden, auf die Lehrer:innen, Sozialarbeiter:innen und Pädagog:innen als Berater:innen reagieren müssen. Das ist die Profession der Pädagoginnen und Pädagogen und das Arbeitsfeld der pädagogischen Beratung. Pädagog:innen, die nur aus der Schüler:innenrolle herausarbeiteten, werden nicht begreifen, wer die ihnen anvertrauten Kinder sind und haben keinen Zugang zu ihren Schwierigkeiten. Sie flüchten dann in Typisierungen und Diagnosen. Erwachsene, die von der Abstammungslinie her denken, übersehen, dass eben mit der Geburt eine fundamentale Zäsur eingetreten ist, die es dem Erwachsenen verbietet, über das Leben der Kinder zu verfügen. Jedes Kind setzt nach Arendt (2002) diesen Neuanfang in die Welt, den Eltern respektieren lernen müssen.

Minderwertigkeitsgefühle, um die Entwicklungsaufgabe des mittleren Schulalters, *Werksinn versus Minderwertigkeitsgefühl* bei Erikson (vgl. Conzen, 2010) noch einmal aufzugreifen, entstehen nicht allein durch Leistungsprobleme, sondern Leistungsprobleme sollten immer auch als kindliche Antwort auf eine Erziehung verstanden werden, in deren Mittelpunkt, um mit Bourdieu (1997a) zu sprechen, die Erfüllung der genealogischen Pflicht steht. Bourdieu (1997b) spricht von einer grundlegenden Spannung zwischen den „Widersprüchen des Erbes“ (Bourdieu, 1997b) und dem Selbst des Kindes, den Anrufungen der Genealogie und der Loyalität und Liebe. Der Neuanfang im Weltenlauf fordert die Ordnung der Genealogie heraus, was nach Bourdieu (1997b) die Hüter der Abstammungslinie nervös macht und dazu führt, dass jedes Kind von Beginn an in der Spannung von Erbe und Neuanfang interpretiert wird. Aber: jede Identität geht von der Geburtlichkeit als dem Unverfügbaren aus, das ist der Wesenskern, der jedem Menschen gegeben ist. Während Kant (1999) diese Unverfügbarkeit aus der Fähigkeit zur Vernunft erklärt, entwickelt Arendt dies aus der Tatsache der Geburt und der Einzigartigkeit eines jeden Menschen. Aus dieser Philosophie entsteht ein Auftrag für die pädagogische Beratung. Zudem: Kinder, die eine Art Containerfunktion für die Traumatisierungen, Kränkungen und Lebenskonflikte ihrer Eltern (Richter, 1963) haben, sind in ihrer eigenen Existenz häufig hin- und hergeworfen.

In der von der Ökonomie geprägten Gesellschaft heute werden die Probleme der Natalität, des kindlichen Eigensinns und des Neuanfangs im Weltenlauf als technische Störung bei der Heranbildung von Arbeitskräften wahrgenommen, auf die die Gesellschaft mit Normalisierung und in diesen Kontext mit entsprechender Beratung, eben dem Coaching antwortet.

Arendts Philosophie der Geburtlichkeit ist dagegen auch Ausdruck eines vollen Vertrauens in Kinder als Geborene und Handlungsfähige, als jene, die auf der Welt sein wollen und einen Anfang machen können.[7] In der Philosophie der Natalität steckt ein Stück Blochscher Hoffnungsphilosophie (Bloch, 1985). Vertrauen in das Gute, Vertrauen in den Neuanfang, aber auch gleichzeitig Kraft und Macht des Anfangs. Arendts Sätze zur Geburtlichkeit stecken voller Bereitschaft, sich dem Leben immer wieder zu stellen. Auch das kann die Antwort der pädagogischen Beratung auf das Coaching sein.

[7] In diesem Sinne hat Ludger Lütkehaus (2006) zur Natalität bei Hannah Arendt ein Spätwerk verfasst. Auch er betont Arendts Prinzipien des Vertrauens in die Zukunft und die Hoffnung für die Welt, die Arendt seiner Ansicht nach mit der Natalität verkörpere. Seine Arbeit enthält eine Reihe von impliziten pädagogischen Anrufungen Lütkehaus spricht von einem zentralen Motiv im Denken Arendts. Geburtlichkeit, sei der eigentliche Fundus, die existenzialphilosophische Grundlage ihres Denkens. Lütkehaus weiter: „Heideggers Sein zum Tode stellt sie das Sein von Geburt, der Endlichkeit die Anfänglichkeit, der Geworfenheit die Spontaneität der Freiheit entgegen. Augustinus' Satz aus dem zwölften Buch der Civitas Dei, der Mensch sei geschaffen, damit ein Anfang sei, wird zum Ausgangspunkt ihrer Bestimmung der Natalität als Anfänglichkeit, als Initialität. Jede Geburt sei eine Neugeburt, jedes Kind sei ein Anfang, der selbst etwas Neues anfangen kann. Arendt kritisiere die seit Platon verbreite Einstellung der Geburtsvergessenheit" (Lütkehaus, 2006, S. 28). Merkwürdigerweise, so meint sie, habe noch keine Philosophie es vermocht, Menschen auf ihre Geburtlichkeit hin zu betrachten und anzusprechen, darauf hin, dass mit jedem ein Anfang in die Welt gekommen sei. Arendt erhebt die Natalität nicht nur zum Schicksal, sondern zum Handlungsprinzip. Geburtlich denken und existieren würde dann heißen, für sich einen Anfang machen zu können, da Handeln im Sinne eines Anfang -Machens nur jenen gegeben ist, die selbst ein Anfang sind (Lütkehaus, 2006, S. 28).

Literatur

Arendt, H. (2002). *Vita Activa oder vom tätigen Leben*. Piper.

Balke, S., & Hogenkamp, A. (2000). Drei Regeln reichen aus. Soziales Verhalten kann trainiert werden. *Friedrich Jahresheft, 18*, 82–85.

Bandura, B., & Gross, P. (1976). *Sozialpolitische Perspektiven. Eine Einführung in Grundlagen und Probleme sozialer Dienstleistungen*. Piper.

Beck, U. (1986). *Risikogesellschaft. Auf dem Weg in eine andere Moderne*. Suhrkamp.

Bloch, E. (1985). *Das Prinzip der Hoffnung*. Suhrkamp.

Borowski, P. (1998). Sozialliberale Koalition und innere Reform. In Bundeszentrale für politische Bildung (Hrsg.), *Zeiten des Wandels. Informationen zur politischen Bildung,* (258, S. 31–48). Bundeszentrale für politische Bildung.

Bourdieu, P. (1997a). *Der Tote packt den Lebenden Schriften zur Politik und Kultur*. VSA.

Bourdieu, P. (1997b). Widersprüche des Erbes. In P . Bourdieu (Hrsg.), *Das Elend der Welt* (S. 651–658). Universitätsverlag.

Bründel, H., & Simon, E. (2003). *Die Trainingsraum-Methode*. Beltz.

Brumlik, M. (2002). *Bildung und Glück. Versuch einer Theorie der Tugenden*. Philo.

Bude, H., & Schmitz, E. (1989). Beratung als Praxisform „angewandter" Aufklärung. In U. Beck & W. Bonß (Hrsg.), *Weder Sozialtechnologie noch Aufklärung. Analysen zur Verwendung sozialwissenschaftlichen Wissens* (S. 122–148). Suhrkamp.

Conzen, P. (2010). *Erik H. Erikson. Grundpositionen seines Werkes*. Kohlhammer.

Foucault, M. (1978). *Studien zur Gouvernementalität*. Suhrkamp.

Gaetner, A. (1995). *Gruppensupervision*. Edition diskord.

Gaetner, A. (2004). Supervision in der Krise. Unschärfeprofil, Expansionismus und die Ausblendung der Selbstreflexion. In F. Buer & G. Siller (Hrsg.), *Die flexible Supervision* (S. 79–100). Springer.

Gröning, K. (2015). Theorien des Verstehens in Wissenschaft, Beratung und Supervision. In *Forum Supervision Online*. http://fs.ub.uni-bielefeld.de/index.php/fs/article/view/282Gröning.

Gröning, K. (2016). *Sozialwissenschaftlich fundierte Beratung*. Psychosozialverlag.

Großmaß, R. (2002). Gestaltung von Beratungsräumen als professionelle Kompetenz. In F. Nestmann & F. Engel (Hrsg.), *Die Zukunft der Beratung* (S. 187–198). DGVT.

Habermas, J. (1992). *Theorie des kommunikativen Handelns* (Bd. 2). Suhrkamp.

Hellmann, K. U. (2017). Konsumistische Kolonialisierung und Supervision. *Forum Supervision Online, 2*, 7–11.

Hornstein, W. (1973). Beratung in der Erziehung – Ansatzpunkte, Voraussetzungen, Möglichkeiten. Eine Einführung. In W. Hornstein, R. Bastine, & H. Junker (Hrsg.), *Funkkolleg Beratung in der Erziehung* (Bd. 1, S. 21–60). Fischer.

Kant, I. Grundlegung zur *Metaphysik der Sitten*. In: Kirchmann, J.H. (Hrsg). Kants Grundlegung zur Metaphysik der Sitten, Berlin 1870. https://ia800508.us.archive.org/2/items/immanuelkantsgru00kant/immanuelkantsgru00kant.pdf. Zugegriffen im am 13. 09. 2025.

Kasakos, G. (1980). *Familienfürsorge zwischen Beratung und Zwang*. Juventa.

Link, J. (2013). *Normale Krisen? Normalismus und die Krise der Gegenwart*. Konstanz University Press.

Link, J. (2014). Herausforderungen durch neue Normalitäten in der Krise? *Forum Supervision Online, 44*, 6–13.
Lütkehaus, L. (2006). *Natalität. Philosophie der Geburt*. Graue Edition.
Mollenhauer, K. (1965). Das pädagogische Phänomen Beratung. In K. Mollenhauer & C. W. Müller (Hrsg.), *Führung und Beratung in pädagogischer Sicht*. Quelle & Meyer.
Nestmann, F., Engel, F., & Siekendiek, U. (1999). *Beratung. Eine Einführung in sozialpädagogische und psychosoziale Beratungsansätze*. Juventa.
Nestmann, F. (2007). *Beratung in Bildung, Beruf und Beschäftigung*. DGVT.
Nussbaum, M. (1999). *Gerechtigkeit und das gute Leben*. Suhrkamp.
Olk, T. (1986). *Abschied vom Experten. Sozialarbeit auf dem Weg zu einer alternativen Professionalität*. Juventa.
Pongratz, L. (2014). Einstimmung in die Kontrollgesellschaft. Der Trainingsraum als fragwürdiges Beratungsformat. *Forum Supervision Online, 44*, 14–29.
Popitz, H. (1992). *Phänomene der Macht*. Mohr.
Rogers, C. (1972). *Die klient-bezogene Gesprächstherapie*. Kindler.
Richter, H. E. (1963). *Eltern, Kind, Neurose*. Rororo.
Schreyögg, A. (2004). Der Coach als Dialogpartner von Führungskräften. In F. Buer & G. Siller (Hrsg.), *Die flexible Supervision* (S. 101–119). Springer.
Sprey, T. (1968). *Beraten und Rat geben in der Erziehung*. Beltz.
Supervision (1992). *Materialien für berufsbezogene Beratung in sozialen, pädagogischen und therapeutischen Arbeitsfeldern*, 1(1). Fachhochschulverlag.
Thiersch, H. (1992). *Lebensweltliche Sozialpädagogik*. Juventa.
Yalom, I. (2005). *Die Schopenhauer Kur*. btb.

Haltung als personale Professionalisierungsdimension im Coaching

Torsten Nicolaisen

Zusammenfassung

Dieser Beitrag thematisiert die Bedeutung der persönlichen Haltung als zentrales Element der Professionalisierung im Coaching. Im Mittelpunkt steht die These, dass professionelle Haltung nicht allein durch fachliche oder methodische Kompetenzen erlangt werden kann, sondern eng mit der Persönlichkeitsentwicklung und den biografischen Erfahrungen des Coaches verknüpft ist. Der Text analysiert den Begriff „Haltung" aus historischer, philosophischer und psychologischer Perspektive und arbeitet heraus, dass Haltung sowohl als Ausdruck von Werten und Tugenden als auch als Ergebnis von Gewohnheiten und biografisch geprägten Einstellungen verstanden werden kann. Die Entwicklung einer professionellen Coaching-Haltung erfordert daher Selbstreflexion, das Bewusstmachen und Hinterfragen eigener Voranahmen sowie die Bereitschaft, gewohnte Denk- und Verhaltensmuster zu verändern. Es wird betont, dass die Professionalisierung auf der Haltungsebene ein lebenslanger Lernprozess ist, der durch Erfahrungslernen, Selbsterkundung und theoretische Impulse (z. B. Phänomenologie, Personzentrierung, Konstruktivismus, Embodiment) unterstützt werden kann. Abschließend wird deutlich gemacht, dass eine authentische und offene Haltung im Coaching nicht normativ verordnet, sondern individuell entwickelt und kontinuierlich reflektiert werden muss

T. Nicolaisen (✉)
Geschäftsführer Nicolaisen & Partner, Kiel, Deutschland
E-Mail: tn@nicolaisen-partner.de

C. Kuhlmann, M. Walber (Hrsg.), *Jahrbuch Coaching und Organisationsberatung*, https://doi.org/10.1007/978-3-658-27271-5_3

1 Vorbemerkung

Die Haltung des/der Coaches/Coachin bzw. des/der Beraters/Beraterin lässt sich als mögliche Dimension im Kontext von Professionalisierung betrachten. Der vorliegende Text will dazu einige Gedanken formulieren und mögliche Bezugspunkte aufzeigen. Dabei wird die Professionalisierung nicht auf das Erlernen von fachlich-methodischen und sozialen Kompetenzen beschränkt, sondern in erster Linie als eine Entwicklung auf der persönlichen Ebene gesehen. Eine Grundannahme: die Haltung lässt sich nicht von der Person trennen.

2 Zur Professionalisierung von Coaching und Beratung

Coaching und Beratung durchlaufen seit 20 Jahren einen Prozess der Professionalisierung (Fietze, 2015). In diesem Kontext wird die Notwendigkeit einer theoretischen Konzeptionierung genannt. Schreyögg spricht von der erforderlichen Entwicklung einer „Wissensstruktur von Coaching" (Schreyögg, 2012a, S. 106). Eidenschink (2015) skizziert Gedanken zu einer umfassenden und grundlegenden Metatheorie. Vor diesem Hintergrund werden verschiedene Kompetenzbereiche beschrieben, in denen ein:e Coach:in seine/ihre Fähigkeiten auszubauen hätte (Greif, 2008; Schreyögg, 2012b; Steinke, 2015), als da wären: Fachkompetenz, Methodenkompetenz, sozial-kommunikative Kompetenz und personale Kompetenz, letztere auch als Selbstkompetenz bezeichnet. Der Haltungs-Begriff kommt darin weniger vor. Bisweilen wird er als Komponente von Selbst- oder Sozialkompetenz betrachtet (Webers, 2016).

Neben der Darstellung von Kompetenzen liegen grundsätzlichere Überlegungen zu Coaching und Beratung als Profession vor (Schmidt-Lellek, 2007). Der Stellenwert einer professionellen Haltung findet sich in diesen Untersuchungen zwar erwähnt, allerdings weniger im Detail beleuchtet. Zumindest wird genannt, dass die Professionalität der Coaches „ihre Haltung und ihre Handlungsmöglichkeiten" (Schmidt-Lellek, 2007, S. 229) betrifft.

Das Thema *Haltung* ist begrifflich aufgeladen und nicht selten wohnt ihm eine normative Forderung inne. Auf welchem Wege und unter welchen Bedingungen die persönliche Haltung im Professionalisierungsrahmen erlernt bzw. erweitert werden könnte, bleibt dabei vage.

Die Haltung ist unmittelbar mit der Person des/der Beraters/Beraterin verbunden, d. h. mit ihren Lebenserfahrungen. Aus diesen Erfahrungen speist sich deren subjektive Sichtweise auf die Welt und die Menschen: „Das Welt- und Menschenbild eines/r Coach bestimmt wesentlich die Struktur seiner/ihrer Arbeitsweise" (Heller & Gallenmüller, 2016, S. 6). Daher wäre das Welt- und Menschenbild des/der Coaches/Coaching zwecks Professionalisierung zu beleuchten. Es beeinflusst die Haltung, mit welcher der/die Coach:in dem/der Coachee begegnet und hat Auswirkungen auf sein oder ihr Kommunikations- und Interventionsverhalten in der Coachingarbeit. Eine Professionalisierung in der personalen Dimension führt zu einer Arbeit auf der persönlichen Ebene, z. B. indem Aspekte des eigenen Menschenbildes in Frage gestellt und gegebenenfalls relativiert werden.

Mit welcher Haltung begegnet der/die Coach:in dem Gegenüber? Um in einen guten Dialog zu kommen, wäre beispielsweise ein gutes Maß an Offenheit und Wertschätzung hilfreich. Erpenbeck (2017) stellt ausgiebig dar, welche Faktoren dabei eine Rolle spielen können. Einer dieser Faktoren besteht (nach Erpenbecks Einschätzung) in der Fähigkeit des Staunens. Mit dem Staunen gelingt es dem/der Coach:in, eigene Vorannahmen und Bewertungsraster zur Seite zu tun und sich auf den/die Kund:in einzulassen. Erpenbeck versteht das Staunen als „das vollständige In-sich-Aufnehmen des Anderen, des Fremden" (Erpenbeck, 2017, S. 17) Das wäre eine Konkretion für eine Haltung von Offenheit.

Die Autorin nennt weitere Aspekte von Haltung, die sich auf die Begegnungsqualität im Coaching beziehen, u. a.:

- „Neugier,
- Behutsamkeit, eine gewissenhafte und wertschätzende Erforschung des Kontextes und seiner Interaktionsdynamik: Dramaturgie und Rollengefüge,
- Respekt vor dem Anders-Sein der Figur,
- Respekt vor ihrer inneren Logik, ihrer Geschichte und ihren Überzeugungen" (Erpenbeck, 2017, S. 32).

Solchem Staunen und Wertschätzen kann das eigene Welt- und Menschenbild des Coachs im Wege stehen, nämlich dann, wenn er meint, sein Gegenüber schnell einem Persönlichkeitstyp zuordnen zu müssen. Seine Neugier und sein Staunen wären durch solch ein Schema versperrt. Stattdessen könnte der/die Coach:in eine Haltung von Offenheit einüben. Voraussetzung wäre, dass er sich seiner Vorannahmen bewusst wird. Diese Annahmen wären explizit zu benennen und kritisch zu hinterfragen. In diesem Zusammenhang wäre eine Auseinandersetzung z. B. mit biografischen Vorerfahrungen und Scheingewissheiten zu empfehlen: *Wie komme ich dazu, mein Gegenüber in Kategorien stecken zu müssen? Erlange ich dadurch Kontrolle? Gehe ich der Ungewissheit im Coachingprozess aus dem Weg?* In diesem Sinne bedeutet eine Professionalisierung von Haltung eine Arbeit an der

Selbstbeziehung des Coachs (Steinke, 2015): Inwieweit vermag er eigene Automatismen zu erkennen und sich davon zu distanzieren?

3 Zum Begriff Haltung

Haltung gilt als viel strapazierter Begriff. Unter ihm versammeln sich Aspekte wie Einstellungen, Glaubenssätze, Selbstzuschreibungen, Werte und subjektive Theorien. Bisweilen werden sie als Synonyme für *Haltung* verwendet. Auch wenn der Begriff zunehmend in den Fokus wissenschaftlicher Forschung gelangt, „ist eine empirisch taugliche Begriffsdefinition von ‚Haltung' bis heute noch nicht zufriedenstellend gelungen" (Kuhl et al., 2014a, S. 79). Dies gilt ebenso im pädagogischen Feld, obwohl „Haltung" hier häufig gefordert und vielfältig reflektiert wird (Schwer & Solzbacher, 2014).

Haltung kann als Bündel aus biografischen Erfahrungen und daraus abgeleiteten Sichtweisen auf die Mitmenschen und die Welt gesehen werden. Häufig ist es mit dem persönlichen Werteerleben verknüpft. Das Selbstbild spiegelt sich in der Haltung wider.

Daneben bringt der Begriff der Haltung ein weiteres Bedeutungsfeld mit sich, „so verkörpert die Haltung diejenige der Freiheit, in der der Mensch sein eigenes Dasein verantwortlich in die Hand nimmt" (Bollnow, 2009, S. 116). Ich kann eine Haltung einnehmen, um mich zu positionieren – sowohl gegenüber einer eigenen Verhaltensweise als auch gegenüber einer schwierigen Situation. In diesem Zusammenhang kann Haltung als etwas Tugendhaftes verstanden werden.

Spricht man von einer professionellen Haltung, so bildet sie gewissermaßen eine Schnittstelle zwischen dem beruflichen Handeln in einer Rolle und dem eigenen Werte- und Identitätserleben.

Ein kurzer Blick in die Historie des Begriffs *Haltung* beleuchtet zwei wesentliche Aspekte: Haltung kann als Tugendhaftes/Wertbezogenes oder als Gewohnheit verstanden werden.

Haltung als Tugendhaftes/Wertbezogenes

In seiner Nikomachischen Ethik beschreibt Aristoteles die Haltung (griech. „hexeis") als Tugend. Dabei unterscheidet er zwischen Tugenden, die durch Belehrung und Wissen erworben werden, und jenen, die durch Gewöhnung und Erziehung entstehen (Aristoteles, 2017). Hier schwingt das Wertbezogene in der Haltung mit. Sie steht im Zusammenhang mit dem „richtigen" tugendhaften Handeln und Leben.

Dieser Zusammenhang zwischen Haltung und dem Tugendhaften findet sich bereits bei Platon. Im Menon-Dialog des Platon (1994) wird *hexeis* als Tugend beschrieben, die sich über den bewusst gesteuerten Wissenserwerb hinaus weitgehend aus der Lebenserfahrung ergibt. Die richtige Haltung als Tugend entsteht beiläufig im Laufe des Lebens. Damit ist sie nur bedingt lehrbar oder vermittelbar.

Haltung als Gewohnheit

Der Begriff Haltung beschreibt jedoch nicht nur einen tugendhaften Wert oder einen Wertekanon, sondern auch das, was sich eine Person zur Gewohnheit gemacht hat. Ich finde mich in der Welt zurecht, indem ich mir etwas angewöhne und unbewusst Routinen entwickle. Im lateinischen „habitus" schwingt das *Habitat* des Eingewöhnten mit. Der Mensch richtet es sich in der Welt ein. So entstehen unsere Gewohnheiten, mit denen wir durch unseren Alltag gehen. Der Habitus kommt einem inneren Wohnraum gleich, der über die Jahre an Vertrautheit gewonnen hat. Daher ist es kein leichtes Spiel, die Haltung zu verändern.

Heutzutage ist der Begriff Haltung psychologisiert. Er dient z. B. im Kontext von Persönlichkeitspsychologie dazu, überdauernde Einstellungen, übernommene Zuschreibungen und Interaktionsweisen einer Person zu beschreiben. Doch es ist „nicht nur Sache der Psychologie und der Soziologie, dass wir bestimmte Merkmale erwerben, sondern Gewöhnung bedeutet, dass für uns eine Welt entsteht" (Waldenfels, 2018, S. 184).

Wenn Haltung nun als Dimension von Professionalisierung im Coaching herangezogen wird, lassen sich aus den vorhergehenden Textpassagen folgende Gedanken ableiten:

1. Haltung ist nur bedingt operationalisierbar. Sie trägt den Aspekt des Unverfügbaren in sich. Wenn in Coaching-Ausbildungen die „richtige" professionelle Haltung vermittelt werden soll, kann das nur als ständiger Übungsweg gesehen werden, der aktuelle ungeplante Lebenserfahrungen mit in den Blick nimmt. Hier bräuchte es die Bereitschaft, sich grundlegend damit auseinanderzusetzen, wie ich als Person im Leben bin, was mich herausfordert und welche Werte mich leiten.
2. Eine professionelle Haltung zu erlernen bedeutet, eigene Gewohnheiten zu verlernen oder zumindest zu modifizieren, z. B. solche, die der Offenheit gegenüber den Coachingkund:innen im Wege stehen könnten.

4 Zum Entwickeln einer Coaching-Haltung

In der Coaching-Literatur wird die kritische Reflexion der eigenen Haltung als Bestandteil von Professionalität genannt (Schmidt-Lellek, 2007, S. 229). Mit Blick auf die Praxis gilt das Einnehmen einer spezifischen Haltung als wichtiger Qualitätsaspekt im Coaching (Erpenbeck, 2017). Häufig bleibt es allerdings bei einer Forderung, die sich auf die Aufzählung einzelner Spiegelstriche reduziert und an einen normativen Imperativ gekoppelt ist: Für eine Tätigkeit als Coach müsse man diese und jene Haltung einnehmen. Es finden sich wenige Erläuterungen darüber, inwieweit das überhaupt möglich ist und was dazu erforderlich sein könnte.

Haltung im alltäglichen und professionellen Kontext
Jeder Mensch hat eine persönliche Haltung, mit welcher er seinen Mitmenschen und seiner Umwelt begegnet. Sie hat sich im Laufe der Jahre aufgrund von biografischen Erfahrungen gebildet und wird tagtäglich weiter praktiziert. Solche Gewohnheiten wirken sich wie Filter auf die Wahrnehmung aus und lassen das Denken in den bewährten Bahnen vonstattengehen. Man sieht, denkt, fühlt und verhält sich, wie es den eigenen gewohnten Sichtweisen entspricht. Die Coaching-Haltung unterscheidet sich von solchem Gewohnten. Strebt ein:e Coach:in eine Entwicklung in seiner/ihrer professionellen Haltung an, bedeutet das, von routinierten Kommunikationsverhalten und eigenen Scheingewissheiten Abstand zu bekommen und Ungewohntes zuzulassen.

Haltung verändern
Das Entwickeln einer Coaching-Haltung geschieht über eine tiefer gehende Selbstbetrachtung und das Einüben einer Offenheit gegenüber neuen Erfahrungen. Das ergibt sich weder aus der Lektüre inhaltsschwerer Bücher noch aus dem sklavischen Einhalten von allgemeinen Regeln. Denn die „Coaching-Haltung stellt kein rationales Konstrukt dar, welches man auswendig lernen könnte" (Nicolaisen, 2017, S. 45). Ebenso wenig funktioniert sie als normative Aufforderung (Kuhl et al., 2014a). Dies bedeutet bisweilen, das gewohnte Terrain von Selbstverständlichkeiten und eigenen Gewissheiten zu verlassen. Daher sollte eine ernst zu nehmende Ausbildung zum Coach Arbeitseinheiten beinhalten, welche Erfahrungsräume bereithält, die eigene Haltung zu reflektieren bzw. gegebenenfalls zu verändern.

Was die Coaching-Haltung in der Praxis auszeichnet, „ist die lebendige Begegnung, der Dialog und die Koproduktion. Der Klient ist der Andere, der nicht berechenbar ist, nicht instruierbar oder gar konfigurierbar" (Webers, 2016, S. 77).

Solch eine Zuwendung zu Kund:innen übersteigt ein bloßes Methodenlernen und braucht ein längeres Einüben auf der Haltungsebene. Die Forderung, sie einfach einzunehmen, ignoriert die Alltagsgewohnheiten. Sie setzt voraus, dass das Geforderte bereits ausgeprägt und vorhanden wäre. Gegeben ist jedoch jene Alltagshaltung, die sich über viele Jahre eingeschliffen hat. Wie bereits erwähnt, bedeutet *habitus* eben auch das Gewohnte. Dieses wäre zunächst zu erforschen, in Frage zu stellen und zu erweitern: Was kennzeichnet meine alltägliche Haltung in Gesprächen? Mit welchen grundsätzlichen Einstellungen begegne ich meinen Mitmenschen? Was davon könnte sich während eines Coachings eher hinderlich oder eher förderlich auswirken? Wo gerate ich an eine Grenze? Um etwas auf der persönlichen Haltungsebene zu ändern, ist es hilfreich, das Vorhandene erst einmal bewusst zu machen und zu reflektieren. So lassen sich Selbstverständlichkeiten beleuchten und hinterfragen. Dies ist nur möglich, wenn der/die Coach:in die dafür erforderliche Bereitschaft aufbringt. Denn in der Rolle als Coach löse ich mich aus der mir vertrauten habituellen Zone. Es lässt sich als aktives Verlernen von Alltagsgewohnheiten und eine Form des Entwöhnens betrachten. Haltung entsteht auch durch Enthalten.

Neben der Reflexion ist ein erhebliches Maß an Erfahrungslernen nötig (Kriz, 2000). Neue Erfahrungen können eigene eingespurte Denk- und Verhaltensroutinen in Bewegung bringen und anreichern. Mit einer Irritation allein ist jedoch die Haltung nicht verändert. Die neuen Erfahrungen müssen integriert werden.

5 Haltung professionalisieren

Mit dem bisherigen Dargelegten deutet sich an, dass eine Professionalisierung auf der Haltungsebene als langfristiges Vorhaben zu verstehen ist. Es braucht Zuwendung und Geduld mit sich selbst. Tiefergehende Reflexionen im Sinne von Selbsterkundung und Erfahrungslernen am eigenen Leib sind die Mittel. In dieser Hinsicht kann Professionalisierung als ein lebenslanger Lernprozess gesehen werden.

5.1 Theoretische Impulse zur Reflexion von Haltung

Das Reflektieren der eigenen Haltung ist ein Element im Professionalisierungsprozess. Das führt zu der Frage, was dafür in den Fokus zu nehmen wäre und welche theoretischen Perspektiven hilfreich sind. Die im folgenden Abschnitt genannten Ansätze sind als Beispiele für anregende Sichtweisen zu verstehen und erheben keinen Anspruch auf Vollständigkeit. Sie können an dieser Stelle nur skizzenhaft dargestellt werden: Phänomenologie, Personzentrierung, Konstruktivismus und Embodiment. Mit ihnen lässt sich die Coaching-Haltung genauer betrachten, z. B. hinsichtlich der Komponenten von Offenheit, Gewahrsamkeit, Empathie, Akzeptanz, Konstruktion, Resonanz und Zentrierung (Erpenbeck, 2017; Gilligan, 2014).

Phänomenologie: Einladung zur Offenheit

Die Phänomenologie ist eine der wichtigsten philosophischen Strömungen des 20. Jahrhunderts. Sie hat im Laufe der Jahrzehnte unterschiedliche Ansätze hervorgebracht. Grundlegend beschäftigt sie sich damit, wie dem Menschen die Dinge erscheinen.

Ein Mensch kann seine Umgebung und seine Mitmenschen nicht objektiv erkennen. Dabei distanziert sich die Phänomenologie von der Subjekt-Objekt-Trennung und betrachtet den Menschen hinsichtlich seines In-der-Welt-seins. So fragt sie nach den Bedingungen, denen jede Erfahrung unterliegt.

Menschen sind eingebettet in sozio-kulturelle Zusammenhänge. Wahrnehmen und Erkennen sind immerzu mit der Welt verknüpft. Beide unterliegen der Intentionalität, der Zeitlichkeit und der Leiblichkeit. Fortwährend sind eigene Vorerfahrungen mit im Spiel. Daher bleibt Wahrnehmung in jedem Fall subjektiv und perspektivisch. So nimmt man beispielsweise einen Gegenstand oder eine Situation ausschließlich aus einem bestimmten Blickwinkel und vor einem bestimmten Hintergrund wahr. Währenddessen spielen frühere Erfahrungen und aktuelle Erwartungen unentwegt in den Wahrnehmungsprozess mit hinein. Die Welt und das Subjekt sind nicht voneinander zu trennen.

Das Einnehmen einer phänomenologischen Haltung bedeutet, sich jener Bedingungen bewusst zu werden und sie alsdann zur Seite zu stellen. So lässt sich die Wahrnehmung quasi „öffnen“. Das Vorwissen und die herkömmlichen Einstellungen werden vorläufig eingeklammert. Das wird in der Phänomenologie als *Epoché* bezeichnet.

Damit lädt die phänomenologische Sichtweise dazu ein, die im Alltag selbstverständlichen Wahrnehmungsweisen und eingeschliffenen Denkroutinen in Frage zu stellen. Das macht die phänomenologische Haltung für den Coaching- und Beratungskontext fruchtbar. Mit ihr lässt sich dem Kunden in einem höheren Maß von Offenheit und Unvoreingenommenheit begegnen.

„Gerade im Zuge einer fortschreitenden Professionalisierung könnte das Angebot einer phänomenologischen Wahrnehmungsschulung den Wirkungsgrad des Coachings wie das Handlungsbewusstsein des Coachs spürbar verbessern“ (Stölzel, 2015, S. 224). Wie ist das vorstellbar? Ein Beispiel: Ein Kunde kommt ins Coaching und schildert sein starkes Stresserleben am Arbeitsplatz. Er berichtet davon, wie er sich über Ungenauigkeiten in der Arbeitsweise seiner Kollegen sehr aufregt. Währenddessen fühlt sich der Coach an eigene berufliche Situationen erinnert, in denen er ähnliche Erfahrungen gemacht hat. Und er erinnert sich daran, wie er selbst damals mit der Situation umgegangen ist. So ist er kurz davor, seinem Kunden entsprechende Ratschläge zu geben. Stattdessen aber gelingt es ihm, sich seiner Gedanken bewusst zu werden. Der Coach hält seine Ratschläge zurück. Und er schafft es, sich wieder auf seinen Kunden zu fokussieren und fragt sich: Welchen Eindruck macht mein Gegenüber auf mich, so wie er da sitzt und spricht? Wie mag die Situation für ihn sein? Was erscheint mir als das Wesentliche in der Schilderung sowie in der Art und Weise, wie der Coachee darüber erzählt?

Im professionellen Beratungskontext treffen zwei verschiedene Lebenswelten aufeinander. Es liegt in der Verantwortung der beratenden Person sich dieser Situation und ihrer Konsequenzen bewusst zu sein. Somit kommen dem/der Coach:in drei Aufgaben zu: Erstens wäre von der/dem Coach:in eine Haltung einzunehmen, mit der er/sie sich tastend den lebensweltlichen Bedeutungsgebungen des/der Kund:in nähert. Zweitens hat er die Aufgabe, nicht die eigenen Sichtweisen und Bedeutungshorizonte als Maßstab zu nehmen. Drittens geht es darum, dem/der Kund:in zu einem Blick auf das Wesentliche der Situation einzuladen.

Je mehr es dem/der Coach:in gelingt, sich von diagnostischen Klugheiten und Zuschreibungen zu lösen, desto freier kann er/sie seine/ihre Kund:innen in dessen Lebenswelt wahrnehmen – im beruflichen wie auch privaten Alltag geschieht dies in aller Regel höchst selten. In diesem Sinne bringt Coaching etwas hervor, was sich von der bisherigen Perspektive der Kund:innen auf sein „Problem" signifikant unterscheidet. Daher kann es nicht darum gehen, dessen Sichtweise lediglich zu wiederholen. Vielmehr zeigt sich die Qualität von Coaching darin, dass dem/der Kund:in eine ungewohnte Art von Wahrnehmung angeboten wird, nämlich eine „vergrößerte Aufmerksamkeit und Achtsamkeit gegenüber dem Anderen, dem hier nicht als etwas fraglos Selbstverständlichem begegnet wird" (Stölzel, 2015, S. 230).

Personzentrierter Ansatz: Akzeptanz und Empathie einüben

Der personzentrierte Ansatz ist eng mit Carl Rogers und dessen Entwicklung der Gesprächspsychotherapie verbunden. Im Laufe mehrerer Jahrzehnte hat sich Rogers in seiner therapeutischen Praxis Schritt für Schritt einer Haltung angenähert, welche die gesamte Person des/der Klienten/Klientin in den Blick nimmt. So hat die Entstehung des personzentrierten Ansatzes verschiedene Phasen durchlaufen (Quitmann, 1996).

Die erste Phase (1940 bis 1950) widmet sich dem nondirektiven Verhalten des Beraters, welches unmittelbar mit einer empathischen Grundhaltung verknüpft ist.

Gemäß Rogers wirkt ein mitfühlendes Verstehen bereits unterstützend für den/die Klienten/Klientin. Diese:r macht die Erfahrung, dass ihm/ihr aufrichtig zugehört wird und dass der/die Berater:in sich in ihn/sie oder sie hineinversetzen kann. Dadurch fühlt sich der/die Klient:in mit seinem/ihrem Problem bzw. Anliegen nicht mehr allein.

Während der zweiten Phase (1950 bis 1957) rückt die Kongruenz des/der Beraters/Beraterin bzw. des/der Therapeuten/Therapeutin in den Fokus. Auch hier sieht Rogers einen engen Zusammenhang mit dessen Haltung. Kongruenz entsteht, indem der/die Berater:in seinen/ihren eigenen Gedanken und Gefühlen akzeptierend begegnet. Das braucht ein gutes Maß an eingehender Selbsterfahrung. Ein empathisches Mitgehen mit dem/der Klienten/Klientin wirkt nur dann unterstützend, wenn es nicht als Methode bzw. als Technik eingesetzt wird, sondern Ausdruck einer inneren Haltung ist. Dementsprechend formulieren Tausch und Tausch, die in der Tradition von Rogers stehen: „Keine oberflächlichen, floskelhaften Äußerungen wie ‚Ich verstehe, [...] Ich habe so etwas Ähnliches erlebt wie Sie'. Kein Pseudoverstehen, kein Heucheln von Interesse und Anteilnahme. [...] kein Bewerten der inneren Erlebniswelt des anderen" (Tausch & Tausch, 1979, zit. in Quitmann, 1996, S. 149).

Erst in der dritten Phase (ab 1957) kommt Rogers zur Bezeichnung der Personzentrierung. Hier geht es um die echte Begegnung zwischen zwei Personen. Die Haltung des/der Beraters/Beraterin spielt darin eine entscheidende Rolle. Sie wirkt nicht nur in Richtung des/der Klienten/Klientin, sondern bezieht sich auch auf den/die Berater:in und seine/ihre Bereitschaft, sich selbst zu entwickeln. Je mehr er/sie sich konstruktiv mit seinen/ihren inneren Anteilen auseinandergesetzt und mögliche unliebsame Anteile integriert hat, desto höher ist der Grad an Übereinstimmung mit sich selbst (Kongruenz). Das wiederum ermöglicht ihm/ihr, dass er/sie den Kund:innen freier und akzeptierend begegnen kann – anstatt sich mit ihm/ihr emotional zu verstricken.

Wenn im Coachingkontext von der Haltung die Rede ist, wird sich auf den personzentrierten Ansatz von Carl Rogers bezogen (Pallasch & Petersen, 2005). Darin finden sich die drei Grundhaltungen von Empathie, Kongruenz und Akzeptanz. Im Laufe mehrerer Jahrzehnte entwickelte Rogers eine dezidierte Art von professioneller Beziehungsgestaltung, in welcher dem/der Klienten/Klientin mit jenen drei Grundhaltungen begegnet wird (Quitmann, 1996). Dabei geht der/die Berater:in wertschätzend auf den inneren subjektiven Bezugsrahmen des/der Klienten/Klientin ein. Wenn dies gelingt, ist tendenziell eine Gesprächsatmosphäre geschaffen, in welcher der/die Klient:in gestärkt ist: sowohl für die Exploration seiner/ihrer Problematiken als auch für deren Bewältigung.

Rogers geht von der Annahme aus, dass jedem Individuum eine Aktualisierungstendenz innewohnt. Diese zielt auf Kohärenzerleben, Gesundheit und die Befriedigung grundlegender Bedürfnisse. Sie sorgt für eine beständige Entwicklung des Organismus im Austausch mit seiner Umwelt. Das findet im Spannungsfeld zwischen Autonomiestreben und Anpassung an die situativen Gegebenheiten statt. Sogenannte „Probleme" stellen in diesem Zusammenhang Hinweise auf mögliche Entwicklungsschritte dar.

Konstruktivismus: Respekt gegenüber der Sichtweise des/der Coachee

Die konstruktivistische Perspektive geht davon aus, dass menschliches Wahrnehmen und Erleben psychischen und sozialen Konstruktionen unterliegen. Aktuelle Sinnesdaten werden mit gespeicherten Repräsentationen vorhergehender Erfahrungen abgeglichen. Jegliche Information wird mit bereits vorhandenen Wissensnetzen und Mustern des Denkens, Fühlens und Verhaltens verknüpft. Daher gibt es „kein objektives Maß für Verstehen, sondern nur eine gegenseitige Annäherung subjektabhängiger Konstruktionen von Wissen" (Roth, 2011, S. 283).

Der Konstruktivismus gilt als Erkenntnistheorie und umfasst unterschiedliche Positionen (Pörksen, 2019; Roth, 2011). Zugespitzte Formulierungen wie „die Umwelt, so wie wir sie wahrnehmen, ist unsere Erfindung" (von Foerster, 1991, S. 40) entstammen dem sogenannten radikalen Konstruktivismus. Nach diesem Ansatz entsteht Realität als Rechenleistung des Gehirns. Dieses arbeitet entlang internaler Strukturen, die in keiner direkten Verbindung zur Außenwelt stehen (Strukturdeterminiertheit). Lediglich jene Sinnesdaten, welche zu den bestehenden Rastern und Netzwerken passen, werden verarbeitet (Viabilität). Alle anderen finden keinen Anschluss.

Sprachkulturen, Traditionen und gesellschaftliche Übereinkünfte beeinflussen in erheblichem Ausmaß das Denken, Empfinden und Verhalten. Auf diesem Weg wird die Realität sozial konstruiert. Aus dem Blickwinkel des sozialen Konstruktionismus liegt „der Fokus […] eben nicht auf Individuen […], sondern auf den Beziehungen als Orte der Wirklichkeitskonstruktion" (Gergen & Gergen, 2009, S. 8).

Blickt man mit dieser Perspektive auf Beratung und Coaching, kann der/die Coach:in nicht als unbeteiligter und allwissender Beobachter gesehen werden. Heinz von Foerster (2018) weist darauf hin, „dass es immer ein Mensch ist, der etwas sieht und betrachtet. Der Haltung des unbeteiligten Beschreibers steht die Haltung des Mitfühlenden und Beteiligten gegenüber, der sich selbst als Teil der Welt begreift" (S. 28).

Beim Thema Coaching-Haltung wird oftmals gefordert, der/die Coach:in möge sich respektvoll den subjektiven Konstrukten seines/ihres Gegenübers nähern.

Solche Forderung birgt konstruktivistische Annahmen. Daraus ergibt sich für den/die Coach:in eine Verantwortung für seine/ihre eigenen Konstrukte, zu denen auch die Haltung gehört, mit welcher er/sie seinen/ihren Kund:innen begegnet. Bereits sein/ihr Blick auf den/die Anlassgeber:in kann als wesentlicher Teil des Beratungsgeschehens gesehen werden, denn er/sie lenkt die Aufmerksamkeit in eine bestimmte Richtung. Beispielsweise entscheidet der/die Coach:in, ob er/sie auf das Problemerleben oder die Ressourcen seines/ihres Gegenübers fokussiert.

Embodiment: die körperlich-leibliche Ebene einbeziehen

Der Begriff *Haltung* kann sich auf die innerliche Einstellung oder auch auf die äußere Körperhaltung beziehen. So weist die doppelte Bedeutung des Wortes darauf hin: die innere Haltung scheint verkörpert zu sein.

Mit Blick auf die physiologische Ebene zeigt die Embodiment-Forschung, dass das Gehirn in steter Wechselwirkung mit dem Körper steht. Der Körper wiederum befindet sich in Interaktion mit seiner Umwelt. Insofern ist das Gehirn (und gemäß dem Embodiment-Ansatz damit auch das psychische Geschehen) zweifach eingebettet (Tschacher, 2006).

Der Geist und damit auch die innere Haltung sind vielfach mit dem Körper und seinem Zustand verbunden. Vor diesem Hintergrund ließe sich die körperliche Dimension in den Professionalisierungsprozess einbeziehen, z. B. als Einüben einer Achtsamkeit hinsichtlich des somatischen Geschehens in der Beratung: Was nimmt der/die Coach:in auf der nonverbalen Ebene beim Coachee wahr? Inwieweit befinden sich Coachee und Coach in Resonanz?

Im Coachinggespräch zeigt sich die wertschätzende Haltung des/der Coachs/Coachin u. a. in seiner/ihrer Zugewandtheit: Das Zuwenden ist eben nicht nur ein geistig-psychischer Akt, sondern auch ein leiblich-räumlicher Vorgang. Dabei sind die gesprochenen Worte bisweilen von geringerer Wirkung als die Interaktion, welche sich zwischenleiblich abspielt. Storch und Tschacher (2014) haben dies in ihrem Modell der „Embodied communication“ dargestellt. Kommunikation ist hochgradig abhängig von den jeweiligen somatischen Zuständen seiner/ihrer Teilnehmer:innen. Der/die Coach:in hätte damit zwei Aufgaben: erstens sich des Zwischenleiblichen sowie Nonverbalen im Gespräch gewahr zu sein und zweitens auf den eigenen körperlichen Zustand zu achten. Sitzt der/die Coach:in mit hoher Muskelanspannung und flachem Atem im Beratungsgespräch, kann er/sie eine offene und wertschätzende innere Haltung nur sehr bedingt einnehmen. Gilligan (2014) zeigt Praktiken zur somatischen Zentrierung auf, mit denen der/die Coach:in sich in einen Zustand von Entspanntheit bei gleichzeitiger Konzentration bringen kann. Schafft es der/die Coach:in sich leiblich-körperlich zu zentrieren und mit seiner/ihrer Wahrnehmung beim Coachee zu sein, fördert das die Resonanz: Der/die Coach:in kommt besser in ein „Mitschwingen“ mit dem, was und wie der/die Coachee von seinem/ihrem Anliegen berichtet.

Im Embodiment-Ansatz wird der Körper primär als System von Organen und physiologischen Prozessen betrachtet, welches sich permanent im Austausch mit der Umwelt befindet. Der Begriff *Leib* hingegen bezeichnet das subjektive Erleben des körperlichen Geschehens und das gefühlte Da-Sein im Hier-und-Jetzt. Es zeigt sich in Aussagen wie „Ich fühle mich lebendig“. Mit dem Leib erfahren wir uns selbst und finden uns in Beziehung zum situativen Geschehen. Diese Sichtweise steht in phänomenologischer Tradition und wird aktuell verstärkt diskutiert (Böhme, 2019; Waldenfels, 2018). Vor diesem Hintergrund lässt sich die innere Haltung als etwas Leibhaftiges betrachten.

Die in Kürze dargestellten Ansätze liefern mögliche Komponenten für das Entwickeln einer professionellen Haltung im Coaching. Aus ihnen lassen sich beispielhaft konkretere Fragestellungen ableiten (vgl. Tab. 1).

Tab. 1 Haltung aus Perspektive unterschiedlicher Ansätze

Ansatz	Komponente in der Haltung	Fragestellungen für den Coach
Phänomenologie	• Dem/der Coachee in Offenheit begegnen • Eigene Vorannahmen und eigenes Vorwissen suspendieren	Was nehme ich an meinem Gegenüber wahr? Wie nehme ich es wahr? Welchen Eindruck macht er/sie auf mich?
Personzentrierter Ansatz	• Empathisches Mitgehen und sich Hineinversetzen • Im Dialog mit dem/der Coachee dessen subjektives Erleben erkunden, insbesondere die emotionalen Anteile	Welche Gefühle tauchen beim Coachee auf? Wie gelingt es mir, ihn/sie mitsamt der Gefühle zu akzeptieren? Was sind meine eigenen Gefühle dazu?
Konstruktivismus	• Respekt vor den Konstruktionen des/der Coachee aufbringen • Das Anliegen/Problem aus der Perspektive des/der Coachee betrachten	Wie konstruiert sich der/die Coachee das Problem? (Details) Wie bewertet er/sie die Situation? Welche Erklärungen findet er/sie dafür?
Embodiment	• Sich als Coach auf der körperlich-leiblichen Ebene synchronisieren (Atem, Körperhaltung) • Aufmerksam sein für nonverbale Reaktionen des Coachee	Wie gelingt es mir im Gespräch immer wieder auf die nonverbale Ebene zu achten? Inwieweit geben mir meine körperlich-leiblichen Reaktionen Hinweise für den Resonanzgrad zwischen mir und Coachee?

5.2 Erfahrungslernen und handlungspsychologische Perspektive

Haltung hat mit Gewohnheiten zu tun, die im Erfahrungsgedächtnis gespeichert sind. Durch neue Erfahrungen lässt sich das Eingewöhnte allerdings relativieren oder punktuell sogar verändern. Dies geschieht nicht nur beiläufig, sondern ist im begrenzten Rahmen willentlich ansteuerbar. Auf solchem Weg ist es beispielsweise möglich, die Fähigkeit zur Selbstberuhigung oder einen konstruktiven Umgang mit Unsicherheit zu entwickeln. Emotionale Reaktionsweisen sind veränderbar. Entsprechende Möglichkeiten finden sich unter dem Begriff der Selbstkompetenz dargestellt (Kuhl et al., 2014b; Künne & Kuhl, 2014; Nicolaisen, 2024).

Pragmatische Hinweise für eine solche Entwicklung im Zusammenhang mit einer professionellen Haltung liefert die handlungspsychologische Perspektive nach Julius Kuhl (2001). Er beschreibt in seiner Persönlichkeits-System-Interaktionen-Theorie (PSI-Theorie) zwei psychische Funktionsprofile: das „Ich" und das „Selbst" (Künne & Kuhl, 2014). Beide ergänzen einander. Während das Ich für zielgerichtetes Planen, Analysieren und Detailerkennung (Fehlerzoom) zuständig ist, stellt das Selbst ein Reservoir von gut verarbeiteten emotionalen Erfahrungen dar, inklusive sämtlicher Ressourcen. Selbstkompetenz entsteht, indem unter Beteiligung sowohl des Ich-Modus als auch des Selbst-Modus, z. B. eine unerwünschte emotionale Reaktion integriert wird. Dazu sind einige Schritte erforderlich. Zunächst wird der Fokus willentlich und zielgerichtet auf die Emotion gelenkt. So lässt sie sich im Detail betrachten: Wie genau wäre sie zu beschreiben und zu benennen? Das aufmerksame Betrachten kostet einiges an Bereitschaft, gerade bei unangenehmen Emotionen. Zugleich wird der emotionalen Reaktion in akzeptierender Weise und in einem möglichst entspannten Körperzustand begegnet. Dadurch wird das Selbst aktiviert, denn es vollzieht sich weit verzweigt in der rechten Hirnhemisphäre und ist eng mit dem Körperempfinden sowie dem autonomen Nervensystem verknüpft. Weiterhin lässt sich z. B. nach der positiven Absicht der unerwünschten Reaktion oder nach dem damit verbundenen Bedürfnis fragen. So kann die unerwünschte emotionale Reaktion allmählich in Beziehung zum eigenen Selbsterleben gebracht und integriert werden.

Solch allmähliches Erlernen von Selbstkompetenz zeigt einen Weg auf, eine professionelle Coaching-Haltung zu erarbeiten bzw. weiterzuentwickeln:

> „Eine professionelle Haltung ist ein hoch individualisiertes […] Muster von Einstellungen, Werten, Überzeugungen, das durch einen authentischen Selbstbezug und objektive Selbstkompetenzen zustande kommt, die wie ein innerer Kompass die Stabilität, Nachhaltigkeit und Kontextsensibilität des Urteilens und Handelns ermöglicht" (Kuhl et al., 2014b, S. 107).

6 Professionalisierung von Haltung im Coaching: In die Haltung hineinfinden

Die vorhergehenden Abschnitte zeigen, dass die Entwicklung einer professionellen Coaching-Haltung ein komplexes Geschehen ist. Die Arbeit auf der Haltungsebene ist vielschichtig. Es wäre zu klären, welche Haltungskomponente für die eigene individuelle Entwicklung als Coach interessant ist. Das wird von Person zu Person unterschiedlich sein. Weiterhin wäre ein Weg zu finden, diese Komponente einzuüben – womöglich sogar entgegen bisheriger Gewohnheiten.

Die Professionalisierung von Coaching erfordert Nachweisbarkeit und Begründbarkeit. Zu diesem Zweck liefert der Ansatz zur Entwicklung von Selbstkompetenz entsprechende systematische und empirisch begründbare Schritte:

> „Selbstkompetenzen als Basis für Haltung sind lebenslang erlernbar, lehrbar, messbar und ihre Entwicklung kann gefördert werden" (Kuhl et al., 2014b, S. 118).

Dennoch bleibt zu hinterfragen, ob und inwieweit eine Professionalisierung von Haltung durch das Erlernen von Selbstkompetenz operationalisierbar sein kann. Würde eine daraus folgende Didaktisierung im Entwickeln der Coachinghaltung vielleicht zu sehr dem Zeitgeist des technisch Machbaren dienen? Ist das im Sinne einer Professionalisierung, die ihre eigene Grenze kritisch im Blick hat, überhaupt wünschenswert?

Stattdessen könnte eine umsichtige Professionalisierung explizit betonen, dass Haltung etwas ist, welches sich nicht zur Gänze steuern lässt. Ein gutes Stück bleibt sie im Bereich des Unverfügbaren und dem Leben überlassen. Allerdings ist es entscheidend, wie der Coach sich zu seinen Lebenserfahrungen verhält. Wendet er sich auch dem Unangenehmen zu und setzt sich mit unliebsamen Erfahrungen durch professionelle Begleitung (Supervision, Therapie) auseinander, wäre dies ein wertvolles Element der persönlichen Professionalisierung von Haltung. Letztere entsteht auch durch das Sich-Einlassen auf das Leben und durch eine persönliche Art der Lebenskunst (Schmid, 1999).

Die Ausübung einer beruflichen Coachingtätigkeit findet auf einem unsicheren Terrain statt. In der Arbeit mit den Kund:innen betritt man nahezu jedes Mal eine *terra incognita*. Der/die Coach:in ist mit Mehrdeutigkeiten, Ambivalenzen und Paradoxien konfrontiert. Zudem birgt die Interaktion mit den Kund:innen bisweilen die Gefahr einer emotionalen Verstrickung. Dort, wo der/die Coach:in sich all diesem Geschehen verantwortungsvoll stellt, und sich seinerseits/ihrerseits professionelle Unterstützung holt, z. B. in Form von Supervision, entwickelt er/sie eine professionelle Haltung. Damit wäre diese „etwas, das einem zuwächst, in das man hineinfindet […]. Man erarbeitet sie sich […], in ihr bilden sich Lebenserfahrung und persönliche Wertebindung ab. Sie ist das unsichtbare Kondensat des professionellen Könnens“ (Erpenbeck, 2017, S. 9).

Wenn dem so wäre, dass man in die Haltung „hineinfindet“, dann stellt sich die Frage, ob und wie sich eine Haltungsveränderung im Dienste einer angestrebten Professionalisierung willentlich initiieren, geschweige denn operationalisieren ließe. Erpenbeck bleibt mit ihren sprachlichen Formulierungen des „Zuwachsens“ und „Hineinfindens“ in lyrischer Unschärfe, doch gerade dadurch ist sie sehr präzise. Denn eine professionelle Haltung braucht Freiraum für ihre Entwicklung. Sie lässt sich durch entsprechende Lernkontexte gezielt anspielen, nicht aber regulieren. Letztlich vollzieht sie sich in Prozessen von Selbstorganisation.

Daher lässt sich Professionalisierung auf der Haltungsebene nur anregen, nicht aber linear steuern und daher auch nur im eingeschränkten Maß operationalisieren. So wie auch der Coachingprozess nicht gänzlich verfügbar oder instruierbar ist, so wohnt auch der Professionalisierung von Haltung etwas Unverfügbares inne. Die eigene Haltung für den Kontext Coaching zu entwickeln, bedeutet Selbsterkundung. In diesem Zuge mögen persönliche Themen und Gefühle auftauchen, mit denen man im Vorwege nicht rechnen kann. Dies hat neben dem Haltungslernen noch den zusätzlichen Nebeneffekt, dass der/die Coach:in einen unmittelbaren Eindruck davon bekommt, wie es manchem seiner/ihrer Kund:innen gehen mag. Haltungsarbeit fördert daher sehr häufig die Resonanzfähigkeit des/der Coachs/Coaching.

Literatur

Aristoteles. (2017). *Nikomachische Ethik.* Reclam.

Bollnow, O. F. (2009). *Das Wesen der Stimmungen. Schriften Band I.* Königshausen & Neumann.

Böhme, G. (2019). *Leib. Die Natur, die wir selbst sind.* Suhrkamp.

Eidenschink, K. (2015). Selbsterkenntnis und Metatheorie. Anmerkungen zu den essentiellen Voraussetzungen für einen professionellen Einsatz von Tools im Coaching. In A. Schreyögg & C. J. Schmidt-Lellek (Hrsg.), *Die Professionalisierung von Coaching. Ein Lesebuch für den Coach* (S. 233–244). Springer.

Erpenbeck, M. (2017). *Wirksam werden im Kontakt. Die systemische Haltung im Coaching.* Carl Auer.

Fietze, B. (2015). Coaching auf dem Weg zur Profession? Eine professionssoziologische Einordnung. In A. Schreyögg & C. J. Schmidt-Lellek (Hrsg.), *Die Professionalisierung von Coaching. Ein Lesebuch für den Coach* (S. 3–21). Springer.

Gergen, K. J., & Gergen, M. (2009). *Einführung in den sozialen Konstruktionismus.* Carl Auer.

Gilligan, S. G. (2014). *Generative Trance.* Junfermann.

Greif, S. (2008). *Coaching und ergebnisorientierte Selbstreflexion* (2. Aufl.). Hogrefe.
Heller, J., & Gallenmüller, K. (2016). Thesen über Königswege und Irrwege im Coaching. In C. Triebel, J. Heller, B. Hauser, & A. Koch (Hrsg.), *Qualität im Coaching. Denkanstöße und neue Ansätze: Wie Coaching mehr Wirkung und Klienten Zufriedenheit bringt* (S. 1–8). Springer.
Kriz, W. C. (2000). *Lernziel: Systemkompetenz. Planspiele als Trainingsmethode*. Vandenhoeck & Ruprecht.
Kuhl, J. (2001). *Motivation und Persönlichkeit. Interaktionen psychischer Systeme*. Hogrefe.
Kuhl, J., Schwer, C., & Solzbacher, C. (2014a). Professionelle pädagogische Haltung: Persönlichkeitspsychologische Grundlagen. In C. Schwer & C. Solzbacher (Hrsg.), *Professionelle pädagogische Haltung. Historische, theoretische und empirische Zugänge zu einem viel strapazierten Begriff* (S. 79–106). Klinkhardt.
Kuhl, J., Schwer, C., & Solzbacher, C. (2014b). Professionelle pädagogische Haltung: Versuch einer Definition des Begriffes und ausgewählte Konsequenzen für Haltung. In C. Schwer & C. Solzbacher (Hrsg.), *Professionelle pädagogische Haltung. Historische, theoretische und empirische Zugänge zu einem viel strapazierten Begriff* (S. 107–120). Klinkhardt.
Künne, T., & Kuhl, J. (2014). Warum die Beziehung so wichtig ist. Selbstkompetenz aus Sicht einer integrativen Persönlichkeitstheorie. In C. Solzbacher, M. Lotze, & M. Sauerhering (Hrsg.), *Selbst – Lernen – Können. Selbstkompetenzförderung in Theorie und Praxis* (S. 21–34). Baltmannsweiler.
Nicolaisen, T. (2017). *Einführung in das systemische Lerncoaching*. Carl Auer.
Nicolaisen, T. (2024). *Selbstkompetenz entwickeln. Zur Förderung mentaler Gesundheit von Lehrpersonen*. Beltz Juventa.
Pallasch, W., & Petersen, R. (2005). *Coaching. Ausbildungs- und Trainingskonzeption zum Coach in pädagogischen und sozialen Arbeitsfeldern*. Juventa.
Platon. (1994). *Menon*. Reclam.
Pörksen, B. (2019). *Die Gewissheit der Ungewissheit. Gespräche zum Konstruktivismus* (4. Aufl.). Carl Auer.
Quitmann, H. (1996). *Humanistische Psychologie. Psychologie, Philosophie, Organisationsentwicklung* (3. Aufl.). Hogrefe.
Roth, G. (2011). *Bildung braucht Persönlichkeit. Wie Lernen gelingt* (4. Aufl.). Klett-Cotta.
Schmid, W. (1999). *Philosophie der Lebenskunst. Eine Grundlegung* (5. Aufl.). Suhrkamp.
Schmidt-Lellek, C. J. (2007). Coaching als Profession und die Professionalität des Coach. In A. Schreyögg & C. J. Schmidt-Lellek (Hrsg.), *Konzepte des Coaching* (S. 221–232). Springer.
Schreyögg, A. (2012a). Die Wissensstruktur von Coaching. In Deutscher Bundesverband Coaching e. V. (DBVC) (Hrsg.), *Leitlinien und Empfehlungen für die Entwicklung von Coaching als Profession* (4. Aufl., S. 106–113). DBVC.
Schreyögg, A. (2012b). Die Kernkompetenzen des Coachs. In Deutscher Bundesverband Coaching e. V. (DBVC) (Hrsg.), *Leitlinien und Empfehlungen für die Entwicklung von Coaching als Profession* (4 Aufl., S. 34–36). DBVC.
Schwer, C., & Solzbacher, C. (2014). Einleitung der Herausgeberinnen. In C. Schwer & C. Solzbacher (Hrsg.), *Professionelle pädagogische Haltung. Historische, theoretische und empirische Zugänge zu einem viel strapazierten Begriff* (S. 7–14). Klinkhardt.
Steinke, I. (2015). Kompetenzanforderungen an Coaches. In A. Schreyögg & C. J. Schmidt-Lellek (Hrsg.), *Die Professionalisierung von Coaching. Ein Lesebuch für den Coach* (S. 257–282). Springer.

Storch, M., & Tschacher, W. (2014). *Embodied communication. Kommunikation beginnt im Körper, nicht im Kopf.* Huber.

Stölzel, T. (2015). Was sich zeigt – Phänomenologie als reflektiertes Wahrnehmungswissen für Coaches und Berater. In A. Schreyögg & C. J. Schmidt-Lellek (Hrsg.), *Die Professionalisierung von Coaching. Ein Lesebuch für den Coach* (S. 217–232). Springer.

Tschacher, W. (2006). Wie Embodiment zum Thema wurde. In M. Storch, B. Cantieni, G. Hüther, & W. Tschacher (Hrsg.), *Embodiment. Die Wechselwirkung von Körper und Psyche verstehen und nutzen* (2. Aufl., S. 11–34). Huber.

von Foerster, H. (1991). Das Konstruieren einer Wirklichkeit. In P. Watzlawick (Hrsg.), *Die erfundene Wirklichkeit. Wie wissen wir, was wir zu wissen glauben? Beiträge zum Konstruktivismus* (7. Aufl., S. 39–60). Pieper.

von Foerster, H. (2018). In jedem Augenblick kann ich entscheiden, wer ich bin. In B. Pörksen (Hrsg.), *Die Gewissheit der Ungewissheit. Gespräche zum Konstruktivismus* (4. Aufl., S. 19–45). Carl Auer.

Waldenfels, B. (2018). *Das leibliche Selbst. Vorlesungen zur Phänomenologie des Leibes* (7. Aufl.). Suhrkamp.

Webers, T. (2016). Kompetenzen zur Steuerung des Coaching-Prozesses. In C. Triebel, J. Heller, B. Hauser, & A. Kock (Hrsg.), *Qualität im Coaching. Denkanstöße und neue Ansätze: Wie Coaching mehr Wirkung und Klientenzufriedenheit bringt* (S. 72–79). Springer.

Selbsterfahrung und Selbstreflexion als personale Professionalisierungsdimensionen in der Coachingausbildung

Steffen Kirchhof

Zusammenfassung

Gegenstand des nachfolgenden Beitrages ist eine kritische Auseinandersetzung mit einem erkennbar vorhandenen Appetenz-Inappetenz-Konflikt zur Selbsterfahrung und Selbstreflexion innerhalb der Coachingausbildung. Während einerseits die Förderung von Selbsterfahrung und Selbstreflexivität eine bedeutsame Aufgabe für Coaches/Coachinnen beinhaltet, es gleichsam das eigene Handwerk abbildet, entsteht bei Betrachtung der Ausbildungscurricula und Untersuchungen zum Coaching der Eindruck, dass dieser Bereich vergleichsweise zu kurz kommt. Gemessen an dem nachgewiesenermaßen positiven Wirkungsspektrum der Selbstreflexivität im Coaching (Neukom et al., 2011) stellt dieser Bereich indes eine bedeutsame, zwingend zu fördernde personale Professionalisierungsdimension in der Coachingausbildung dar.

1 Problemaufriss und Zielsetzung

Obgleich die Förderung von Selbsterfahrung und Selbstreflexivität explizit zum Kernauftrag von Coaches/Coachinnen für ihre Klient:innen im Coachingprozess gehört, fällt bei näherer Betrachtung der Ausbildungscurricula und Professionsstandards für die Aus- und Weiterbildung von Coaches/Coachinnen ein

S. Kirchhof (Deceased) (✉)
Flensburg, Deutschland
E-Mail: markus.walber@uni-bielefeld.de

C. Kuhlmann, M. Walber (Hrsg.), *Jahrbuch Coaching und Organisationsberatung*, https://doi.org/10.1007/978-3-658-27271-5_4

gewissermaßen zurückhaltendes Verständnis notwendiger Selbsterfahrung und Selbstflexion auf. Zwar wird der Anspruch nicht negiert, jedoch vergleichsweise allgemein und zeitlich geringgehalten. Während beispielsweise innerhalb der „Schwester“ von Coaching, sprich der Supervision – hier nach den Regeln der Deutschen Gesellschaft für Supervision (DGSv) beschrieben – explizit 90 h Einzel-Lehrsupervision als individuelle Selbsterfahrung zusätzlich des Erlebens und Erfahrens supervisorischer Arbeit zum Pflichtprogramm der 640 h-Ausbildung gehören, definiert demgegenüber der Deutsche Berufsverband für Coaching (DBVC) in seinem zukunftsweisenden Kompendium „Coaching als Profession“ (2019) lediglich die Integration von Selbsterfahrungsanteilen innerhalb der Ausbildung. So heißt es dort kurz und knapp: „Auch persönlich-biografische Selbsterfahrungsinhalte sind Teil der Coaching- Weiterbildung“ (S. 108). Geschult werden soll als professionelle Haltung explizit ein „Selbst- bzw. Rollenbewusstsein“ (Steinke & Rauen, 2019, S. 105) auf der Ebene einer Reflexionskompetenz sowie das für die Anwendung von Interventionsmethoden notwendige Handlungsvermögen (Steinke & Rauen, 2019, S. 105). Damit verknüpft und gleichermaßen ein Ziel der Weiterbildung soll eine „bewusste Selbstveränderung und Selbstentwicklung“ (Steinke & Rauen, 2019, S. 105) der Ausbildungskandidat:innen sein. Es darf an dieser Stelle zunächst in Frage gestellt werden, ob ein solchermaßen verdichteter und offen gehaltener Anspruch an die Persönlichkeitsentwicklung der werdenden Coaches/Coachinnen für eine professionelle Beratungsrolle überhaupt als ausreichend betrachtet werden kann und unabhängig dessen in einem Zyklus von 150 Ausbildungsstunden, sprich knapp zwanzig Ausbildungstagen, im Sinne einer Professionalisierung des Berufsbildes und ihrer Akteur:innen insgesamt zu realisieren ist. Die nachfolgenden Überlegungen setzen an dieser Frage an und versuchen, orientiert an Literatur und empirischen Studien, eine kritische Reflexion zu leisten, innerhalb derer die Anforderungen an den Coachingberuf im Verhältnis zur gegebenen Ausbildungsstruktur hinterfragt und schlussendlich in Beziehung zum Professionalisierungsanspruch von Coaching gesetzt werden.

2 Selbsterfahrung und Selbstreflexion als Leitbegriffe im Coaching

2.1 Rolle und Beziehung im Coaching

Mit dem Angebot von Coaching verbindet sich für den/die Klient:in ein anspruchsvoller, psychoedukativ angelegter Lernprozess, für dessen Wirksamkeit Anteile von Selbsterfahrung und Selbstreflexivität konstitutiv sind. Ziel ist es, Klienten/

Klientinnen zu befähigen, mit einem erweiterten und vertieften Wahrnehmungsspektrum seiner typischen Verhaltensmuster, Interessen und Potenziale ausgestattet, aus eigenem Antrieb die Selbststeuerung seiner (beruflichen) Rollen bewusst(er) und zielorientierter gestalten zu können (Schreyögg, 2019, S. 20 f.). Im Kern geht es um die Förderung einer Persönlichkeitsentwicklung, die darauf abstellt, den/die Klient:in als frei handelndes Subjekt für die Bewältigung und Problemlösung seiner Aufgaben zu stärken. Schaut man sich hierzu die weitgehend ungebrochene große Nachfrage nach Coaching an und setzt diese in Relation zu dem, was im Coachingprozess die größte Wirkung auf die Entwicklung und Veränderung der Klient:innen ausübt, dann ist es ganz besonders die Beziehung zwischen Coach:in und Klient:in. Offenbar gelingt es mit einer von Empathie, Wertschätzung, Vertrauen und Diskretion getragenen Beziehung, ein Arbeitsbündnis zu begründen, welches sich in besonderer Form positiv auf das psychische System der Klient:innen auswirkt und durch gezielte Anregung zur Selbstreflexion die Bildung selbstkongruenter Ziele sowie eine bewusste Selbstentwicklung unterstützt (Rauen et al., 2011, S. 145). Neurobiologische Befunde unterstreichen gerade diese Perspektive (Roth & Ryba, 2016)

Seitens des Deutschen Bundesverbandes für Coaching (2019) wird ein Rollenbild für die Coaching-Aufgabe beschrieben, welches der Beziehungsgestaltung und ihrer reflexiven Ausrichtung einen besonderen Stellenwert zuschreibt und daraufhin Rollenanforderungen an den/die Coach:in formuliert (Abb. 1).

Betont werden ausgesprochen vielschichtige und komplexe Rollenanforderungen im Lichte eines Kommunikations- und Interaktionsgeschehens, welche in ihrer psychologischen Dynamik und Ausrichtung als umfassender und tiefgründiger zu betrachten sind als es der im Vordergrund stehende persönliche und (berufs-)fachliche Dialog im Verhältnis eines *väterlichen Freundes* zunächst erkennen lässt. Vielmehr geht es um mindestens zwei Individuen, die jeweils vor dem Hintergrund ihrer Persönlichkeitsstruktur und Lebensgeschichte und den damit jeweils von ihnen entwickelten Handlungs- und Deutungsmustern in Kontakt kommen und sich wechselseitig beeinflussen. Das Arbeitsbündnis ist zumeist über längere Zeit asymmetrisch; Übertragungen und Gegenübertragungen entstehen. Um hier als Coach:in professionell und wirksam arbeiten zu können, das heißt, in der eigenen Beratungskompetenz nach den Regeln der Kunst strukturiert wie situativ, im dialektischen Sinne sowohl empathisch gegenüber den/der Klient:in mitzuschwingen als auch eine persönliche Distanzierung vorzunehmen, um sich nicht mit den Anteilen des/der Klient:in und seinen eigenen zu verstricken und prozessual steuerungsfähig zu bleiben, braucht es die unerlässliche und eingeübte Fähigkeit zur kontinuierlichen Selbstwahrnehmung und Selbstreflexion. Auf dieser Ebene muss sich der/die Coach:in in eine Art „Meta-Position" begeben, „aus der

Rolle	Beziehungsanforderungen
Ratgeber:in	- Beratender Kommunikationsstil auf der Ebene von gelebter Expertise; - Statements ohne missionarischen Anspruch; - Selbstverantwortung des Klienten/der Klientin muss vollumfänglich erhalten bleiben.
Sparringspartner:in/ Feedbackgeber:in	- Wohlwollende:r Provokateur:in: kritisch hinterfragend, als auch bestätigend; - Wohlwollender Kommunikationsstil: „wie ein:e gute:r Freund:in".
Dialogpartner:in	- Einfühlsame:r Beziehungsarbeiter:in: Aufbau einer vertrauensvollen und konstruktiven Gesprächsatmosphäre, die den Klient:innen ermöglicht, sich für neue Perspektiven zu öffnen; - Professionelle Wahrnehmung des Beziehungsgeschehens einschließlich Übertragungen und Gegenübertragungen; - (Selbst-)Reflexive Umsetzung der Beratungsrolle in Beratungshandeln; - Fähigkeit, emphatisch „mitzuschwingen", als auch bei sich zu bleiben und den Klient:innen kongruent zu begegnen.
Prozessbegleiter:in	- Methodisch versierte:r Prozessverantwortliche:r: Klärungshelfer:in des inneren Systems; Generierung und methodische Steuerung von Bewusstwerdung, Lern- und Entwicklungsprozessen; - Folgenreflektierender Kommunikationsstil.
Lernbegleiter:in	- Expert:in für fachliche und methodische Rollenanforderungen der Klient:innen; - Anwendungszentrierte, psychoedukative Förderung von Handlungskompetenzen.

Abb. 1 Beziehungsanforderungen an den/die Coach:in. (Steinke, 2019)

heraus er den Beziehungsprozess souverän beurteilen, regulieren, sich inhaltlich positionieren und dem Klienten empathisch, aber als professionell abgegrenztes und kongruent kommunizierendes Gegenüber begegnen kann" (Steinke, 2019, S. 55). Hierzu gehört als Coach:in eine besondere Beziehungsfähigkeit, die es ihm ermöglicht, einen offenen Resonanzraum von Kontakt und Begegnung aufzumachen und im schwingenden Kontakt bei dem/der Klient:in als auch bei sich zu sein. Nur aus der Resonanz des spürbaren, authentischen Kontaktes heraus werden die Impulse des Coaches/der Coachin den/die Klient:in tatsächlich erreichen und in der Tiefe berühren können (Eidenschink, 2019, S. 3). Ryba (2019a) fordert in diesem Zusammenhang die Entwicklung einer reflektierten Beziehungskompetenz, innerhalb derer Coaches/Coachinnen gelernt haben, ihre persönlich-biografischen prägenden Beziehungserfahrungen aufzuarbeiten, ohne ihre eigenen ungelösten Themen mit in die Beratung zu bringen (S. 148–151).

Zu den Voraussetzungen gehört somit eine Persönlichkeit, die über ein echtes Interesse am Gegenüber verfügt und sich durch Selbsterfahrung von den *blinden Flecken* ihrer Geschichte befreit hat, aus der heraus sie nunmehr eine innere Freiheit, Haltung und Fähigkeit besitzt, zu sich auf Distanz gehen zu können und biografische Reininszenierungen vermeidet (Migge, 2005). „Selbsterfahrung ist für Coaches bitter nötig, da sich ansonsten in die gut gemeinte Prozessarbeit subtile Klienten-Manipulationen einschleichen, mit denen ein Coach eigene Ängste minimiert und eigene unerfüllte Beziehungswünsche ausagiert“ (Migge, 2005, o. S.). Dennoch erscheint dieser Anspruch in zwanzig Ausbildungstagen nur bruchstückhaft zu realisieren und steht in Abhängigkeit der Programmatik von Ausbildungsstätten, die in diesem Bereich mehr oder weniger investieren. Dieses Missverhältnis verwundert umso mehr, wenn man bedenkt, wie sehr sich der/die Coach:in in der Gestaltung der Beziehung und Entfaltung beraterischer Kompetenz zum Resonanzraum und unter Rückgriff auf sein Selbst gleichsam zum eigenen Instrument machen muss, um im Anspruch seiner Wirksamkeit nicht der Gefahr zu erliegen, gewissermaßen aus dem Werkzeugkoffer der Coaching-Tools rein instrumentell und technologisch zu arbeiten und damit, wie es Eidenschink (2010) formuliert, potentiell zum „Beratungstechniker und unaufgeklärten Manipulator“ (S. 2) zu werden und Übertragungs- und Gegenübertragungsprozesse – wie sie auch für Coachingprozesse relevant sind, gar nicht zu erkennen, geschweige denn mit ihnen arbeiten zu können. „Dies spricht für eine intensive Selbsterfahrung der Coaches“ (Ryba, 2019a, S. 151).

Offensichtlich gibt es mehrere Lesarten bzw. Vermutungen, warum der Aspekt von Selbsterfahrung – zumindest in den curricularen Leitlinien – marginal erscheint. Migge (2006) postuliert die Möglichkeit, dass man Kandidat:innen mit dem Anspruch von Selbsterfahrung nicht abschrecken möchte oder aber, dass Ausbilder:innen möglicherweise selbst Angst vor einer intensiveren Auseinandersetzung mit sich selbst oder den Anteilen der Kandidat:innen haben.

Dies führt in der Folge, wie er im Weiteren verdeutlicht, zu einer unseligen Allianz, in der beide Seiten einer wirklichen Begegnung ausweichen und so wesentliche Prozesse sowohl in der Gruppe als auch bei einzelnen nicht erwähnt werden. „Beide Seiten bekräftigen sich vielmehr darin, als wären die Bedürfnisse, Erfahrungen, Ängste und Themen, die die meisten Menschen umtreiben gar nicht ‚hier und jetzt‘ im Raum“ (Migge, 2006, S. 14). Vollzogen wird ein Verdrängungsakt, der bei den Ausbilder:innen gerne unter dem Aspekt „Coaching ist ausschließlich Reflexion beruflichen Handelns“ (Migge, 2006, S. 14) legitimiert wird. Diesbezüglich und beinahe von desillusionierender Relevanz ist hier die Wahrnehmung von Migge (2006), dass Weiterbildungsanbietende und Ausbilder:innen geradezu davor zurückschrecken, Selbsterfahrung ernsthaft anzubieten, da sie die Einbindung von Selbsterfahrung im Vergleich zur Ausbildung in der Psychotherapie bei Coachingausbildung als deutlich anstrengender und weniger ergiebig erleben. Gesprochen wird hier von einer Sisyphusarbeit, für die trotz wiederkehrender Versuche keine Energie mehr da ist. „Selbst erfahrene psychotherapeutische Gruppenleiter […] berichten, dass Selbsterfahrungsgruppen mit Coach-Ausbildungskunden für sie um vieles anstrengender sind, als Selbsterfahrungsgruppen mit angehenden Psychotherapeuten oder Psychiatern. Letztere sind durch ihr Studium oder durch die Arbeit schon mehr auf Selbsterkundung eingestimmt“ (Migge, 2006, S. 14).

Auch andere Interessen für eine verhältnismäßige Zurückhaltung in der Positionierung von Selbsterfahrung als Ausbildungsbestandteil sind denkbar. So ließe sich möglicherweise auch ein ökonomischer Hintergrund vermuten, insofern es darum gehen könnte, auf dem Markt möglichst viele Teilnehmer:innen zu generieren, indem die Ausbildung zunächst für attraktiv und bezahlbar gehalten wird und darauf zu bauen, dass die Teilnehmer:innen mit der Neugier aus ihrer Ausbildung heraus zusätzlich motiviert sind, in den Bereich der Selbsterfahrung zu investieren. Bedeutsamer und weniger spekulativ erscheint mir, dass im Selbstverständnis von Coaching eine sehr starke berufsfachliche Ebene, die Beziehungsebene, dominiert und in der Fokussierung auf das berufliche Handeln jegliche Nähe zur Psychotherapie und/oder Supervision vermieden werden soll. So zumindest ist es herauszulesen, wenn Schreyögg et al. (2019) beispielsweise Supervision als „klinische Beratungsform“ deklarieren, die insofern im Kern auf die persönliche Entfaltung der Professionellen abzielt, als dass damit durch die Persönlichkeit eine heilende Wirkung ermöglicht wird (Schreyögg et al., 2019, S. 29). „Coaching dagegen gilt als ‚Personalentwicklung‘ in dem Sinne, dass der Professionelle in seiner Funktionstüchtigkeit gestärkt wird“ (Schreyögg et al., 2019, S. 29). Dass hier die Grenzen fließend sind, ist offenkundig. Belegt ist, dass sich Coaching gerade im Beratungsbereich von Wirtschaft und Management einen sehr attraktiven Namen gemacht hat und hier durch vergleichsweise kurze lösungs- und ressourcenorientierte Prozesse mit direktiveren Methoden gegenüber Supervision gewinnt (Buchinger & Klinkhammer, 2007, S. 30 f.) Wie auch immer: Eine Gegenperspektive hat die Formalia des DBVC augenscheinlich überholt. So verlangt der Deutsche Coaching Verband (DCV, o. J.) in seiner Zertifizierungsordnung dezidiert 50 h Selbsterfahrung auf der Ebene von Coaching oder Psychotherapie jenseits der Ausbildung. Hiervon dürfen maximal 30 h in Gruppen absolviert sein. Alle zwei Jahre ist ein

Nachweis von 40 h Supervision oder Weiterbildung zu erbringen. Erwähnenswert ist in diesem Zusammenhang aber auch, dass zahlreiche Ausbildungsinstitute des DBVC bereits die Stundenzahl ihrer Ausbildung erhöht haben und vielfach mit integrierten Supervisionswochenenden zur Fallsupervision und/oder dem Lehrcoaching arbeiten. Auch die vermehrt eingeführte kollegiale Beratung und Peergruppenarbeit sind beliebte Instrumente, um den Anteil von Selbsterfahrung und Selbstreflexion zu erhöhen. Nicht zu vergessen ist zudem, dass die Ausbildungskandidat:innen gewöhnlicherweise sehr viele Ressourcen zur Beratung aus ihrer eigenen Geschichte, ihrer Sozialisation und Berufserfahrung mitbringen, aus der heraus sie schöpfen und auf die sie aufbauen können. Gleichwohl, die Ausbildungskultur ist im Bereich der notwendigen Selbsterfahrung offensichtlich (noch) gespalten, aber mit einem Problembewusstsein ausgestattet, erkennbar in Bewegung. Ungeachtet dessen: Empirisch liegen noch keine Befunde von Wirksamkeitsstudien der Selbsterfahrung innerhalb der Ausbildung vor, sodass Klenner (2016) hier noch eine Terra inkognita ausmacht, innerhalb dieser Selbsterfahrung als Teil der Coachingausbildung nicht mehr und nicht weniger darstellt als ein nicht erforschtes Postulat (S. 13). Genau aber diesen Bereich stärker wissenschaftlich zu untersuchen wäre umso wichtiger, je wesentlicher die Rolle von Selbsterfahrung und Selbstreflexion sich für die Beziehungsqualität und Wirksamkeit von Coaching abbildet.

2.2 Die professionelle Coaching-Beziehung im Fokus der Wirkungsforschung

Die Arbeitsbeziehung bzw. das Arbeitsbündnis zwischen dem/der Klient:in und dem/der Coach:in kann hinsichtlich ihrer Wirkungsmerkmale, die zu einem erfolgreichen Coaching betragen, mittlerweile als vielfach untersucht betrachtet und für die Wirkung von Coaching als signifikant eingestuft werden (Neukom et al., 2011). Im Vordergrund der Befunde steht als bedeutender förderlicher Wirkungsfaktor ein Arbeitsbündnis, das sich – hier überblicksartig und zusammenfassend dargestellt – durch folgende Wirkungsvariablen auszeichnet:

- Die Entwicklung einer stabilen Arbeitsbeziehung;
- Sympathie, Vertrauen und Offenheit;
- Wertschätzung, Zugewandtheit und Interesse am Anliegen des/der Klient:in;
- Empathische Haltung als Fähigkeit, sich einfühlen zu können
- Gutes Zuhören und die Fähigkeit, emotionale Distanz wahren zu können;

Diese Befunde betonen insbesondere die Rollenanforderungen des/der Coaches/ Coachin aus der Klient:innenperspektive und lassen sich durch die Ergebnisse einer aktuellen Untersuchung (Kinder et al., 2020), in deren Rahmen sowohl Klienten/Klientinnen als auch Coaches/Coachinnen befragt wurden, nicht nur bestätigen, sondern auch dahingehend erweitern, dass die Zielerreichung und Klarheit über die gewonnenen Perspektiven gleichermaßen einen bedeutsamen Effekt auf den Einfluss und die Wahrnehmung der Wirkung von Coaching haben. Dass es sich hierbei stets um einen koproduzierten Effekt von Coach:in und Klient:in handelt, wird seitens Neukom et al. (2011) besonders betont.

Neurobiologische Befunde, so wie von Roth und Ryba (2016) aus den Ergebnissen der Psychotherapieforschung erhoben und auf Coaching-Prozesse übertragen, beziehen sich explizit auf die Allianz zwischen Coach:in und Klient:in. Hiernach sind es bindungsbezogene neuronale Mechanismen, die bei dem/der Klient:in zunächst einen recht zügigen und positiven Einfluss auf die Befindlichkeit ausüben. Dieser ist jedoch nicht tiefgründig genug, um nachhaltig zu wirken. Hierzu braucht es vielmehr eine explorative und möglicherweise auch (psycho-)therapeutisch orientierte Arbeit, welche in der Lage ist, bisherige dysfunktionale Denk-, Fühl- und Handlungsmuster bewusst zu machen und parallel das kognitiv-emotionale Wissensgedächtnis sowie das prozedurale Gedächtnis mit neuen Erfahrungen zu restrukturieren (Roth & Ryba, 2016, S. 3). Von Relevanz für die Wirkung von Coaching sind im Kontext der Beziehung Studienergebnisse, die gerade auf einen engen Zusammenhang zwischen der Stärke der Coach:in-Klient:in-Beziehung und dem Coaching-Ergebnis verweisen und zwar sowohl aus der Perspektive der Coaches/Coachinnen als auch aus der der Klienten/Klientinnen. Demgegenüber, und auch im Gegensatz zu den Beiträgen therapeutischer Studien, hat der Bindungsaspekt zwischen Coach:in und Klient:in einen geringeren Einfluss als das Arbeitsbündnis im Hinblick auf die Erreichung der Ziele des Coachings (Mannhardt & De Haan, 2017, S. 4). „Und wenn sich Coaches und Coachees als sehr einfühlsame, starke Bindungen eingehende Persönlichkeiten (F/F Paarung) zusammenfinden, also die höchsten Werte für Bindung aufweisen, führte dies in der vorliegende Studie zu den schlechtesten Coaching-Ergebnissen“ (Mannhardt & De Haan, 2017, S. 4). Demgegenüber wurde in den meisten Studien zufolge aufgezeigt, dass es, ergänzend zur Wertschätzung und emotionalen Unterstützung, die Faktoren der Förderung von Selbstreflexion und die Zielabklärung sind, die zu den bedeutsamsten Verhaltensweisen für die Erreichung des Coaching-Erfolges gehören. Dabei muss das Ziel vom/von der Klient:in definiert werden, der Weg zur Erreichung des Ziels liegt wiederum beim Coach/bei der Coachin (Mannhardt & De Haan, 2017, S. 4).

2.3 Coaching als Überschneidungsraum zwischen Beratung und Psychotherapie

Auch wenn sich Coaching explizit an psychisch weitgehend gesunde Menschen wendet und dezidiert als kein psychotherapeutisches Angebot zu verstehen ist, wird in den bisher aufgezeigten Zusammenhängen bereits ein Grenzbereich der Überschneidung beider Formate deutlich. So wird im Coaching durchaus auch mit Methoden zur Anregung der Selbstreflexion gearbeitet, die einen tiefenwirksamen Zugang zum Unbewussten ermöglichen. Hierzu gehören beispielsweise imaginative Verfahren oder körperorientierte Zugänge (Ryba, 2019b). Themen und Reflexionsfelder können sich auch auf die eigene Biografie und auf schwierige Schnittstellen zur gegenwärtigen Problemsituation im Arbeitsfeld beziehen. Roth und Ryba (2016) haben in diesem Zusammenhang drei Grenzfälle identifiziert, welche die angesprochene Überschneidung exemplarisch illustrieren:

- „aktuelle Themen, die durch eine kürzlich aufgetretene (traumatische) Erfahrung ausgelöst wurden (z. B. Leistungsabfall aufgrund von Scheidung oder Tod eines Partners, Sinnfragen oder private Krisen);
- gegenwärtige Probleme, die durch ein fest verwurzeltes Verhaltensmuster verursacht werden (z. B. Aufstiegsmöglichkeiten stoßen aufgrund von dominant-aggressivem Verhalten an Grenzen);
- Mischformen: Eine aktuelle Erfahrung hat ein altes Muster oder Leiden wieder hervorgerufen (z. B. Arbeitslosigkeit ruft gefügiges Verhalten hervor, welches seine Wurzeln in der Erziehung hatte)" (S. 69).

Auch ist zu berücksichtigen, „dass Anlässe für ein Coaching häufiger persönlicher als geschäftlicher Natur sind, also häufiger die Persönlichkeit des Coachingnehmers oder allfällige soziale Konflikte betreffen als die Arbeit selbst oder das Unternehmen. Außerdem lässt sich sagen, dass, obwohl sich Coaching Themen vordergründig primär um Probleme im beruflichen Umfeld drehen, spätestens während der Gespräche auch private Probleme zur Sprache kommen" (Heyn & Grimmer, 2009, S. 96).

Ein diesbezüglich weitergehendes Phänomen, das die Überschneidung und das Spannungsfeld zwischen Coaching und Psychotherapie besonders illustriert, beschreibt Eidenschink (2016):

> „Viele Menschen mit schweren seelischen Beeinträchtigungen landen nie beim Psychotherapeuten. Sie landen beim sie fälschlicherweise körperlich oder medikamentös behandelnden Arzt, sie landen vor Gericht, sie landen bei der Bundesagentur

> für Arbeit und sie landen – seit dem es ihn gibt – beim Coach. Beim Coach landen Sie deshalb, weil es durchaus symptomatischer Bestandteil ihrer seelischen Not sein kann, dass sie (sehr) erfolgreich sind – manche dieser Nöte geben das her (!) – und gleichzeitig irgendein Problem haben“ (S. 149).

Was ist denn eigentlich, wenn der/die (erfolgreiche) Coach:in dasselbe Problem hat?

Im Weiteren verweist die im Coaching häufig verwendete klientenzentrierte Gesprächsführung nach Carl Rogers (1973) auf eine Überschneidung zur personenzentrierten Psychotherapie hin, die sich auch in spezifischen theoretischen und methodologischen Ausrichtungen von Coaching abbilden kann, wie beispielsweise dem Hypnosecoaching. Darüber hinaus gibt es mitunter Therapie-Anlässe, die gleichermaßen im Coaching Arbeitsthemen sein können. Grimmer und Neukomm (2010, S. 46) sprechen hier beispielsweise vom Burnout-Syndrom, familiären Probleme oder auch einem übertriebenen Suchtmittelkonsum. Für sie weist der in Rede stehende Überschneidungsraum ein Kontinuum zwischen Gesund und Krank und damit potenziellen Coaching-Möglichkeiten und notwendiger psychotherapeutischer Intervention aus. Coaching beginnt da, wo der/die Klient:in über geeignete Selbstregulierungs- und Steuerungsfähigkeiten verfügt und endet dort, wo diese nicht mehr ausreichend gegeben bzw. intakt sind. Grundsätzlich lässt sich so die Differenz zwischen einem Coachingprozess und einer Psychotherapie bei allen potenziellen Überschneidungen immer da festmachen, wo es um die Zielgruppe und die Zielrichtung geht. So beinhaltet Psychotherapie ein Angebot für psychisch erkrankte Menschen mit dem Ziel einer weitgehenden Heilung, wohingegen Coaching vergleichsweise gesunde Menschen hinsichtlich ihrer Leistungsfähigkeit und ihrer Performance unterstützt. Die Differenzlinien – möglicherweise auch in einem laufenden Prozess – für den/die Klient:in als auch für sich selbst und die eigenen Grenzen zu erkennen und im Sinne einer mitmenschlichen Reaktion zu überführen, braucht zuvorderst eine ehrliche Selbstwahrnehmung und ein ausgeprägtes Spürbewusstsein, was in dieser Situation beiden Seiten gut tut.

Selbsterfahrung und damit einhergehende Selbstreflexion stellen somit und zusammenfassend betrachtet entscheidende, personale Professionalisierungsdimensionen nicht allein auf der Klienten-/Klientinnenebene, sondern gleichermaßen zwingend auf der Arbeitsebene der Beziehungsgestaltung zwischen dem/der Klient:in und Coach:in und demzufolge dem Kompetenzerwerb von Coaches dar. Stölzel und Wagner (2018) sprechen diesbezüglich von einer Metakompetenz für professionelles Handeln im Coaching, deren Förderung als zentrale Haltung von Coaches/Coachinnen sowohl innerhalb der Coachingausbildung als auch auf der berufsverbandlichen Ebene durchaus mehr Aufmerksamkeit erhalten sollte (S. 502).

3 Selbsterfahrung und Selbstreflexion: Versuch eines interdisziplinären Zugangs zu schillernden Begrifflichkeiten

Selbsterfahrung hat sich seit Langem insbesondere in den psychotherapeutischen Ausbildungen als Grundlage für die Entwicklung der eigenen therapeutischen Kompetenz und der Förderung einer therapeutischen Beziehung etabliert (Mösler & Poppek, 2015, S. 122). Gegenstand ist die bewusste Auseinandersetzung mit der eigenen biografischen Geschichte, ihrer unbewussten oder verdrängten Anteile und den damit zusammenhängenden „blinden Flecken" (S. 122) als potenzielle Einflussfaktoren auf die therapeutische Arbeit. Parallel dazu dient die Reflexion des eigenen Selbst dem Aufbau der eigenen Stärken und dem Aufbau der Therapeut:innenpersönlichkeit, die zum Aufbau einer tragenden Therapeut:innen-Patient:innen-Beziehung in der Lage ist (Mösler & Poppek, 2015). Geleistet wird dieser Ausbildungsanteil sowohl innerhalb der Ausbildungsgruppe als auch zusätzlich im Einzelsetting.

Der Begriff der Erfahrung darf in seinem transdisziplinären Verständnis als durchaus vielgestaltig und nicht eindeutig bestimmt betrachtet werden. So ist Erfahrung zwar ein Wort, welches von jedem gebraucht wird und damit der alltäglichen Umgangssprache entspricht, gleichwohl aber in den wissenschaftlichen Disziplinen unterschiedlich konnotiert wird (Koller, 1989, S. 11). Dabei entzieht sich der Erfahrungsbegriff einer wissenschaftlichen Rationalität und Objektivierbarkeit. „Erfahrungen in ihrer pluralen, kontingenten, dezentrierten Verfasstheit laufen jeglichen Ordnungen zuwider. Erfahren sei eine besondere menschliche Möglichkeit, die nicht dasselbe wie Denken oder Erleben sei" (Meyer-Drawe, 2008, zit. n. Westphal, 2013, S. 129). Und auch die Art der individuellen Erfahrung macht ebenso einen Unterschied wie die Arbeit der emotionalen und kognitiven Verarbeitung. Handelt es sich um eine unspezifische Alltagserfahrung, eine sich (vielfach) wiederholende Erfahrung oder gar um eine Grenzerfahrung? Welche Relevanz entfaltet sie für die Identität des Individuums?

3.1 Erfahrung – eine etymologische Spurensuche

Gut geeignet für den hier in Rede stehenden Erklärungszusammenhang von einer ganz persönlichen, eigenen (Selbst-)Erfahrung, die als solche eine nachhaltige Wirkung hinterlässt, erscheint zunächst ein Rückgriff auf Otto Bollnow (2013) und seine in den 68er-Jahren des vergangenen Jahrhunderts geschriebene und heute noch tragfähige Analyse zum Erfahrungsbegriff in der Pädagogik zu sein. Er hebt hervor, dass „erfahren“ wortgeschichtlich vom einfachen „fahren“ und dem dabei am eigenen Leib Erfahrenden, sprich dem Erlebten, Erlittenen, Erlangten und Erreichten herkommt. „Daraus ergibt sich dann die übertragene Bedeutung von ‚erfahren‘ im Sinn von: etwas dadurch kennenlernen, dass man im Fahren auf der ‚Fahrt‘ damit in Berührung kommt, wobei dann die Erinnerung an die ausgestandenen Mühen und Gefahren und an die Unfälle, die einem auf dem Weg zugestoßen sind, mitschwingt“ (S. 4). Erfahrungen beinhalten demnach potentiell und insbesondere vom Erinnerungswert hergedacht eher schwierige und/oder schmerzhafte Seiten, von den Menschen zumeist mehr zu berichten wissen als von den angenehmen und erfreulichen Seiten des erlebten Lebens. Während letztere genauso der natürlichen Selbstwahrnehmung entsprechen und sich in die menschliche Seele weniger tief eingraben, gehört demgegenüber gerade die unerfreuliche und beschwerliche Erfahrung zu dem, was den Menschen in seinem Charakter wirklich zu prägen vermag. Bollnow (2013) zitiert diesbezüglich den Philosophen Gadamer (1960): „Dass Erfahrung vorzüglich die schmerzliche und unangenehme Erfahrung ist, bedeutet nicht etwa eine besondere Schwarzfärberei, sondern lässt sich aus ihrem Wesen unmittelbar einsehen. Nur durch negative Instanzen gelangt man (…) zu neuer Erfahrung. Jede Erfahrung, die diesen Namen verdient, durchkreuzt eine Erwartung. Solange das Leben ungestört verläuft und alle seine Erwartungen erfüllt werden, ist alles gut und es fällt einem nichts weiter auf. Erst wo die Erwartungen enttäuscht werden, wo unerwartete Hindernisse in den Weg treten, da ‚macht‘ der Mensch seine Erfahrungen. Der Mensch erwirbt zwar mancherlei Kenntnisse, aber er macht Erfahrungen, und es verlohnt sich, dem Charakter dieses Menschen ein wenig nachzugehen; denn es ist kein eigentliches Tun, vielmehr ein Machen müssen, ein Erleiden, ein Ausgeliefert sein an die Widerwärtigkeiten des Lebens“ (S. 23). Derart konnotiert spiegelt die eigene Erfahrung gleichermaßen die Quelle und Chance für die persönliche Selbsterkenntnis. Dazu braucht es Aufmerksamkeit und Reflexion, um nicht daran *abzustumpfen*, sondern für sich etwas aus dem eigenen Erleben zu lernen und hieraus in der Persönlichkeitsentwicklung zu wachsen. Und es braucht auch die Offenheit und das Zutrauen für neue Erfahrungen. Nur der, der viel gefahren ist, kann erfahren sein (Margreiter, 2013, S. 79). Unabhängig davon ist, ob es – singulär betrachtet – lediglich unspezifische Erfahrungen sind, die uns schlicht widerfahren und etwas mit uns Menschen machen, wir als Menschen immer wieder neue Herausforderungen annehmen, um weitere Erfahrungen zu machen, oder wir als Individuen stets wiederkehrende Erfahrungen (un-)bewusst suchen und machen (wollen), die uns etwas über unsere ganz persönliche Erfahrungsgeschichte vermitteln und sich solange wiederholen, bis wir ihre Botschaft verstanden haben. Aus der Psychoanalyse von Freud und später der Psychotraumatologie sind zumindest derartige Reinszenierungen und Wiederholungszwänge gut bekannt (Heedt, 2018). In jedem Fall *drücken* verschiedene Erfahrungen den Menschen ihren ureigenen Stempel auf und können – sofern die Rückschau gelingt – als sehr hilfreich dafür betrachtet werden, genau darin sich selbst als ‚bewusstes Ich' in der eigenen Geschichte zu entdecken. Mit anderen Worten: Sie eröffnen uns einen Spiegel zur Selbsterkenntnis und beinhalten damit ein Verständnis und Orientierungspotenzial für den individuellen Entwicklungsweg, gleichsam als Wachstumsprozess des Selbstbewussten Ich.

3.2 Selbstreflexion als Zugang und Sprachrohr des Selbst zwischen Licht und Schatten

Es entspricht der besonderen Fähigkeit des Menschen – und nur des Menschen – sich reflektierend gleichermaßen auf sich selbst beziehen zu können und sich hinsichtlich gegebener (Hinter-)Gründe nach dem (tieferen) Sinn des Erlebten und des eigenen Handelns zu befragen (Frankfurt, 2007, S. 7). So bekommen die persönlichen Erfahrungen und Eindrücke Sprache und geraten damit in den Horizont des Bewusstseins und der gedanklichen Verarbeitung. Im Duden ist hierzu von Zurückstrahlen, Spiegeln, Nachdenken, Grübeln, Zurückbiegen, Zurückwenden sowie seine Gedanken auf etwas Hinwenden die Rede (Duden, 1997, S. 580). Auf dieser Ebene ist der Reflexionsbegriff in verschiedenen Wissenschaftsdisziplinen beheimatet und findet seinen Widerhall nicht allein in den Sozial- und Geisteswissenschaften, sondern auch in der Naturwissenschaft, deren Sprachmetaphern sich gut auch auf die menschliche Dimension übertragen lassen. So wird beispielsweise in der physikalischen Perspektive Reflexion als ein Zurückspiegeln von Strahlen beschrieben. Bartuska (2005) spricht hier von Lichtstrahlen, die auf eine relative Offenheit und Aufnahmebereitschaft der Aufnehmenden treffen, sie mehr oder weniger oder auch gar nicht erreichen können und in ihren Strahlen sowie deren Dichte und Streuungen über eine hohe Komplexität und Widersprüchlichkeit verfügen. Diese Qualität der Strahlung muss – um überhaupt eine Informationsaufnahme- und Verarbeitung durch den Empfänger wahrscheinlich werden zu lassen – systematisch, zielorientiert aufbereitet und strukturiert werden (S. 270). Mit einer solchen Perspektive ist bereits angedeutet, dass es sich beim reflektierenden Nachsinnen gelebter Eindrücke und Erfahrungen in Bezug zu sich selbst um einen sehr komplexen Anspruch des Selbst-Verstehens und Einordnens handelt, das gelernt sein will. Die abendländisch-philosophische Perspektive unter Platon und Sokrates ordnet diesem Anspruch gleichsam eine Funktion zu, die unter dem Motto *erkenne Dich selbst* steht. Analog dessen geht es im psychologischen Diskurs um die Ausrichtung des Bewusstseins auf sich selbst (Lompscher, 1988). So wird in der Persönlichkeitspsychologie denn auch explizit von Selbstreflexion gesprochen. Gemeint ist die bewusste Beschäftigung mit der eigenen Person, sprich dem sich selbst bewussten Ich, beispielsweise hinsichtlich der Auseinandersetzung mit den persönlichen Eigenschaften, dem Vergleich zwischen Selbst- und Fremdbild, den eigenen Erwartungshaltungen und dem, was man für Erfolg und Misserfolg verantwortlich macht (Lompscher, 1988) Dabei geht es stets um subjektive Deutungen und damit zusammenhängende Gefühle, die im Lichte von individuellen Deutungsmustern und konstruktivistischer Perspektiven Handlungen aus dem Selbst heraus tiefgründig erklärbar machen bzw. sie auf einer selbstbewussten Ebene ermöglichen (sollen). Dergestalt zielt die Unterstützung der Selbstreflexion von Klienten/Klientinnen im Coaching nicht allein auf den Aspekt einer Förderung der oben beschriebenen Selbsterkenntnis und die Erweiterung spezifischer Handlungsoptionen, deren Perspektiven dadurch realistischer eingeschätzt werden können, sondern fungiert darüber hinaus explizit auch als eine wesentliche Form des Erfahrungslernens zur Stärkung einer grundlegenden Problemlöse-Fähigkeit, die gleichsam als metakognitive Kompetenz speziell durch das prozesshafte Erlernen von Reflexion und Selbstdistanzierung gefördert wird (S. 22 f.).

Demgegenüber werden eingedenk aller hier dargestellten Qualitäten und Perspektiven selbstreflexiver Überlegungen auch Schwierigkeiten und potenzielle Gefährdungen beim Individuum gesehen. Frankfurt (2007) spricht beispielsweise von dem Risiko, sich möglicherweise innerlich entzweit, durcheinander und wie gelähmt zu fühlen (S. 8). Auch Greif und Rauen (2017) unterstreichen, dass Selbstreflexionen keineswegs nur zu positiven Erfahrungen führen. Im Gegenteil, durch beständiges Kreisen, Grübeln und Hin- und Herspringen von Gedanken können Despression ausgelöst werden, zumindest aber kommt man nicht zur Ruhe und gerät eher in Erschöpfungszustände (S. 6).

Möglicherweise liegt genau darin auch ein Grund, warum der Anteil expliziter Selbsterfahrung und Selbstreflexion innerhalb der Coachingausbildung – zumindest wie berufsverbandlich akzentuiert – so gering ausgeprägt ist. Greif et al. (2017) regen entsprechend dazu an, zukünftig von einer ergebnisorientierten Selbstreflexion zu sprechen. Gemeint ist eine streng systematische Reflexion, die zu Folgerungen für künftige Handlungen führt und konsequent Aha-Erlebnisse generiert (S. 4).

4 Fazit

Die Förderung von Selbstreflexion steht im Zentrum des Coaching- Prozesses und markiert damit eine professionelle Kernaufgabe der Coaches/Coachinnen (Greif, 2008). Es liegt auf der Hand, dass der/die Coach:in selbst in diesem Prozess sehr erfahren sein muss, einen guten Zugang zu sich und seiner persönlichen Geschichte hat und beziehungsfähig ist, um mit Klienten/Klientinnen tatsächlich eine wirksame Arbeitsbeziehung zu entfalten, die auch der psychodynamischen Seite von Übertragung und Gegenübertragung gerecht wird. Dies braucht eine Ausbildungsstruktur, die quantitativ und qualitativ in der Lage ist, diesen Anspruch umzusetzen und stellt deshalb gegenwärtig in Forschung, Theorie und Praxis eine sehr bedeutsame wie auch herausfordernde personale Professionalisierungsdimension in der Coachingausbildung dar.

Literatur

Bartuska, H. (2005). Reflexion, Selbstreflexion, Selbsterfahrung. In H. Batuska, M. Buchsbaumer, G. Mehta, S. Wiesnagrotzki, & G. Pawlowsky (Hrsg.), *Psychotherapeutische Diagnostik* (S. 269–284). Springer.

Bollnow, O. F. (2013). Der Erfahrungsbegriff in der Pädagogik. In J. Bilstein & H. Peskoller (Hrsg.), *Erfahrungen* (S. 17–49). Springer.

Buchinger, K., & Klinkhammer, M. (2007). *Beratungskompetenz*. Kohlhammer.

Deutscher Bundesverband Coaching e.V. (DBVC) (Hrsg.). (2019). *Leitlinien und Empfehlungen für die Entwicklung von Coaching als Profession. Kompendium mit den Professionsstandards des DBVC* (5. Aufl.). DBVC.

Deutscher Coaching Verband (DCV). (o.J.). *Zertifizierungsordnung*. https://coachingverband.org/wp-content/uploads/DCV-Zertifizierungsordnung.pdf. Zugegriffen am 06.05.2025.

Duden. (1997). *Fremdwörterbuch* (Bd. 5). Bibliographisches Institut.

Eidenschink, K. (2010). *Entscheiden Sie sich! – Kriterien bei der Wahl einer Coaching- Ausbildung*. https://www.coaching-magazin.de/_res/e055723fedb735f27fce2863b693524a56ab4dc8/eidenschink_klaus_-_entscheiden_sie_sich.pdf. Zugegriffen am 10.05.2025.

Eidenschink, K. (2016). *Gesunde Krankheit und kranke Gesundheit. Eine Replik auf die Leserbriefe von Nina Meier und Dr. Walter Schwertl im Coaching-Magazin 2/2016, 3*. https://www.coaching-magazin.de/beruf-coach/gesunde-krankheit. Zugegriffen am 06.05.2025.

Eidenschink, K. (2019). Ein Berater ist kein Lehrer. Metatheorie der Veränderung. *Wirtschaft & Weiterbildung, 5*, 40–46.

Frankfurt, H. G. (2007). *Sich selbst ernst nehmen*. Suhrkamp.

Gadamer, H.-G. (1960). *Wahrheit und Methode. Grundzüge einer philosophischen Hermeneutik*. Mohr.

Greif, S. (2008). *Coaching und ergebnisoffene Selbstreflexion*. Hogrefe.

Greif, S., Möller, H., & Scholl, W. (2017). Coachingdefinitionen und -konzepte. In Dies. (Hrsg.), *Schlüsselkonzepte im Coaching* (S. 1–10). Springer.

Greif, S., & Rauen, C. (2017). Selbstreflexion im Coaching. In S. Greif, H. Möller, & W. Scholl (Hrsg.), *Schlüsselkonzepte im Coaching* (S. 523–532). Springer.

Grimmer, B., & Neukom, M. (2010). *Coaching und Psychotherapie: Grenzen und Gemeinsamkeiten. Coaching-Magazin 3*, 44–48.

Heedt, T. (2018). *Psychotraumatologie. Traumafolgestörungen und ihre Behandlung*. Schattauer.

Heyn, N., & Grimmer, B. (2009). Zur Funktion von Coaching in Großunternehmen. In B. Grimmer & M. Neukom (Hrsg.), *Coaching und Psychotherapie Gemeinsamkeiten und Unterschiede – Abgrenzung oder Integration?* (S. 77–96). Springer.

Kinder, M., Mühlberger, C., Diller, J. S., Stollberg, J., Jonas, E., & Greif, S. (2020). Was macht erfolgreiches Coaching wirksam? 1217 Klienten beantworten Fragen der Wissenschaft. *Coaching-Magazin, 1*(20), 42–49.

Klenner, D. (2016). *Die Übungspraxis in Coachingweiterbildungen*. Springer.

Koller, S. (1989). *Vom Wesen der Erfahrung. Persönlichkeitsentwicklung, Alltagserfahrung, Erkenntnisgewinn, schöpferische Leistung – über die Fähigkeit des Gehirns zur Verknüpfung verborgener Zusammenhänge. Ein Modell zum Verständnis des Phänomens Erfahrung*. TRIAS.

Lompscher, J. (1988). *Persönlichkeitsentwicklung in der Lerntätigkeit: Ein Lehrbuch für pädagogische Psychologie an Instituten für Lehrerbildung* (3. Aufl.). Luchterhand.

Mannhardt, S., & De Haan, E. (2017). Coaching-Beziehung. In S. Greif, H. Möller, & W. Scholl (Hrsg.), *Schlüsselkonzepte im Coaching* (S. 1–10). Springer.

Margreiter, R. (2013). Was heißt, sich an und in der Erfahrung zu orientieren? In J. Bilstein & H. Peskoller (Hrsg.), *Erfahrung – Erfahrungen* (S. 79–95). Springer.

Migge, B. (2005). *Selbsterfahrung in der Gruppe*. https://drmigge.de/wp-content/uploads/2017/06/Selbsterfahrung-in-der-Gruppe.pdf. Zugegriffen am 02.06.2020.

Migge, B. (2006). Speakers Corner: Was halten Sie eigentlich davon, dass Selbsterfahrungsgruppen in kaum einer Coaching-Weiterbildung zum Curriculum gehören? *Managerseminare, 95*. S. 14–15.

Mösler, T., & Poppek, S. (2015). Bewusstheit über subjektive Realitätserfahrung. *Deutsches Ärzteblatt, 3*, 122–123.

Neukom, M., Schnell, K., & Boothe, B. (2011). Die Arbeitsbeziehung im Coaching – ein Stiefkind der Forschung. *Organisationsberatung, Supervision, Coaching, 18*(*3*), 317–332.

Rauen, C., Strehlau, A., & Ubben, M. (2011). Eine integrative Theorie über die grundlegenden Wirkzusammenhänge im Coaching. In B. Birgmeier (Hrsg.), *Coachingwissen* (S. 147–160). Springer.

Rogers, C. (1973). *Die klient-bezogene Gesprächstherapie*. Kindler.

Roth, G., & Ryba, A. (2016). *Coaching, Beratung und Gehirn. Neurobiologische Grundlagen wirksamer Veränderungskonzepte* (5. Aufl.). Klett-Cotta.

Ryba, A. (2019a). Die Beziehung als Wirkfaktor. In A. Ryba & G. Roth (Hrsg.), *Coaching und Beratung in der Praxis. Ein neurowissenschaftlich fundiertes Integrationsmodell* (S. 148–187). Klett-Cotta.

Ryba, A. (2019b). Körperzentriertes Coaching und der Zugang zum Unbewussten. *Organisationsberatung, Supervision, Coaching, 26*(*9*), 313–329.

Schreyögg, A., Bachmann, T., & Dallüge, T. (2019). Abgrenzungen zu anderen Beratungsformen. In DBVC (Hrsg.), *Leitlinien und Empfehlungen für die Entwicklung von Coaching als Profession. Kompendium mit den Professionsstandards des DBVC* (5. Aufl., S. 28–35). DBVC.

Schreyögg, A. unter Einbezug der Mitgliedschaftskriterien des Deutschen Bundesverbandes Coaching e.V. (DBVC). (2019). Begriffsbestimmungen: In DBVC (Hrsg.), *Leitlinien und Empfehlungen für die Entwicklung von Coaching als Profession. Kompendium mit den Professionsstandards des DBVC* (5. Aufl., S. 18–21). DBVC.

Steinke, I. (2019). Die Rollen des Coaches. In DBVC (Hrsg.), *Leitlinien und Empfehlungen für die Entwicklung von Coaching als Profession Kompendium mit den Professionsstandards des DBVC* (5. Aufl., S. 52–55). DBVC.

Steinke, I., & Rauen, C. (2019). Kompetenz-Anforderungsprofil für Coaches. In DBVC (Hrsg.), *Leitlinien und Empfehlungen für die Entwicklung von Coaching als Profession. Kompendium mit den Professionsstandards des DBVC* (5. Aufl., S. 42–51). DBVC.

Stölzel, T., & Wagner, U. (2018). Selbstreflexivität – Annäherungen an eine zentrale Haltung in Coaching- und Beratungsprozessen. *Organisationsberatung, Supervision, Coaching, 25(4)*, 501–514.

Westphal, K. (2013). Erfahrung als Erfahrung. Bemerkungen zur Karriere und Konjunktur des Erfahrungsbegriffs. In J. Bilstein & H. Peskoller (Hrsg.), *Erfahrung – Erfahrungen* (S. 129–139). Springer.

Zur Gouvernementalität der Beratung oder die Bedeutung einer Beratungsethik für die Selbstsubjektivierung der Beratenden

Rainer Zech

Zusammenfassung

Dieser Text untersucht das Verhältnis von Fremd- und Selbstsubjektivierung in Beratungskontexten mit besonderem Fokus auf die Rolle und das Selbstverständnis der Beratenden. Ausgangspunkt ist der von Michel Foucault geprägte Begriff der Gouvernementalität, der beschreibt, wie Führung und Steuerung von Individuen zunehmend über subtile, *sanfte* Machttechnologien wie das Nudging erfolgen, die auf die Selbststeuerung der Betroffenen abzielen. Es wird analysiert, wie Berater:innen durch ihre eigene Beratungspraxis und unter Einfluss gesellschaftlicher Machtverhältnisse ihre professionelle Subjektivität ausbilden und welchen ethischen Herausforderungen sie dabei begegnen. Im Mittelpunkt steht die Frage, wie Beratung als Prozess der Selbst- und Fremdsteuerung zu verstehen ist und inwiefern eine Beratungsethik notwendig ist, um manipulativen Tendenzen entgegenzuwirken. Der Autor argumentiert, dass Beratung immer auch Selbstberatung ist, da Systeme letztlich nur sich selbst irritieren und steuern können. Abschließend wird hervorgehoben, dass professionelle Beratung eine reflektierte Auseinandersetzung mit Macht, Subjektivierung

R. Zech (✉)
ArtSet® Forschung Bildung Beratung GmbH, Hannover, Deutschland
E-Mail: zech@artset.de

C. Kuhlmann, M. Walber (Hrsg.), *Jahrbuch Coaching und Organisationsberatung*, https://doi.org/10.1007/978-3-658-27271-5_5

und Ethik erfordert, um verantwortungsvoll mit den subtilen Einflussmöglichkeiten umzugehen, die der Beratungsprozess bietet.

1 Worum es geht

Den Gegenstand meiner Ausführungen könnte man abstrakt mit der Frage nach dem Verhältnis von Fremd- und Selbstsubjektivierung in der Beratung beschreiben. Oder in Frageform formuliert: Wie bilden Individuen in Beratungssituationen durch ihre eigene Aktivität ihre spezifische Beratersubjektivität? Und welchen impliziten Machtwirkungen sind sie dabei ausgesetzt? Im Zentrum meiner Überlegungen steht allerdings nicht der/die Ratsuchende, sondern der/die Beratende selbst. Also konkreter: *Wie gestaltet sich der/die Berater:in selbst durch die Art seiner/ihrer Beratung und welche Rolle spielt dabei die Ethik?*

Wir haben in diesen unterschiedlichen Formulierungen des Themas eine Reihe von Begriffen vor uns, die zunächst einer Klärung bedürfen, bevor ich auf dieser Grundlage dann meine spezielle Sicht der Selbstsubjektivierung des/der Beraters/Beraterin durch seine/ihre eigene Beratung entwickeln kann. Da ist zunächst allen voran, natürlich der Begriff der Gouvernementalität, der erst in den letzten Jahren in der deutschen Diskussion populär geworden ist (Bröckling et al., 2000), dann aber auch die Begriffe Subjekt und Subjektivierung, schließlich der Machtbegriff sowie schlussendlich auch der Begriff der Beratung selbst. Dies ist deshalb nötig, weil ich die Begriffe etwas anders gebrauche als es im pädagogisch-psychologischen Mainstream üblich ist.

2 Begriffliche Klärungen

Gouvernementalität

Beginnen wir also mit dem Begriff der *Gouvernementalität.* Michel Foucault (2006a, b) bezeichnet damit die Formen der Führung und Leitung von Individuen als Einzelne, aber auch der Bevölkerung als Ganze im Sinne einer biopolitischen Steuerung der Gesellschaft. Es handelt sich dabei um eine Menschenführung, die nicht unterdrückt, sondern hervorbringt, indem sie mit der Freiheit der Betroffenen arbeitet. Der Begriff der Regierung wird in diesem Kontext „in einem weiten Sinne als Techniken und Verfahren zur Steuerung des Verhaltens der Menschen verstanden" (Foucault, 2014, S. 425), und zwar als Regierung der Selbstverhältnisse bzw. Führung der Selbstführung. Fremdführung und Selbstführung verweisen wechselseitig aufeinander und verstärken sich gegenseitig; und konstituieren so die gouvernementale Struktur (Traue, 2010, S. 257). So entsteht ein Dispositiv der Selbstsubjektivierung, das in eine umfassende Struktur der Fremdsubjektivierung eingelagert ist. Beratung spielt hier eine herausragende Rolle (siehe unten).

Kennzeichen der Gouvernementalität ist – wie Ulrick Bröckling (2017) formuliert –, dass Führung hier nicht auf souveräne, gewaltförmige oder disziplinarische Art und Weise ausgeübt wird, sondern in sanfter Form unter Beteiligung der jeweils Betroffenen, am besten durch deren eigene Aktivität im Gefühl der Freiheit. Die sanften Technologien, die dabei nicht nur im Management, sondern auch im Alltag zum Einsatz kommen, um das Verhalten der Individuen in eine gewünschte Richtung zu lenken, kann man am besten am so genannten Nudging erläutern (S. 175). Unter Nudging versteht man eine Methode, um das Verhalten von Menschen auf vorhersagbare Weise zu beeinflussen, ohne direkte gebietende oder verbietende Anweisungen auszusprechen. „A nudge, as we will use the term, is any aspect of the choice architecture that alters people's behavior in a predictable way without forbidding any options or significantly changing their economic incentives" (Thaler & Sunstein, 2008, S. 16). Ein Nudge (Schubser) ist jeder Faktor, der das Verhalten eines Menschen signifikant ändert. Das beste Beispiel ist die kleine Fliege im Urinal auf dem Männerklo. Um die Urinspritzer im Männerklo zu minimieren, ist sie an der Stelle im Urinal angebracht, die Männer anzielen sollen, damit sie möglichst wenig über den Rand spritzen. Der *Spieltrieb* großer und kleiner Jungs beim Pinkeln wird ausgenutzt, damit sie freiwillig tun, was von ihnen erwartet wird. Mit solchen Verfahren werden wir in unserem Alltagsverhalten gelenkt, ohne es zu bemerken. Thaler und Sunstein verbinden mit ihrem Nudging vor allem das Design von nutzerfreundlichen Umgebungen, Anordnungen und Gestaltungen, um Menschen zu einem Verhalten zu bewegen, dass in ihrem eigenen Interesse gut für sie ist. Sie machen aber auch auf die Gefahr der negativen Manipulation von Verhalten aufmerksam – z. B. durch die Werbung.

Denn wenn solche Verfahren indirekter Beeinflussung systematisch im Kontext von Menschenführung z. B. im Management eingesetzt werden, dann haben sie eindeutig einen manipulativen Charakter, weil bewusste Handlungsentscheidungen der Betroffenen dabei umgangen werden. Damit arbeitet neoliberale Gouvernementalität, um uns zu veranlassen, freiwillig das zu tun, was von uns erwartet wird. Diese Art und Weise, mit der man das Verhalten durch die Selbststeuerung der Betroffenen steuert, ist als sanfte Beeinflussung etwas, das uns durchdringt, ohne dass wir es bemerken (Foucault, 2006b, S. 262). Diese Beeinflussungen müssen mit einer Haltung oder einer Tendenz der Betroffenen arbeiten, sich beeinflussen zu lassen. Solche, in der Regel unbewusste, Tendenzen bestehen z. B. im Streben nach Geltung und Macht. Die Wirkungen erscheinen harmlos, sodass die Betroffenen sie ignorieren und sich deshalb nicht vor ihnen schützen. Die Beeinflussung ist dabei umso wirkungsvoller, je weniger wir sie bemerken.

Subjekt/Subjektivierung

Bei der Beurteilung, wie weit es mit der Freiheit in solch einem Führungsverhältnis bestellt ist, kommen wir bereits zum zweiten Begriff, dem *Subjekt*. Der Begriff Subjekt kommt bekanntlich aus dem Lateinischen und hat eine doppelte Bedeutung: *subiectus* heißt sowohl das Unterworfene wie auch das Grundlegende. Das Subjekt wird in weiten Teilen der Pädagogik und Psychologie ausschließlich mit dem Akteur von Handlungen gleichgesetzt, wobei der erste Teil der Begriffsbedeutung – das Unterworfensein – dabei unter den Tisch fällt. Bevor nämlich ein Individuum der selbstbestimmte Akteur seiner Handlungen werden kann, ist es bereits den Handlungs- und Kommunikationsstrukturen seiner Umweltverhältnisse ausgeliefert, das heißt fremdbestimmt. Am einfachsten versteht man diesen Zusammenhang am Beispiel der Sprache und der individuellen Sprach- und Bewusstseinsentwicklung. Bevor ein Individuum also Sprache selbst gebrauchen und damit denken kann, ist es der bereits um es herum gesprochenen Sprache ausgeliefert. Die vegetative Geräuschproduktion eines Säuglings kann sich zum eigenen Sprachgebrauch nur durch eine vorgängige Unterwerfung unter die bereits gesprochene Sprache entwickeln. Fremdbestimmung und Selbstbestimmung sind also zwei Seiten einer Medaille, wobei die Fremdbestimmung immer bereits stattgefunden hat, bevor Individuen anfangen können, sich ihr zu entwinden. Inwieweit Fremdbestimmtheit oder Selbstbestimmung dabei dominant werden, ist empirisch – z. B. in der Beratung – zu klären. Auf jeden Fall hat ein Subjekt – wie Klaus Holzkamp (1983) aufgezeigt hat – immer eine prinzipiell doppelte Handlungsmöglichkeit, sich dem Anpassungsdruck seiner Umwelt zu unterwerfen oder gegen diesen zu opponieren und seine Lebensbedingungen zusammen mit anderen in die eigenen Hände zu nehmen, wobei die Seite der Anpassung gesellschaftlich immer die nahegelegte, immer einfacher, anschlussfähiger ist, als die des Widerstands gegen die vermeintlichen Selbstverständlichkeiten des Alltags.

Die europäische Denktradition hat sich seit ihren antiken griechischen Anfängen in einem Subjekt verankert, dem die Welt als dinghaftes Objekt gegenübersteht. Daher der für uns so wichtige Gedanke der Autonomie – also der Selbstgesetzgebung – als Freiheit, sich und die gegenständliche Welt beherrschen zu können. Mit dieser Selbstbestimmung ist es allerdings nicht weit her, wie jeder, der sich selbst kritisch beobachtet, erfahren kann, folgen wir doch meistens ohne es zu bemerken den Strömen, Trends und Moden, die uns geistig und körperlich umgeben und lenken. Wir können uns immer nur mühselig und vorübergehend aus den uns umschließenden Einflussfaktoren befreien und einen stets prekären Moment von Selbstbestimmung realisieren. Die Autonomie des Subjekts – und sei es die in der Beratung anzustrebende – ist daher kein individuelles Vermögen, sondern ein begrenzter Handlungsspielraum in einem übergreifenden Kräfteverhältnis der Situation. Dieses Verständnis hat Folgen für das Beratungsgeschehen, wie wir später sehen werden, und hilft uns zunächst, das Thema der Macht bzw. der Ideologie zu denken, das gleich folgt.

Der auf Michel Foucault zurückgehende Begriff *Subjektivierung* bezeichnet in diesem Kontext den Prozess, wie Individuen dazu kommen, sich als ein bestimmtes Subjekt zu erkennen und anzuerkennen (Foucault, 1986, S. 9–45). Ein *bestimmtes* Subjekt – habe ich gesagt, und in dieser Formulierung wird die Problematik bereits deutlich, dass ein Individuum nicht von vornherein ein Subjekt ist, sondern erst dazu bestimmt werden muss bzw. sich selbst erst dazu bestimmen muss. Hier sind die beiden Seiten dieses Prozesses bereits angesprochen – die Fremdbestimmung und die Selbstbestimmung, denn Foucault geht davon aus, dass der Prozess der Subjektwerdung in ein gesellschaftliches Dispositiv der Macht eingespannt ist, also immer ein – im Einzelnen zu entschlüsselndes – Verhältnis von wirkenden Machtpraktiken und widerständigen Selbstpraktiken ist.

Macht

Um solche Subjektivierungsformen als immanente Verhältnisse von Fremd- und Selbstpraktiken zu verstehen, brauchen wir den Begriff der *Macht*. Wenn wir Macht nicht ausgehend vom Subjekt denken, sondern hier ebenfalls Foucault folgen, ist sie kein gewaltförmiges Dominanz-, sondern ein bewegliches situationales Kräfteverhältnis. Macht ist keine Substanz, hat kein Wesen, sondern ist operativ. Macht – nach Max Weber (2005, S. 38) – bedeutet zwar, die Chance, innerhalb einer sozialen Beziehung den eigenen Willen auch gegen Widerstreben durchsetzen zu können, dies aber nur in sehr eingeschränkter Weise, wie wir gleich sehen werden. Mit Foucault formuliert ist ein Machtverhältnis ein Kräfteverhältnis, in dem eine Handlungsweise in einer komplexen Beziehungsstruktur situiert ist, in der nicht ein Subjekt direkt auf ein Objekt, das auch ein anderes Subjekt sein kann, einwirkt. Macht ist ein komplexes situationales Verhältnis, in dem unterschiedlichste Impulse mittelbar auf Handlungen einwirken. Jedes individuelle Handeln als Teil eines komplexen Machtverhältnisses steht dabei in Bezug auf das Handeln anderer, die auch Teil des Macht*verhältnisses* sind, beeinflusst dieses und wird selbst beeinflusst (Foucault, 1987, S. 254). Widerstand ist dabei genauso Macht wie Unterdrückung, Manipulation, Überredung, Verführung etc. Fremd- und Selbstsubjektivierung sind in sozialen Machtverhältnissen so eng miteinander verbunden, dass es kaum möglich oder zumindest enorm schwierig ist, dieses Verhältnis zu entschlüsseln. Gerade an diesem entscheidenden Punkt hätte Beratung eine zentrale Aufgabe.

Teil der Machtbeziehungen sind so genannte *ideologische Anrufungen*. Darunter versteht Louis Althusser (1977) Beziehungssituationen, in denen Subjekte als frei handelnde durch gesellschaftliche Anordnungen dazu bewegt werden, freiwillig das zu tun, was von ihnen erwartet wird, also ihre Unterwerfung selbst zu vollziehen. Das Wort Anordnungen darf dabei nicht als expliziter Befehl verstanden werden, das würde der Freiheit der Subjekte widersprechen. Den Begriff Anordnungen kann man durchaus wörtlich nehmen, nämlich dass die situationalen Handlungsbedingungen so vorstrukturiert – also so an-geordnet – sind, dass sie gewünschtes Verhalten nahelegen, ohne dass reflektierendes Überlegen vorgeschaltet werden muss. Eine Metapher für solche ideologischen Anordnungen ist die Architektur: Man kann in Häusern nur Wege gehen, die die Wände freigelassen haben, und man kann Wände nur durchqueren, wenn eine Tür eingeplant wurde. Die räumliche Anordnung des Hauses bestimmt die Bewegungsmöglichkeiten der Bewohner:innen. Auch hier wieder festgelegte Spielräume, die Verhalten strukturieren, zumindest dessen Variationsmöglichkeiten einschränken. Das bereits genannte Nudging ist so ein Fall ideologischer Voreinstellung von Verhalten.

Beratung

Was schließlich ist *Beratung*? Immer noch finden sich traditionelle Definitionen wie Erteilung von Ratschlägen in helfender Absicht, von denen wir uns abgrenzen müssen. Zu viel ist heute bekannt über die operative Geschlossenheit psychischer Systeme, als dass wir bei einer Vorstellung verweilen könnten, man könnte anderen raten, was sie zu tun hätten. „Rate sich jeder selbst und tue, was er nicht lassen kann“, hatte darum bereits Goethe (1962, S. 370) diese systemtheoretische Erkenntnis vorformuliert. Die nun schon lange geführte Diskussion darüber, dass man nicht andere lernend machen kann, sondern dass Lernen ein selbstgesteuerter Prozess ist, macht uns anschlussfähig für ein Verständnis, dass es mit der Beratung nicht anders sein kann. Systemtheoretisch betrachtet beruhen Systeme auf einer basalen Selbstreferenzialität (Luhmann, 1991, S. 182 ff.). Das heißt, Systeme konstituieren sich selbst aus den Elementen, aus denen sie bestehen. Diesen Prozess der Selbstproduktion aus Eigenem nennt man Autopoiese. Systeme setzen die Grenze zu ihrer Umwelt und entstehen erst genau dadurch, dass sie sich selbst von der Umwelt unterscheiden. Sie sind dann durch Umweltereignisse zwar irritierbar, entscheiden aber selbst, wie sie auf Umweltirritationen reagieren. Psychische Systeme beziehen sich – wie alle Systeme – also zunächst einmal auf sich selbst. Zusätzlich einschränkend kommt hinzu, dass Systeme lediglich die Umweltirritationen verarbeiten können für die sie anschlussfähig sind, das heißt die sie aufgrund ihrer internen Codierung und Programmierung verarbeiten können. Für das meiste, was in der Welt geschieht, sind Systeme ignorant. Andererseits sind sie im Rahmen dieser Beschränkung in ihrem spezifischen Bereich enorm leistungsfähig. Um es in Bezug auf Beratung pointiert auszudrücken: Wenn Systeme irritiert sind, gehen sie mit sich selbst zu Rate (Zech, 2013). Systeme beraten sich also selbst; *Beratung ist immer Selbstberatung*. Wir finden diese Erkenntnis auch in unserer Alltagssprache, wenn wir z. B. formulieren: Der Vorstand (also ein System) zieht sich zur Beratung zurück. Die Selbstreflexivität drückt sich dann in dem ‚Sich' aus. Aber auch das Wort ‚zurück' hat eine Bedeutung, die sich in der systemtheoretischen Grundunterscheidung von Beratung – nämlich Rat und Tat – ausdrückt. Beratung ist hier ein raisonierender Aufschub des entsprechenden Handlungsproblems, ein Rückzug zwecks Analyse und Klärung der Situation und ihrer inneren Entwicklungsdynamik, mit ihren infrage kommenden Faktoren im Sinne der wirkenden Kräfte- bzw. Machtverhältnisse, wobei die Wünsche, Bedürfnisse und Motive des betroffenen Subjekts eingespannt sind in die Vektoren des situativen Kräftepotenzials und diesen nicht gegenüberstehen. Erst auf dieser Analyse aufbauend kann man sinnvoll über denkbare nächste Handlungsschritte des reflektierenden Subjekts befinden. Also erst Rat, dann Tat. Die der Beratung folgende Tat ist als *Tat* nicht Gegenstand der Beratung, sondern nur als *Thema*. Dass auch Beratung ein Tun ist, ist hier nicht gemeint. Selbstverständlich wird auch in der Beratungssituation gehandelt – allerdings nur kommunikativ. Das problemlösende praktische Handeln (nicht das problembesprechende kommunikative Handeln) erfolgt erst *nach* der Beratung – oder eben auch nicht.

3 Rat oder Unrat – zur Gouvernementalität der Beratung

Wenden wir uns nun dem zu, was während einer Beratung passiert, also dem Beratungsprozess und wie sich in diesen Subjektivierungen von Kund:in und Berater:in vollziehen. Ich gehe zur Klärung dieser Frage davon aus, dass sich eine ratsuchende Person an eine:n Berater:in wendet, um für sich selbst eine undurchschaute, belastende Situation zu klären und Handlungsoptionen zu eruieren, auf die sie allein nicht gekommen ist. Es geht also um eine klassische Coachingsituation, als deren generelles Ziel gemeinhin ein Zugewinn an Autonomie und Selbstbestimmung angenommen wird. Es geht also letztlich darum, Kund:innen zu helfen, ein gelingendes Leben in seinen verschiedenen Aspekten Familie, Beruf, Freundschaft, Partnerschaft, Kindererziehung oder was auch immer zu führen.

Beratung ist – wie wir sahen – ein Prozess der Subjektivierung, also der Konstitution und Gestaltung des Subjektseins der Individuen. Insofern ist Beratung wie jedes andere subjektkonstituierende gesellschaftliche Verhältnis – z. B. Erziehung, Ausbildung, Beruf, Mode usw. – immer in die Alternative von Anpassung und Widerständigkeit eingelagert. Den wirkenden Machtmechanismen kann man nicht entkommen, schon deshalb nicht, weil man Teil des Beziehungsgefüges ist, in dem die eigenen Handlungen Wirkungen auf das Handeln der anderen haben und umgekehrt. Die Formulierung Rat oder Unrat ist dabei nicht nur ein rhetorisches Spiel mit Begriffen, sondern ein Ausdruck, dass Unterwerfung oder Selbstbestimmung permanente alternative Herausforderungen individueller Handlungsfähigkeit sind. Besonders schwierig ist die reflexive Selbstberatung, wenn es um die Analyse einer ideologischen, als selbstbestimmt empfundene Anpassung an fremdbestimmte äußere Anforderungen geht, die am Beispiel des Nudging oben erläutert wurde. Aber gerade hierin könnte eine zentrale Aufgabe von Beratung bestehen. Dazu ist es allerdings erforderlich, dass die Beratenden sich selbst über ihre ideologische Verstricktheit in die gesellschaftlichen Machtbeziehungen aufgeklärt haben und permanent weiter aufklären, denn selbstverständlich sind auch die Beratenden Teil dieser gesellschaftlich-ideologischen Machtverhältnisse.

Nehmen wir zur Veranschaulichung zwei Beispiele aus dem Coaching:

Beispiel 1

Eine Dame Anfang 50 hatte in einem internationalen Konzern Karriere gemacht und war auf die Position der Managerin für den deutschen Markt aufgestiegen. Nach vielen Jahren, in denen sie sich fast ausschließlich ihrem Beruf gewidmet hatte, wollte sie, dass nun auch andere Lebensbereiche zu ihrem Recht kommen. Sie wurde beim Vorstand vorstellig und beantragte, auf die Position einer Regionalleiterin zurückgestuft zu werden. Welche Unruhe sie damit bei ihren Vorgesetzten und Kollegen auslöste, damit hatte sie nicht gerechnet. Sie war fortan ein Paria, ihr wurde mangelnde Leistungsfähigkeit, mindestens Leistungsunwilligkeit unterstellt; Vermutungen standen im Raum, sie sei krank. Mittlerweile zweifelte sie selbst an der Normalität ihrer Bedürfnisse. Ihre gemeinsam mit dem Berater analysierte Eingebundenheit in ideologische Bilder, z. B. eines wettbewerbsfähigen homo oeconomicus, für den es normal ist, beruflichen Erfolg als höchstes individuelles Lebensziel anzusehen, sowie in die Verwertungslogik ihres konkurrenzgetriebenen globalen Arbeitgeberkonzerns, halfen ihr, zu sich selbst und ihren legitimen Bedürfnissen nach einer gelungenen Balance zwischen Beruf und Privatleben zurückzufinden und ihre entstandenen Selbstzweifel zu überwinden. In ihrem Konzern konnte sie allerdings nicht bleiben, sie sei kein gutes Vorbild für ihre Untergebenen, hieß es. Aber auch von anderen großen Arbeitgebern ihrer Branche wurde sie misstrauisch beäugt, bis sie schließlich in einem ganz anderen Bereich eine Anstellung fand, die ihren Bedürfnissen entsprach. ◀

Das gegenteilige Beispiel stammt aus einem anderen Coaching:

Beispiel 2

Eine ehrgeizige, abteilungsleitende, männliche Führungskraft Anfang 40 hatte bei einer Vorstandspräsentation ihres zuständigen Vorstandsmitglieds stolz darauf hingewiesen, dass die sensationelle Idee und auch wesentliche Teile ihrer Ausführung eigentlich von ihr verantwortet wurden. Das war ein eklatanter Verstoß gegen die ungeschriebenen Regeln des Unternehmens, wo die Sonne oben am strahlendsten scheint und unten nur noch die Schattenplätze übrigbleiben. Die Reaktion des Vorgesetzten und des gesamten Vorstands war – gelinde gesagt – peinliche Verstörung. Wir analysierten die unternehmensinternen Spielregeln, allerdings ging es dem Coachee nur darum, die Regel besser zu verstehen, um sich zukünftig erfolgreicher im internen Wettbewerb verkaufen zu können. Vorsichtige Versuche des Beraters, dieses Spiel der Konkurrenz kritisch zu hinterfragen, fielen beim Coachee nicht auf fruchtbaren Boden; daran hatte er kein Interesse. Der aufstrebenden Führungskraft ging es nur darum, seine eigenen Fähigkeiten und damit seine Position im innerorganisationalen Konkurrenzkampf zu verbessern. Dass wirtschaftliche Verhältnisse Konkurrenzverhältnisse – auch bezogen auf die beteiligten Akteure – sein müssen, hielt er für normal und akzeptabel, gewissermaßen für naturgegeben und unveränderbar. ◀

Auch das ist legitim; die Frage ist, was der Berater in so einer Situation mit seinen eigenen aufgeklärten, kritischen, humanistischen oder ethischen Ansprüchen macht. Muss er diese im Sinne des unmittelbaren Ziels des Coachees zurückstellen? Soll er sich ganz den Zielen des Coachees unterwerfen und seine eigenen ethischen Bedenken negieren? Oder soll er versuchen, auch gegen den Widerstand des Coachees auf einer kritischen Analyse bestehen? Soll der Beratende dem beraterischen Neutralitätsgebot folgen – selbst in dem Wissen, dass es keine Neutralität geben kann, denn die unkritische Unterstützung von Konkurrenzfähigkeit sanktioniert gesellschaftliche Verhältnisse, in denen viele leiden. In diesem Fall hat also nicht der Coachee das eigentliche Problem, er wollte Tipps und Möglichkeiten für eine verbesserte Selbstvermarktung und war ansonsten mit sich im Reinen.

Hier steckt der Berater selbst in einem Dilemma. Will er dazu beitragen, dass noch gekonnter im Unternehmen konkurriert wird? Oder bleibt er seinem Aufklärungsimpetus treu, dann müsste er die Beratung eigentlich abbrechen? Hier geht es noch nicht um eine Lösung dieses Dilemmas, sondern zunächst nur darum zu illustrieren, wie auch die Beratenden in das immerwährende Spiel der Macht eingespannt sind und dass sie ethischen Konflikten nicht aus dem Weg gehen können, wie immer sie sich auch entscheiden.

4 Zur Subjektivierungsfunktion von Beratung oder Wie man berät, so wird man!

Die These ist: Mit jeder Beratung erzeugt und reproduziert der oder die Beratende sich selbst als ein *bestimmtes* (wieder im obigen Sinne) Berater:innensubjekt. Ich möchte mich deshalb einem Thema zuwenden, das ja zuletzt bereits angeklungen ist, das allerdings in der Beratungsdiskussion weitgehend vernachlässigt oder verkürzt als Beratungshaltung abgehandelt wird. Es geht um die Frage, wie sich der/die Berater:in durch seine/ihre Beratung selbst als ethisches Subjekt gestaltet. Unter dem Thema Beratungshaltung wird in der Regel das Verhältnis zum/zur Kund:in der Beratung verhandelt, zum Beispiel das Neutralitätsgebot oder die psychoanalytische gleichschwebende Aufmerksamkeit. Mir geht es jetzt allerdings schwerpunktmäßig um das Selbstverhältnis der Beratenden – um eine *Ethik der Beratung*, welche selbstverständlich wieder die Haltung gegenüber den Kund:innen beeinflusst. Es geht also im Augenblick nur darum, den Fokus scharf zu stellen auf *einen* Aspekt eines komplexen Zusammenhangs und nicht darum, eine grundsätzliche Alternative zwischen Haltung und Ethik aufzumachen, denn der Begriff Ethos meint bereits bei Aristoteles sowohl eine Haltung und ein entsprechendes Verhalten. Ich stelle jetzt also die Beratenden selbst in den Fokus meiner Reflexion. Wie wirkt sich die Art und Weise ihrer Beratung als ethische Selbstsubjektivierung der Beratenden aus?

Ethik bezieht sich auf die Grundhaltungen und Selbstpraktiken des je eigenen Lebens, also auf die Fragen, wie man zu sich und damit in der Folge zu anderen, zur Gesellschaft, zur Natur und zu den Dingen steht, die einen umgeben. Hier sind z. B. Fragen zu beantworten, wie man es mit dem Verhältnis von Freiheit und Gerechtigkeit oder Autonomie und Interdependenz hält oder welche Grundwerte das eigene Leben und Handeln bestimmen. Bei der Ethik geht es – Ronald Dworkin (2012, S. 323) zufolge – darum, wie man sein eigenes Leben führen *will*. Die Moral leitet sich davon ab und betrifft dann die Frage, wie man andere behandeln *soll*.

In den Reflexionen über die Beratungshaltung wird häufig auf Demut verwiesen. Das ist hilfreich, wenn man darunter die Einsicht in die begrenzten Möglichkeiten versteht, autopoietische Systeme zu beeinflussen, also anderen raten zu können, wie sie sich entscheiden, welche Ziele ihr Leben bestimmen sollten usw. Das hilft gegen die Gefahr der Selbstüberschätzung, von der Beratende nicht frei sind. Mir geht es in der folgenden Reflexion aber gar nicht oder jedenfalls nicht in erster Linie darum, was der/die Berater:in anderen rät, sondern was er/sie sich dabei gewissermaßen selbst rät, wie das eigene Beratungsverhalten Auswirkungen auf die Selbstgestaltung als ethisches Subjekt hat. Indem wir uns für bestimmte Ziele und Methoden entscheiden und diesen entsprechenden Handlungen folgen lassen, legen wir fest, wer wir sein werden und wie unsere Welt, in der wir leben, beschaffen sein wird. *Wie man berät, so wird man!* Dass das Selbstverhältnis der Beratenden enorme Auswirkungen auf ihr Verhalten gegenüber den Kund:innen hat, will ich gar nicht bestreiten. Mir geht es aber hier nur um das, was man die Selbstvergesellschaftung des/der Beraters/Beraterin durch seine/ihre Beratung nennen könnte. Luhmann (2008, S. 270 ff.) bezeichnet Ethik auch als Reflexionsform von Moral. Reflexivität meint ein rückbezügliches Selbstverhältnis; Beratungsethik ist dann insofern die Anwendung der eigenen ethischen Grundsätze auf sich selbst – also die Selbstsubjektivierung durch die eigenen Einstellungen, theoretischen Annahmen, verwendeten Methoden und praktischen Handlungen.

Veranschaulichen wir diese Überlegungen an den beiden oben beschriebenen Coachingsituationen und unterstellen wir eine:n Berater:in, der/die sich im Prinzip kritisch in Bezug auf den Zustand und die Entwicklung unserer Gesellschaft positioniert. Die Unterstützung der Dame, die nach einem erfolgreichen Berufsleben ihre Life-Domain-Balance nun wieder stärker in Richtung privater und kultureller Interessen verschieben will, wird bei dem Berater kein ethisches Dilemma auslösen. Anders sieht es schon bei der männlichen Führungskraft aus, der es ausschließlich darum geht, seine Position im innerorganisationalen Konkurrenzkampf seines Unternehmens zu verbessern. Soll der Berater die Selbstoptimierung des Kunden im Sinne besserer Konkurrenzfähigkeit unterstützen im Wissen, dass in einem Spiel, in dem es ums Siegen geht, zwangläufig nur ein Sieger:innen, aber viele Verlierer:innen produziert werden?

In dieser Zuspitzung meiner Frage steht also nicht oder nicht in erster Linie der/die Ratsuchende, sondern der/die Beratende selbst vor der Alternative, wer er/sie selbst sein möchte. Wir haben es nicht nur mit der Konkurrenzsituation des Kunden im zweiten Coachingbeispiel zu tun, sondern in Bezug auf den Berater auch mit der Konkurrenz zwischen zwei praktischen Identitätsmodellen, zwischen denen sich der Berater entscheiden muss. Zählt einzig der berufliche Erfolg und die Karriere für den Erfolg des Lebens oder besteht ein gelungenes Leben darin, dass verschiedene Seiten in einer ausgeglichenen Life-Domain-Balance zu ihrem je eigenen Recht kommen. Beide Sichtweisen haben entsprechende Folgen für die Subjektivierung des Beraters. Wer will er sein? Und was wird er durch das, was er tut? Die Entscheidung, die der Berater im Coachingbeispiel 2 in Bezug auf die Beratung seines Kunden fällt, ist eine ethische Entscheidung in Bezug auf sich selbst. Aus diesem Dilemma kann kein Berater und keine Beraterin entkommen: Wie man berät, so wird man!

5 Auf dem Weg zu einer Beratungsethik

Die moderne Gesellschaft zeichnet sich im Vergleich mit traditionellen dadurch aus, dass sich die ethischen Maximen und moralischen Regeln von der sozialen Struktur der Gesellschaft emanzipiert haben und in die Disponibilität der Einzelnen gestellt sind, die jetzt autonom darüber entscheiden müssen, welches Leben sie führen und wer sie dadurch sein und werden wollen. Was für ein Mensch soll ich werden? Welchen Regeln soll ich folgen? Und warum soll ich mich nach ihnen richten? Das sind deshalb unvermeidliche Fragen, weil ihre Beantwortung faktisch, wenn auch nicht immer reflektiert in jedem Leben gegeben wird. Der Notwendigkeit, diese Fragen für sich zu beantworten, entkommen auch Beratende in unserer modernen Welt nicht; im Gegenteil, sie sind – wie andere helfende Berufe (z. B. Pädagogen, Psychologinnen oder Mediziner) hier in besonderer Weise gefordert. Wie aber kann man zu einer Beantwortung dieser Fragen für sich kommen?

Als Ausgangspunkt einer Beratungsethik kann man sich an einer Grundunterscheidung orientieren, die Heinz von Foerster als eine seiner unentscheidbaren Fragen vorführt, die nur *wir* entscheiden können, weil die Entscheidung sich an keiner Anwendung vorhandener Regeln ausrichten kann. Diese Grundentscheidung ist also einerseits kontingent, hat aber andererseits tiefgreifende ethische Folgen. Es geht um die Unterscheidung, die jede/r nur selbst treffen kann, und zwar ob man sich als getrennt von der Welt definiert und gewissermaßen durch ein „Guckloch auf die Welt schaut" oder ob man sich als „Teil der Welt" betrachtet (von Foerster & Bröcker, 2014, S. 10; von Foerster, 1993, S. 75). Ein Richtig oder Falsch gibt es hier nicht; es handelt sich um eine „Fundamentalentscheidung", die am Anfang steht, einen grundsätzlichen Unterschied markiert und tiefgreifende Folgen in vielerlei Hinsicht zeitigt (von Foerster & Bröcker, 2014, S. 61 ff.). Bei der Guckloch-Perspektive kann ich mich aus allem raushalten; ich beobachte die Welt als getrennt von mir wie die Ratten in einer Versuchsanordnung. Bei der Teil-der-Welt-Perspektive kann ich mich nicht aus der Welt herausziehen; Ich und Welt oder – anders formuliert – System und Umwelt gibt es dann nur als Doppelpack in koordinierter Koevolution.

„Ethik ist das Verhalten, mit dem ich mich für meine Handlungen verantwortlich mache", sagt Heinz von Foerster (1993, S. 49). Auch Freiheit und Verantwortung gibt es nur im Doppelpack. Und wenn ich mich als Teil der Welt sehe, bin ich mit dieser durch Zirkularität verbunden (von Foerster, 1993, S. 334 f.), denn alles Verhalten gegenüber der Welt und gegenüber den anderen als ebenfalls Teil der Welt kommt auf mich selbst zurück. Ethisches Verhalten bedeutet, dass ich mir selbst meine eigenen Richtlinien gebe, wie ich mit der Welt zurechtkommen möchte. Das hat allerdings Folgen für das Beratungsverhalten den Kund:innen gegenüber, denn der/die Beratende ist auch mit seinen/ihren Kund:innen in einer zirkulären Schleife verbunden. Wenn ich also (im obigen Beispiel 2) absichtlich oder implizit Kund:innen zu besserem Konkurrenzverhalten verhelfe, muss ich akzeptieren, dass ich in einer konkurrierenden Welt lebe. Als Teil der Welt kann ich mich dem nicht entziehen. Wollte ich das, müsste ich mich für die Guckloch-Perspektive entschieden haben.

Da Ethik – wie wir sahen – im Kern die Koordination der eigenen Handlungen betrifft, hat das, was Beratende tun, Konsequenzen für das, was Beratende sind, das heißt welches Berater:innenselbst sie entwickeln. Auch hier haben wir es wieder mit einem zirkulären Vorgang der Reflexivität zu tun, also mit der Rückwirkung der Handlungen auf die Selbstgestaltung der Handelnden. Eine gute Beratung soll dem/der Beratenen helfen, ein gelingendes Leben zu führen. Um zu klären, was darunter zu verstehen ist, unterscheide ich zwischen Erfolg und Gelingen (Zech & Dehn, 2017, S. 18 ff.). *Erfolg* haben wir immer in den Augen der anderen, er wird an äußerlichen Gütern wie Status und Einkommen gemessen. Das *Gelingen* misst mit inhärenten Qualitätsmaßstäben der entsprechenden Praxis und erfordert einen Sinn, den man darin sieht, diese Praxis auszuüben. Muss eine gute Beratung deshalb also auch eine Beratung zum Guten sein? Ich denke: Ja!

Eine gute, das heißt gelungene, Beratung (Zech & Dehn, 2017, S. 66 ff.) erfordert nun zweierlei: Sie bezieht sich zunächst und grundlegend immer auf gelingende soziale Verhältnisse, seien es die vom/von der Kund:in in Beruf oder Privatleben angestrebten oder das Arbeitsverhältnis zwischen dem/der Beratenden und dem/der Beratenen in der Beratung selbst. Und beide hängen natürlich zusammen. Die ersten ethischen Grundfragen, die ein:e Berater:in daher explizit für sich selbst beantworten muss, sind die, die sich implizit jedem Individuum in seiner eigenen Lebenspraxis stellen. Welches Leben will ich leben? Wer will ich sein? Welche Werte sollen mein Leben bestimmen? Zählt Erfolg oder Gelingen? Die oben angeführten Coachingbeispiele handeln davon. Die Dame hat explizit mit den Kriterien eines gelingenden Lebens und wie es zu realisieren ist gerungen. Für den

Herrn war bereits vorab entschieden, dass es der Erfolg ist, der zählt. Ihm ging es um eine entsprechende Selbstoptimierung; seine impliziten Vorannahmen wollte er nicht in Frage stellen.

Ich bin nun der Ansicht, dass ein:e Berater:in diese ersten ethischen Grundfragen für sich beantwortet haben muss, um eine gute Beratung durchführen zu können. Aus dieser Entscheidung kommen Beratende auch nicht dadurch heraus, dass sie glauben, sich in Bezug auf diese Fragen neutral verhalten zu können und jedem Kunden/jeder Kundin eben bei *seinem/ihrem* Weg helfen zu wollen. Das ist die Guckloch-Perspektive. Wer bei einer konkurrenzorientierten Selbstoptimierung Hilfe leistet, unterstützt eben eine Gesellschaft, die Konkurrenz und Gewinnen zum Maßstab ihres Funktionierens macht. Das kann man wollen. Aber als qualifizierte:r Berater:in muss man sich allerdings darüber klar sein, was man tut, ob man eine Gesellschaft, die viele Verlierer:innen und wenige Gewinner:innen produziert, wollen will.

Bei der Beratungsethik, die mir vorschwebt, geht es zwar nicht um eine moralische Apodiktik wie bei Kants kategorischem Imperativ, bei dem gesinnungsethische Festlegungen auf der Basis fixer Prinzipien erfolgen, die die Folgen der eigenen ethischen Entscheidungen außer Acht lassen. Mein Konzept tendiert mehr zu einer Verantwortungsethik: Welche Folgen hat mein Verhalten für mich und für die anderen bzw. die Gesellschaft als Ganze? Um diese Frage für sich zu beantworten, kann der Berater/die Beraterin sich nun allerdings doch, aber nur methodisch an Kants Imperativ (1974, S. 51) orientieren und sich fragen: Wie wäre es, wenn das angestrebte Handeln des Kunden/der Kundin allgemeines Gesetz würde? Welche Folgen hätte dies für das gesellschaftliche Zusammenleben? Und: Möchte man selbst in einer Gesellschaft leben, in der alle Individuen im Sinne eines konkurrierenden homo oeconomicus ausschließlich orientiert am individuellen Nutzen entscheiden und handeln? Wie man es auch dreht und wendet: Berater:innen werden für sich selbst definieren müssen, was sie unter einem guten Leben verstehen, um gute Berater:innen sein zu können.

Da Ethik allem Kommunizieren und Handeln implizit ist, darf man sich nicht der Illusion hingeben, es gäbe eine Beratung ohne Ethik. Im Gegenteil, Beratung ist ein hervorragender Ort einer ethischen Reflexion, denn jede Entscheidung – und darauf soll eine Beratung ja hinauslaufen – bewertet (Heintel, 2006, S. 201). Beratung sollte also explizit herausarbeiten, welche Wertentscheidungen mit den Sachentscheidungen verbunden oder welche Wertfiguren in besprochenen Konflikten aufeinandertreffen (Heintel, 2006, S. 207). Da jedes System – sei es psychisch oder sozial – eine eigene Wertfigur darstellt, treffen in einer Beratungssituation ebenfalls zwei Wertfiguren aufeinander: die des Beraters/der Beraterin und die des Kunden/der Kundin. Das Beratungssystem als kommunikatives Drittsystem kann dann diese beiden Wertfiguren reflektieren. Die *Ethik der Beratung* realisiert sich dann als kooperatives Produkt der Kommunikation in der Beratung, oder – abschließend mit den Worten von Heinz von Foersters (1993, S. 78) – Ethik und Dialogik sind Schwestern.

Literatur

Althusser, L. (1977). *Ideologie und ideologische Staatsapparate*. VSA.
Bröckling, U. (2017). *Gute Hirten führen sanft. Über Menschenregierungskünste*. Suhrkamp.
Bröckling, U., Krasmann, S., & Lemke, T. (Hrsg.). (2000). *Gouvernementalität der Gegenwart. Studien zur Ökonomisierung des Sozialen*. Suhrkamp.
Dworkin, R. (2012). *Gerechtigkeit für Igel*. Suhrkamp.
von Foerster, H. (1993). *KybernEthik*. Merve.
von Foerster, H., & Bröcker, M. (2014). *Teil der Welt. Fraktale einer Ethik – oder: Heinz von Foersters Tanz mit der Welt* (3. Aufl.). Carl-Auer.
Foucault, M. (1986). *Der Gebrauch der Lüste. Sexualität und Wahrheit II*. Suhrkamp.
Foucault, M. (1987). Das Subjekt und die Macht. In H. L. Dreyfus & P. Rabinov (Hrsg.), *Michel Foucault. Jenseits von Strukturalismus und Hermeneutik* (S. 243–261). Athenäum.
Foucault, M. (2006a). *Sicherheit, Territorium, Bevölkerung. Geschichte der Gouvernementaliät 1*. Suhrkamp.
Foucault, M. (2006b). *Die Geburt der Biopolitik. Geschichte der Gouvernementaliät 2*. Suhrkamp.
Foucault, M. (2014). *Die Regierung der Lebenden. Vorlesungen am Collège de France 1979–1980*. Suhrkamp.
Goethe, J. W. (1962). *Die Wahlverwandtschaften*. Ein Roman. In B. von Heiseler (Hrsg.), *Gesammelte Werke in sieben Bänden* (Bd. 5, S. 357–564). Bertelsmann Lesering.
Heintel, P. (2006). Das „Klagenfurter prozessethische Beratungsmodell". In P. Heintel, L. Krainer, & M. Ukowitz (Hrsg.), *Beratung und Ethik. Praxis, Modelle, Dimensionen* (S. 196–243). Ulrike Leutner Verlag.
Holzkamp, K. (1983). *Grundlegung der Psychologie*. Campus.
Kant, I. (1974). *Grundlegung zur Metaphysik der Sitten*. In W. Weischede (Hrsg.), *Werkausgabe* (Bd. 7, S. 7–102). Suhrkamp.
Luhmann, N. (1991). *Soziale Systeme. Grundriß einer allgemeinen Theorie* (4. Aufl.). Suhrkamp.
Luhmann, N. (2008). *Die Moral der Gesellschaft*. Suhrkamp.
Thaler, R. H., & Sunstein, C. R. (2008). *Nudge. Improving Decisions About Health, Wealth and Happiness*. Yale University Press (ebook).
Traue, B. (2010). *Das Subjekt der Beratung. Zur Soziologie einer Psychotechnik*. transcript.
Weber, M. (2005). *Wirtschaft und Gesellschaft. Grundriss der verstehenden Soziologie*. Zweitausendeins.
Zech, R. (2013). *Organisation, Individuum, Beratung. Systemtheoretische Reflexionen*. Vandenhoek & Ruprecht.
Zech, R., & Dehn, C. (2017). *Qualität als Gelingen. Grundlegung einer Qualitätsentwicklung in Bildung, Beratung und sozialer Dienstleistung*. Vandenhoeck & Ruprecht.

Strukturtheoretische Bestimmung der Supervision als professionalisierungsbedürftige Praxis in Abgrenzung zum Coaching

Hans-Peter Griewatz

Zusammenfassung

Die Begriffe Supervision und Coaching werden insbesondere von Praktiker*innen gemeinhin synonym als „personenorientierte Beratung in Organisationen" (Kühl, 2008) verwendet. Historisch wiesen Supervision und Coaching zwar verschiedene Entwicklungslinien auf und entstammten verschiedenen gesellschaftlichen Teilsystemen, die Weiterentwicklung beider Beratungsformate – so die Argumentation - habe jedoch die traditionellen Unterschiede aufgehoben (Buchinger und Klinkhammer 2007). Diese Einschätzung teilt der Autor dieses Textes explizit nicht, und zwar aus einer struktur- und professionstheoretischen Perspektive heraus nicht. Ihr zufolge hat die Supervision eine eigene Struktur- und Handlungslogik, auf die sie auch einen „Zuständigkeitsanspruch" (Fietze, 2014) formulieren sollte. Dieser Zuständigkeitsanspruch begründet sich in ihrem Gegenstandsbezug, d.h. empirisch im Format der Fallsupervision, welches im Gegensatz zum Coaching ein zentrales Angebot supervisorischer Praxis darstellt.

H.-P. Griewatz (✉)
International University (IU) Wuppertal, Bielefeld, Deutschland
E-Mail: hans-peter.griewatz@iu.org

C. Kuhlmann, M. Walber (Hrsg.), *Jahrbuch Coaching und Organisationsberatung*, https://doi.org/10.1007/978-3-658-27271-5_6

1 Einleitung

Sowohl Supervision als auch Coaching gehören zu den Beratungsprofessionen. Sie sind deshalb von der Geschichte der Beratung in der Bundesrepublik stark mit beeinflusst. Dies gilt seit den 1960er-Jahren vor allem für jene Beratungsformate, die aus den *inneren Reformen* (Bildungsreform, Psychiatriereform, Strafrechtsreform etc.) der Bundesrepublik hervorgegangen sind, aber auch für Formate der Politikberatung, da mit dem Ende der Nachkriegszeit in der Bundesrepublik eine Verwissenschaftlichung der Politik stattgefunden hat (Habermas, 1969, S. 120 ff.). In dieser Zeit durchläuft Beratung als Format der psychosozialen Beratung, der pädagogischen Beratung und der Supervision in Deutschland ihre erste Konjunkturphase (Gröning, 2017, S. 58). In der Pädagogik sind es Klaus Mollenhauer und Thea Sprey, die die ersten grundlegenden Texte zur pädagogischen Beratung verfassen (Gröning, 2011, S. 31 ff.). Die Verwissenschaftlichung der Politik führt dazu, dass es mit dem Beginn der Neuzeit nicht mehr so viel Einfluss der Berater:innen auf das politische Tagesgeschäft gegeben habe. Erst seit den 1960er Jahren hat die Politikberatung wieder größeren Einfluss erlangt (Wandhoff, 2016, S. 14 f.). Die Beratung in Wirtschaftsunternehmen expandiert in den 1960er und 1970er-Jahren (Wandhoff, 2016, S. 230 ff.) auf Grund zunehmender zumeist rechtlicher und steuerlicher Komplexität. Aufgrund eines neuen Verständnisses von Personalführung (Rosenberger, 2008) führt dies schließlich neben den etablierten Unternehmensberatungen, deren Beratungshandeln auf dem Prinzip der Expertise und der Begutachtung ruht, in den 1970er-Jahren zu vielfältigen Formen der Organisationsberatung und zum Coaching (Tändler, 2016). Die Psychologie platziert sich in den Unternehmen.

Auf dieser historischen Folie wird Beratung in der „reflexiven Moderne“ (Beck et al., 1996) häufig modernisierungstheoretisch erklärt und begründet. Beratung wird zum Mittler zwischen System und Lebenswelt und umfasst zum einen die Entwicklung demokratischer Strukturen in einer freien Gesellschaft (mehr Teilhabe) und zum anderen die Anpassung lebensweltlicher – meist traditionaler – Sinnstrukturen an Systemerfordernisse. Sie wird so zu einem neuen Paradigma der entstehenden Dienstleistungs- und Konsumgesellschaft, die mit dem (leider dann uneingelösten) Versprechen einer Humanisierung der menschlichen Gesellschaft durch Kommunikation angetreten ist (Bell, 1975).

In den 1980er-Jahren zerbricht diese Modernisierungswelle, deren Teil Beratung ist, sowohl im Feld der Ökonomie (durch eine Gleichzeitigkeit von Struktur- und Konjunkturkrisen) als auch im Feld der psychosozialen Beratung. Die Politik wechselt vom Paradigma des Keynesianismus hin zur Politik einer New Economy. Finanzknappheit des Staates, Krise und Umbau des Sozialstaates von einem Wellfare- zu einem Workfare-Staat beginnen und münden in den 1990er-Jahren in die Entwicklung der *Neuen Steuerungsmodelle* in den öffentlichen Verwaltungen, aus denen dann die Agenda 2010 entsteht. Diese Entwicklung hat sich tief in die gesellschaftlichen und sozialstaatlichen Strukturen – und damit auch in die Mentalität der Bürger:innen – eingeschrieben und zu einer weiteren Ökonomisierung aller Lebensbereiche beigetragen (Griewatz, 2016, S. 54 ff.). Der mit den Konzepten der neuen Steuerungsmodelle entstandene „Quasi-Markt" (Bernhard, 2016) im öffentlichen Sektor orientiert sich an den wirtschaftlichen Kriterien der Profitmaximierung, der Effizienz, Effektivität und Qualität. Pädagogische und sozialarbeiterische Praxis wird nun Kriterien unterworfen, die bisher ausschließlich für die Märkte galten. In diesem Zusammenhang wird auch der psychosoziale und pädagogische Beratungsprozess neu bestimmt (*fördern und fordern*) und strukturell als eine Methode eingesetzt, mit deren Hilfe Klient:innen die mit ihrem jeweiligen Kosten- bzw. Leistungsträger vereinbarten Ziele verwirklichen sollen.

Damit wird Beratung im Feld der sozialen Arbeit zu einer gouvernementalen Machttechnik (Austermann, 2019, S. 44; Gröning, 2016, S. 17 ff.; Seel, 2014, S. 26 ff.; Gröning, 2013, S. 46 ff.), die zudem pastorale (*fördern*) mit disziplinarischen Machttechniken (*fordern*) kombiniert. Gleichzeitig erfordert im Bereich der Wirtschaft die Internationalisierung der Produktion, z. B. kontinentübergreifende Produktionsketten, die Vertiefung der internationalen Arbeitsteilung, die Individualisierung und Politisierung des Konsums völlig neue Fähigkeiten der Produzenten. Empathie wird so im Kapitalismus zu einer wichtigen Produktivkraft. Das Leben im „emotionalen Kapitalismus" (Illouz, 2015, S. 13) erfordert von allen Akteuren neue Anstrengungen. Es entwickelt sich ein neuer distinktiver „emotionaler Habitus", der sich „in berufliche Aufstiegschancen oder soziales Kapital" (Illouz, 2015, S. 97 ff.) übersetzen lässt. Auf diese – im Sinne Bröcklings unternehmerische – „Anrufung", die „ihr Augenmerk [...] auf die Arbeit der Subjektivierung" (Bröckling, 2013, S. 48) richtet, sollte eine kritische Beratungs- und Supervisionswissenschaft für die Entwicklung eines eigenen Professionsverständnisses Antworten formulieren.

2 Professionsdiskurse der Supervision

Supervision hat sich traditionell aus der Sozialen Arbeit entwickelt (Lohl, 2019; Gröning, 2013, 2017; Schibli & Supersaxo, 2009; Belardi, 1994; Kadushin, 1990; Federn, 1990; Weigand, 1990; kritisch: Gaertner, 1999). Leuschner (1999) beschreibt idealtypisch drei Phasen der Supervision in Deutschland nach dem

II. Weltkrieg: 1. die funktionale Phase in den 1960er-Jahren, 2. die institutionskritische Phase in den 1970er und 80er-Jahren und 3. die organisationsorientierte Phase ab den 1990er-Jahren. Mich interessiert hier vornehmlich diese 3. Phase, da mit ihr auch das Aufkommen des Coachings verbunden ist.

> *„Der Zeitgeist dieser [organisationsorientierten – Anmerkung des Verfassers] Phase wurde in der Supervisionsszene u. a. eingeleitet und mitbedingt durch die sehr schnell wachsende Zahl von Supervisoren, die Arbeit brauchten, und dementsprechend durch den immer mehr expandierenden Weg und Drang in die Organisationen immer weiter über die bisher klassischen von Supervision bedachten Sozial-, Gesundheits- und Bildungsinstitutionen hinaus. Man darf hier auch nicht vergessen, daß [!] sich die Szene der Supervisoren durch die Expansion der DGSv neu mischte, indem nicht nur durch Ausbildung neue Supervisoren hinzukamen, sondern auch in großer Zahl Psychologen, Gruppendynamiker, Organisationsberater u. a. vergleichbar Vorgebildete die Anerkennung als Supervisor auf dem Ausnahmewege erlangten. Diese Quereinsteiger brachten ihre Vorstellungen, ihre Berufskultur und –geschichte mit in die Supervisionsszene. Viele von diesen Quereinsteigern arbeiteten zum Zeitpunkt der Kontaktaufnahme mit den Supervisoren und der DGSv ausschließlich bereits mit Gruppen und Organisationen. Sie waren bei der Ankunft in der DGSv Vollprofis als Fortbildner und Berater in Organisationen mit teilweise beneidenswerten oder auch peinlichen Tageshonoraren" (*Leuschner, 1999, S. 7 f.*).*

Es wurde also schon früh, neben der Frage nach der methodischen Ausrichtung der Supervision, im Verband der DGSv auch über eine Erweiterung des Formats Supervision in Richtung Personal- und Organisationsentwicklung gestritten – Kühl nennt dies die „vertikale Ausdehnung der Supervision" (Kühl, 2006, S. 10 ff.). Supervision könne daher auch in der freien Wirtschaft angewandt werden (Berker et al., 1995). Eine solche „horizontale[.] Expansion" (Kühl, 2006, S. 10), d. h. eine Erschließung neuer beruflicher Felder jenseits der Sozialen Arbeit, verlief jedoch zunächst zögerlich. Die Besetzung dieser Felder durch das Coaching haben die Supervisor:innen mit „sorgenvoller Arroganz" (Kühl, 2006, S. 11) beobachtet, sie löste gleichwohl aber auch ein starkes Begehren aus: Die wirtschaftlichen Geschäftsfelder gewannen an Attraktivität. So befasste sich u. a. der 2. Deutsche Supervisionstag 1994 in München mit dem Thema „Supervision – ein Instrument der Personalentwicklung" (Berker et al., 1995). Das starke Begehren, in die freie Wirtschaft zu gehen, dokumentiert sich auch in den Titeln und Aufsätzen der Zeitschrift „Supervision" in den 1990er-Jahren. Für die Supervisor:innen, die aus der sozialen Arbeit kamen, erwies sich dies aus habituellen Gründen jedoch als problematisch. Cornelia Edding (1994) beschreibt es als „[d]ie verleugnete Lust am Geldverdienen. […] Wenn sie Supervisoren [!] werden und eine selbstständige [!] Tätigkeit ansteuern, bekommen sie Schwierigkeiten mit dem Geld: einerseits sind sie am Geldverdienen richtig interessiert, sie sind aufstiegs- und statushungrig und haben keine Lust mehr, der under dog [!] zu sein, – andererseits machen die ursprünglichen Berufsmotive, die altruistischen Werte, die Verdammung des Eigennutzes es ihnen schwer, diese Wünsche zu bejahen. Der erfolgreiche Unternehmer war nicht gerade das Vorbild, dem sie nachgeeifert haben. Ihr Wunsch nach Geldverdienen liegt im Streit mit der moralischen Abwertung dieses Wunsches" (S. 45 f.). Deshalb werde die Rolle der Supervisor:in als „Kleinunternehmer" (Edding, 1994, S. 45) nicht offen thematisiert, sondern schamhaft verleugnet, weil sie nicht bruchlos in die supervisorische Identität zu integrieren ist.

Eine inhaltliche Auseinandersetzung mit dem neu entstandenen Coaching war zwar von Beginn an in den 1990er-Jahren „in der Phase der ‚expansiven Professionalisierung'" (Gaertner, 2011, S. 73) präsent, wurde aber nicht offensiv geführt. Erst mit der medialen Präsenz des Coachings in den 2000er-Jahren und der mit ihr verbundenen Expansion bei gleichzeitigem Einsetzen der Sparmaßnahmen in den sozialen Feldern hat sich diese Auseinandersetzung verschärft. Die Supervision stand nun vor einem „Professionalisierungsdilemma" (Kühl, 2006, S. 18). Eine Beschränkung der Supervision „auf die Beratung von Professionals sozialer Dienstleistungsorganisationen [...] führt[e] zur Übersättigung des Arbeitsmarktes und zur Beschäftigungslosigkeit vieler SupervisorInnen. Weitet sie ihr Interventionsfeld aus, indem sie sich Managementkenntnisse aneignet und dadurch neue Märkte erschließt – Ausdehnung auf die Beratung von Mitarbeitern in Organisationen sämtlicher gesellschaftlicher Teilbereiche – verliert der Professionsbildungsprozess zum Teil seine Legitimität" (Galdynski, 2009, S. 89). Dieser sehr kontrovers geführte Diskurs verläuft seit 20 Jahren in den immer gleichen Argumentationsmustern: entweder wird das Coaching von der Supervision – meist mit dem Gestus moralischer Überlegenheit – als marktgängiges Anbiedern an die Wirtschaft skandalisiert (überspitzt formuliert es Buer (2005) so: „Coachen heißt: Fit-Machen. Supervision heißt: Zum Nachdenken Bringen [!]" (S. 282). Oder es wird argumentiert, dass es sich doch eigentlich um eine „Scheindebatte" handelte, in der „[n]icht die Differenz von Supervision und Coaching [...] für mich der zentrale strategische Diskussionspunkt [ist], sondern etwas Übergeordnetes: Ich glaube, dass Humanität und Ökonomie mit dem Ziel guter Arbeit in der Arbeitswelt grundsätzlich in Balance sein müssen" (Fortmeier, 2015, S. 21). Mit dieser Argumentation werden Supervision und Coaching prinzipiell gleichgesetzt (vgl. auch Busse, 2010, S. 66 ff.; Buchinger & Klinkhammer, 2007, S. 28 ff.).

Galdynski (2009) fasst diese Professionsdiskurse anhand wichtiger Vertreter der Supervisionsszene (Leuschner, Gaertner, Weigand, Rappe-Gieseke, Nellesen, Buchinger und Buer) zusammen. Demnach gibt es drei Diskurslinien:

1. Die Ablehnung einer Expansion auf den so genannten Profitbereich, weil die Supervision sonst ihre Autonomie und ihren gesellschaftlichen Auftrag verlöre – man könnte sie die traditionell-professionstheoretisch orientierte Position nennen;
2. Eine Befürwortung der Expansion auf den Profitbereich, da sie die eigene supervisorische Identität in der Auseinandersetzung mit den anderen Beratungsformaten stärke. Die eigene Identität müsse immer wieder im Wandel neu hergestellt werden – man könnte sie die pragmatisch-modernisierungstheoretisch orientierte Position nennen;
3. Eine Befürwortung der Expansion, da es keinen konzeptionellen Unterschied zwischen Supervision und Coaching gäbe, denn einerseits entscheide die Nachfrage (also der Markt), andererseits die Persönlichkeit des/der Supervisors/Supervisorin/Coachin oder des Coachs (also das Charisma) sowie ihre beiderseitige Passung – man könnte sie die ökonomisch orientierte Position nennen (Galdynski, 2009, S. 95).

Mit dieser Argumentation vernachlässigt die Berufspolitik jedoch die entscheidenden Strukturentwicklungen. Eine Expansion der Supervision in die Wirtschaft ist zum ersten deshalb nicht möglich, weil aus habituellen und Feldgründen Supervisor:innen mit ihren Fähigkeiten und Qualifikationen dort keine Anerkennung finden (*Gutmenschendilemma*), zum zweiten hat die Strukturentwicklung umgekehrt stattgefunden. Die ehemals staatsnahen Non-Profitbereiche wurden der Rationalität der Märkte unterworfen und von dort kommen die neuen Berater:innen. Indessen: gesellschaftliche Strukturentwicklungen sind nicht widerspruchsfrei. Der emotionale Kapitalismus hat Phänomene der gesellschaftlichen Spaltung, der Zunahme von Gewalt im Sinne einer „rohen Bürgerlichkeit" (Heitmeyer, 2012) und einen neuen Rassismus hervorgebracht. Integration, Kommunikation und Konsens als Kompetenzen, über die gerade Supervisor:innen in hohem Maße verfügen (sollten), werden wieder so bedeutsam wie in den 1960er-Jahren als die Gesellschaft mit der Überwindung der NS-Zeit befasst war, die sich als Alltagskultur tief in die Lebenswelten der Menschen eingeschrieben hatte. Heute fragen staatliche Institutionen Supervision an, die als sogenannte rechte Hand des Staates (Bourdieu, 2010) gelten. Polizei, Ausländerbehörden, Jobcenter etc. verzeichnen eine Verrohung und Überforderung in ihrem Alltag und fragen vermehrt Supervision nach. So entsteht auch hier eine Renaissance der Fallsupervision und mit ihr die Frage nach einer Theorien des Fallverstehens.

3 Der spezifische Fallbezug (in) der Supervision

Die oben dargestellten Argumentationslinien werden bis heute in der Supervisionsszene und auch im Verband der Deutschen Gesellschaft für Supervision und Coaching (DGSv), teilweise mit Überschneidungen, vertreten und kontrovers diskutiert. Sie verfehlen allerdings aus meiner Sicht den eigentlichen Kern der Auseinandersetzung. Ich plädiere stattdessen für eine strukturtheoretische Differenzierung von Supervision und Coaching, die in einer Differenzierung des Fallbezugs zu verorten ist, und daher am ehesten der traditionell professionstheoretischen Argumentationslinie zuzuordnen wäre. Bezugnehmend auf die Professionstheorie Oevermanns begründet sich die Spezifik des Fallbezugs in der Supervision dadurch, dass in ihr die Reflexion von Handlungsroutinen in der Praxis von *Professionals* Vorrang hat, in der idealtypisch die Strukturmerkmale eines „Arbeitsbündnisses" vorliegen – es sich also nach Oevermann um eine „professionalisierungsbedürftige Praxis" (Oevermann, 2017) handelt. Es geht somit um eine besondere Form der „doppelten Krisenbewältigung" (Jornitz & Leser, 2021).

Doppelte Krisenbewältigung bedeutet zum einen, dass die latent oder akut krisenhafte Praxis bearbeitet werden muss. Und zum anderen bedeutet es, dass die meist latente, aber prinzipiell immer gegenwärtige Krisenhaftigkeit der jeweiligen Supervisions- resp. Coachingsitzung bewältigt und ggf. bearbeitet werden muss. Der Unterschied zwischen Supervision und Coaching liegt idealtypisch in der Spezifik der „Fallbearbeitung". Der „Fall" soll mit Wernet (2006) – zunächst ganz vorläufig und allgemein – als „das Vorliegen einer mehr oder weniger offensichtlichen, mehr oder weniger gravierenden Krise" (S. 112) charakterisiert werden. In diesem Sinne ist die zu bearbeitende Krise in der Supervision idealtypisch der Klient:innenbezug der Professionals, deren Aufgabe es ist, ihren Klient:innen Unterstützung bei der Wiederherstellung ihrer Autonomie zu gewähren. Dem gegenüber wäre das Coaching Beratung von Non-Professionals. Beide – sowohl die Supervision als auch das Coaching – wären somit in ihrer jeweiligen Beratungs- und Reflexionspraxis "professionalisierungsbedürftig[…]" (Oevermann, 2017, S. 98). In diesem Zusammenhang ist es erwähnenswert, dass z. B. der Deutsche Bundesverband Coaching e. V. (DBVC) (2019) in seinem Kompendium, ähnlich wie Walber und Kuhlmann in diesem Band, eine professionstheoretische Fundierung des Coachings verfolgt und interessanterweise dort für das Coaching als Profession seinerseits „Supervision als Selbstreflexions- und Selbstvergewisserungsinstitution" (DBVC, 2019, S. 13) fordert: Das heißt, dass sich das Coaching selbst in seiner Beziehungsdynamik zum/zur Coachee als latent krisenhafte Praxis versteht, die aufgrund ihrer „nicht-standardisierbaren wesentlichen Anteile ihrer sachhaltigen Dienstleistung auf eine spezifische Weise supervisionsbedürftig“ (Oevermann, 2010, S. 272) ist. Mit welchen Strukturproblemen, z. B. bei Problemen der Leitung, Organisationsproblemen oder Problemen wirtschaftlicher Effektivität und Effizienz, das Coaching letztlich konfrontiert ist und inwieweit sich diese strukturell mit denen der Supervision gleichen oder unterscheiden, kann an dieser Stelle nur offen bleiben, da es derzeit keine strukturtheoretischen Arbeiten über das Coaching gibt. Die Coachingforschung konzentriert sich überwiegend auf Wirkfaktorenforschung (Klenner, 2017, S. 22 ff.; Kotte et al., 2016, S. 5 ff.). Ähnliches gilt allerdings auch – mit wenigen Ausnahmen – für die Supervision. So konstatiert Oevermann (2010) und gibt damit einen ersten Hinweis, dass eine „autonome Praxis [...] z. B. bei privaten Unternehmen, [nur] auf der Ebene ihrer entscheidungsbefugten Leitung“ möglich sei. „Organisationen, Institutionen, Unternehmen und Verbände [seien] [...] im strengen Sinne [k]eine autonome Lebenspraxis“ (S. 274).

Ähnliche Differenzierungen zwischen Supervision und Coaching nimmt auch Busse (2010) vor, kommt dann aber trotzdem zu dem Schluss, dass es keinen wirklichen substanziellen Unterschied zwischen beiden gebe. Aufgrund der dynamischen Veränderungen in der Arbeitswelt insgesamt würden sich zudem „beide Verfahren notwendig auch weiter annähern“ (S. 74) (müssen). Busse unterscheidet in seiner Argumentation die Arbeitswelten I und II, die sich in ihrem jeweiligen Verhältnis zur Lebenswelt unterscheiden. Die Arbeitswelt I befriedigt die wiederkehrenden Grundbedürfnisse des Menschen und der mit ihnen zusammenhängenden Dienstleistungen. Sie ist unproblematisch, weil sie prinzipiell technisierbar und standardisierbar ist. Lebenswelt und Arbeitswelt I „greifen über den Arbeitsmarkt [...] und über den Warenmarkt [...] ineinander“ (Busse, 2010, S. 59 f.). Die Arbeitswelt II wird im Gegensatz dazu dann bedeutsam, wenn das Leben selbst zum Problem wird, wenn „bei existentiellen Problem- und Krisenfällen lebensweltliche Selbstklärungs- und Bearbeitungsmöglichkeiten an ihre Grenzen stoßen“ (Busse, 2010, S. 63). Damit folgt die Arbeitswelt II im Gegensatz zur Arbeitswelt I primär keiner Marktlogik, sondern ist prinzipiell am Gemeinwohl orientiert. Die Aufgabe der Professionals ist deshalb – neben der „stellvertretende[n] Krisenbewältigung“ (Oevermann, 2010, S. 17), die der Wiederherstellung der Autonomie der Klient:innen dient – auch immer die Aufklärung über die (meist unreflektierte) Lebenswelt. Busse kommt dann ebenfalls zu dem Ergebnis, dass es „[i]n der Tat [...] Unterschiede gibt zwischen den Formaten, die aber mit den unterschiedlichen Handlungs- und Problemtypen der Arbeitswelten (I und II) zu tun haben und unabhängig davon sind, wie sich das im Bewusstsein der Anbieter wie Nutzer von Supervision und Coaching widerspiegelt“ (Busse, 2010, S. 68). Im Anschluss daran wird der soeben gemachte Unterschied aber wieder eingeebnet. Busse behauptet, dass nicht der Gegenstandsbezug entscheidend sei, sondern – im Sinne von Habermas´ Diskursethik – die Art der kommunikativen, reflexiv-diskursiven Verständigung. Diese sei sowohl in der Supervision als auch im Coaching möglich und erstrebenswert, werde aber in beiden Arbeitswelten erschwert, da beide Arbeitswelten durch den jeweilig regulierenden „Code Geld (Profit) oder Macht (Durchsetzung von Expertise) dominiert“ (Busse, 2010, S. 71) würden. Dadurch werde „strategisches Handeln“ in beiden Arbeitswelten „dominant“ (Busse, 2010, S. 71) und die Aufgabe von Supervision und Coaching sei es, das zur Sprache zu bringen. „Damit unterscheiden sich Supervision und Coaching nicht vom Verfahren her“ (Busse, 2010, S. 72). Dies verkennt allerdings, dass der diskursethische Anspruch von Habermas eine regulative Idee ist, die sich jeweils in der konkreten und unterschiedlich strukturierten Praxis neu bewähren muss. Deshalb ist Busses Analyse der beiden Arbeitswelten zwar zuzustimmen, nicht jedoch seiner Argumentation und seinem Urteil, dass eine Differenzierung von Supervision und Coaching obsolet sei, da sie – in der Argumentation Busses – keine tatsächliche Differenzierung im Anspruch einer reflexiv-diskursiven Kommunikation nach sich zöge.

Doch genau diese Differenzierung, die zunächst marginal erscheinen mag, trifft den Kern der Sache: Denn aus ihr erwächst für die Supervision eine eigene Handlungslogik. Zudem könnte die Supervision somit wieder an ihre historischen Entwicklungslinien unter veränderten gesellschaftlichen Bedingungen anschließen, ohne dass sie sich ausschließlich von diesen her begründen lassen müsste. Sie beanspruchte sowohl professionstheoretisch als auch marktstrategisch ein Alleinstellungsmerkmal, auf deren Folie sich ihre weitere Professionalisierung, auch berufspolitisch, vollziehen könnte. Hierfür ist es jedoch entscheidend, dass die Supervisionsforschung (resp. die Weiterbildungsinstitute als Scharnier zwischen Wissenschaft und Praxis) hilft, die Strukturprobleme in der Praxis von Professionals besser zu verstehen und entsprechend für die supervisorische Praxis fruchtbar zu machen. Zum anderen ist es notwendig, die Strukturprobleme der eigenen supervisorischen Praxis zu erforschen, um sie kritisch reflektieren zu können.

4 Strukturprobleme (in) der Supervision

Supervision und insbesondere die Fallsupervision mit Professionals weisen also – wie oben schon angedeutet – auf zwei Ebenen eine sehr hohe Komplexität auf: Zum einen ist sie mit den Strukturproblemen der jeweiligen Praxis konfrontiert, in der sie beratend und reflexiv tätig ist, und zugleich mit ihren eigenen Strukturproblemen, die sie ebenfalls „gestaltrichtig intuitiv“ (Oevermann, 2010, S. 282) bearbeiten muss. Zwar wird Fallsupervision von ¾ der Supervisor:innen für wichtig gehalten und auch praktiziert, findet aber weder in den Weiterbildungen noch in der Literatur eine besondere Berücksichtigung (Althoff, 2020).

Ein wesentliches Strukturproblem der Fallsupervision ist die Spannung zwischen Ethik und Ökonomie im Fall und der damit verbundenen Frage, welche Konflikte entstehen, wenn ethische und ökonomische Prinzipien sich widersprechen. Dies hat schon Diessenbacher, 1990 als Strukturproblem des professionellen Handelns im gewendeten Wohlfahrtsstaat prognostiziert (Diessenbacher, 1990, S. 255 ff.). Professionals sind einer „advokatorisch dimensionierten Diskursethik“ verpflichtet, die Dieringer (2019) mit Lob-Hüdepohl wie folgt beschreibt: „(1) Sozialprofessionelles Handeln achtet ‚die Selbstzwecklichkeit jedes Betroffenen als Träger inhärenter Würde‘. (2) Sozialprofessionelles Handeln folgt Normen und generellen Handlungsorientierungen, die verallgemeinerungsfähig sind. […] (5) Sozialprofessionelles Handeln bringt ‚stellvertretend und uneigennützig‘ die Interessen der Betroffenen zur Geltung, die dies noch nicht oder nicht mehr oder niemals selbst tun können“ (S. 10 f.). Gelten die ersten beiden Prinzipien dieser Ethikkonzeption auch in anderen gesellschaftlichen Feldern, so gilt das unter (5) genannte Prinzip unter der Voraussetzung, dass Menschen in spezifischer Weise in der Übernahme ihrer Autonomie eingeschränkt sind. Die Besonderheiten des Klient:innenbezugs weisen auf latente Strukturen im jeweiligen Fall hin und erfordern eine spezifische Form der Bearbeitung, die sich an der Grenze von System und Lebenswelt abspielt, und an der sich notwendig Handlungsspannungen ergeben:

1. Professionals sind mit der je einmaligen Biografie ihrer Klient:innen betraut. Klient:innen reagieren lebensweltlich mit diffusen Anforderungen an oder mit Abwehr und Widerstand gegen die professionell Tätigen. Diese Differenz zwischen diffusen und spezifisch-rollenförmigen Sozialbeziehungen in ihrer widersprüchlichen Einheit muss immer wieder in den normativen Status eines Arbeitsbündnisses einmünden (Klenner, 2017, S. 70 ff.). Hierbei entsteht häufig das Problem der Compliance, dass bei mangelnder Mitarbeit seitens der Klient:innen die Gefahr einer „primitive[n] Klassifikation“ (Gröning & Schütze, 2016, S. 7) durch die Professionals besteht. Daher sollte – und das ist eine wichtige Funktion der Supervision – die individuelle, in ihr eigenes Drama verstrickte Lebensgeschichte als Erzählung verlebendigt werden. Geprüft werden sollte dann, „inwieweit aus den Erzählungen heraus auf Maßgaben und Maßnahmen für einen pädagogisch-interventiven bzw. therapeutischen Eingriff zu schließen ist“ (Garz, 2012, S. 169).

2. Im Hinblick auf die Schnittstelle von System und Lebenswelt verweist Gröning auf die Arbeiten von Fritz Schütze und geht von einer „Mehrgestalthaftigkeit zwischen erlebtem Fall, erzählten Fall und dokumentiertem Fall" (Gröning & Schütze, 2016, S. 9) aus. Hier bestehe die Gefahr insbesondere darin, dass der aktenförmig dokumentierte Fall ein Eigenleben zu führen beginnt, der mit der Lebenswirklichkeit der/die Klient:in nicht mehr im Einklang steht. Mit dem rechts- und sozialstaatlich begründeten Anspruch auf Hilfe geht ein Prozess der Verobjektivierung und Versachlichung einer Lebenssituation einher, der dazu führen kann, dass der „Fall in der Akte verschwindet" (Gröning & Schütze, 2016, S. 6 ff.).

Die Bearbeitung eines Falles in der Supervision hat es also immer mit spezifischen Strukturproblemen zu tun, die sowohl von den Professionals als auch von den Supervisor:innen verstanden werden müssen. So zeigt Oevermann in seinem 2001 erschienen Buch „Strukturprobleme supervisorischer Praxis" die Strukturprobleme eines „psychoanalytisch arbeitenden Teams von Therapeuten und Pflegern einer Station für psychosomatische Krankheiten" (Oevermann, 2010, S. 21) auf. Das Team besteht (in dieser Supervision) aus zwei männlichen Psychotherapeuten, von denen einer der Falleinbringer ist, einer Psychologin, einer Bewegungstherapeutin und zwei oder drei Krankenpflegerinnen. „Der Gegenstand der Supervision besteht in Problemen der Beendigung der Behandlung einer Colitis-Patientin" (Oevermann, 2010, S. 21), um die sich der Therapeut sorgt, da der Behandlungsplan der Klinik eine baldige Entlassung vorsieht, die er aber aufgrund ihres Gesundheitszustandes für problematisch hält. Die Strukturprobleme spielen sich auf verschiedenen Ebenen ab und dadurch, dass sie vom Supervisor nicht erkannt und bearbeitet werden, tragen sie zu einer Verschärfung der Problematik bei:

1. Der Widerspruch zwischen den professionsethischen Ansprüchen der Therapeut:innen und dem Behandlungsplan, der von der Klinik vorgegeben wird, wird nicht bearbeitet. Dies führt zu einer „Beziehungsfalle" dergestalt, „daß[!] der behandelnde Therapeut Probleme, die faktisch aufgrund institutioneller Vorgaben die Arzt-Patient-Beziehung beeinträchtigen und die er sich möglicherweise in einer Ebenenverwechslung selbst zurechnet, in der Supervision deshalb nicht angemessen behandeln lassen kann, weil die durch die institutionellen Vorgaben bestimmte Arbeitsgruppe als Supervisionsgruppe von vornherein auch die Supervision der Einzelbehandlung beschränkt und zwar just so, daß(!) eine explizite Thematisierung der Problematik der institutionellen Vorgaben erschwert wird" (Oevermann, 2010, S. 75). Letztlich bedeutet dies, dass die Therapeut:innen in der Ausübung ihrer Profession, die eigentlich nur durch ein Arbeitsbündnis begründet und legitimiert werden kann, eingeschränkt werden.

2. Des Weiteren besteht eine Uneindeutigkeit, mit der der/die Supervisor:in das Arbeitsbündnis eingeht: Ist das Problem der Therapeut selbst in seiner Handlungsklemme mit der zu entlassenden Patientin? Dann wäre wohl eher eine Einzelsupervision angezeigt.
3. Zudem besteht eine weitere Uneindeutigkeit im Gegenstandsbereich des Arbeitsbündnisses. Wird dieses Team als ein Kollektiv von Professionskolleg:innen oder als eine „soziale Organisation mit den entsprechend notwendigen formal-bürokratischen Regelungen und Kontrollen" (Oevermann, 2010, S. 70) supervidiert? Im ersten Fall wäre eine Supervision innerhalb der Klinik prekär, da unter den vorgegebenen Organisationsstrukturen eine freie therapeutische Praxis nicht möglich ist, im zweiten Fall könnten die organisationalen Vorgaben nicht bearbeitet werden, da sie nicht im Zuständigkeitsbereich der Therapeut:innen lägen.
4. In der Supervision schwingen die verschiedenen Hierarchien zwischen der Somatik und der Psychosomatik mit, die aber nicht thematisiert werden. Zum einen können diese Hierarchien zu großen Widersprüchlichkeiten in der Behandlung führen, weil die psychosomatische Behandlung erst dann greift, nachdem die somatische Abteilung die Patient:innen stabilisiert hat. Die Psychosomatik betreibt also keine eigenständige Praxis, sondern ist der Somatik nachgeordnet (Oevermann, 2010, S. 102 ff.). Und zum anderen erscheint die Frage der „Mitbeteiligung des stationären Pflegepersonals" an der Supervision als problematisch, da sie in einer Klinik keine professionalisierungsbedürftige Praxis darstelle (Oevermann, 2010, S. 275 f.).

Bearbeitbar in diesem Zusammenhang ist deshalb *nur*, wie dieses Team als Team mit dem „strukturlogische[n] Widerspruch" (Oevermann, 2010, S. 71) innerhalb ihres Arbeitsfeldes umgehen kann und soll, d. h. „dieser Konflikt und das dahinter sich verbergende Strukturproblem [hätten] bearbeitet werden müssen, so daß [!] für den Therapeuten hätte klar werden müssen, ob er es mit seiner psychoanalytischen Professionalität vereinbaren kann, unter diesen Strukturvoraussetzungen therapeutisch tätig zu werden und wenn, mit welcher Zielsetzung, Methodik und Programmatik" (Oevermann, 2010, S. 255). Die mit diesem Grundwiderspruch verbundenen Ambivalenzen und Paradoxien werden in der Supervision nicht thematisiert. Stattdessen werden sie vom/von der Supervisor:in aktiv mit unbewusst gemacht. Letztlich wird der Konflikt, den der Therapeut in der Supervision besprechen möchte, auf die therapeutische Problematik von Übertragung und Gegenübertragung, also der Beziehung zwischen der Patientin und ihn individualisiert. Es scheint sich Kühls systemtheoretisch fundierte Einschätzung, die sich in ihrer Argumentation u. a. auch auf Oevermann bezieht, zu bewahrheiten, dass die latente Funktion der Supervision (und auch des Coachings) in der Personalisierung struktureller Organisationswidersprüche liege, durch die die Verantwortung, die sich durch die Organisationsprobleme notwendig ergeben, auf einzelne Mitarbeiter:innen übertragen werde (Kühl, 2008, S. 153 ff.). Dies sei jedoch nicht Kunstfehlern in der Beratung anzulasten, sondern liege am „Rahmen der Beratung" (Kühl, 2008, S. 167) selbst, da diese immer durch die Organisation *eingehegt* werde (Kühl, 2008, S. 169). Ähnlich kategorisch und radikal hatte auch die Forschergruppe um Sabine Maasen in ihren diskurstheoretischen Arbeiten Beratung, Supervision und Coaching als gouvernementale Machttechniken einer neuen liberalen Regierungsform analysiert (Maasen et al., 2011). Sind damit die menschlichen Sozialformen der Beratung und gemeinsamen Reflexion obsolet geworden? Welche Relevanz besitzen nun diese Analysen im Hinblick auf Supervision? Ich argumentiere mit Oevermann (2010), dass jede Praxis ihre eigene Dignität unabhängig ihrer jeweiligen wissenschaftlichen Analyse besitzt. Jede wissenschaftliche „Sequenzanalyse [stelle] fraglos eine Operation der Grundlagenforschung dar […] die unter dem Zeit- und Handlungsdruck einer klinischen Praxis in der Alltagssituation kaum anwendbar" (S. 277) sei. Wissenschaftliche Analysen können keine Verbesserungen für die Praxis formulieren, die „Methoden der objektiven Hermeneutik [können] niemals an die Stelle der Interventionspraxis treten". Eine Bewertung oder gar Skandalisierung der Praxis verfehle daher die Konstitutionslogik der Praxis, aber auch die der Wissenschaft. Stattdessen sollte der Wissenschaftler „Respekt vor der Wirklichkeit gestaltenden Praxis" haben, ihrer „Klugheit" und der „Reichhaltigkeit ihrer Strukturen", die der „Praktiker gestaltrichtig intuitiv in einer gemessen daran unglaublichen Geschwindigkeit und Treffsicherheit erfassen können muss" (Oevermann, 2010, S. 282). Die Wissenschaft könne für die (Supervisions-)Praxis daher lediglich eine „Art methodischer Supervision" (Oevermann, 2010, S. 278) darstellen, denn die Vermittlung von Theorie und Praxis sei „innerhalb der Wissenschaft und der Erkenntnislogik nicht möglich, sondern nur als praktische Operation selbst" (Oevermann, 2017, S. 79).

Was bedeutet dies nun für die Supervision?

1. Supervisor:innen sollten die Strukturprobleme der jeweiligen Praxis, in der sie reflektierend und beratend tätig sind, gut kennen. Hierzu ist – neben der Reflexion der eigenen Praxis – wissenschaftliches Wissen unerlässlich. Wie diese latenten Strukturen der Praxis dann in der Supervision tatsächlich bearbeitet werden, bedarf ebenfalls weiterer empirisch-qualitativer Forschung.

2. Supervision ist eine Praxis eigener Qualität und Dignität, die wie jede andere Praxis auch mit eigenen Strukturproblemen behaftet ist, die sich nicht einseitig auflösen lassen. Diese können derzeit – soweit ich es überblicke – nur *naturwüchsig* durch Berichte aus der Praxis sowie durch eigene Reflexion identifiziert werden, da es auch hierzu nur wenige strukturtheoretische Arbeiten gibt. Im Rahmen dieses Aufsatzes möchte ich hier einige (mögliche) Strukturprobleme anreißen, mit denen die Supervision konfrontiert ist und die es näher zu erforschen gilt:
3. Im sozialen Sektor haben sich – wie oben beschrieben – durch die neuen Maßstäbe nach Wirtschaftlichkeit und Ressourcenschonung, die auf Effektivität und Effizienz basieren, die Spannungsfelder zwischen Profession und Organisation verschärft (Siller, 2009, 2008). Diese können sich in akuten Krisen manifestieren oder zeigen sich latent in den alltäglichen Handlungsroutinen. Haubl und Hausinger (2009) diskutieren vor diesem Hintergrund die Spannung zwischen dem „Sozialen" und dem „Ökonomischen" bei gleichzeitig prekärer werdenden Arbeitsverhältnissen. Sie fragen im Anschluss an den wirtschaftsethischen Beitrag des Wirtschaftsethikers Peter Ulrich (2009, S. 208 ff.), wie dieses „Emanzipationsideal" (Haubl & Hausinger, 2009, S. 231) der Supervision (resp. des Coachings) in den konkreten Supervisions- resp. Coachingsitzungen tatsächlich zur Sprache gebracht und bearbeitet werden kann. Akute Krisen und Konflikte in Organisationen und Teams müssen daher auch durch die Supervision bearbeitet werden, damit sie wieder zu ihrem eigentlichen Kern zurückkehren können, nämlich der Herstellung des Fallbezugs. Dies wirft dann die Frage auf, inwieweit „die Individualisierung von Arbeitskonflikten eine Spannung des Feldes" ist, die „im Sinne der Ambiguitätstoleranz" (Gröning, 2017, S. 62) von dem/der Supervisor:in gehalten werden muss – wie dies oben in Oevermanns rekonstruierter Supervision gemacht wird –, oder entstehen solch starke gesellschaftliche „Antagonismen [...], die eine rechtsstaatliche Vergewisserung benötigen" (Gröning, 2017, S. 62) und damit nicht mehr Aufgabe der Supervision sein können.
4. An diese Fragen schließt an, dass Supervision – teils unbewusst, teils latent aggressiv, teils manifest offen – normative Ansprüche an die Professionals formuliert, die Teil ihrer Professionsethik sind. In der Auseinandersetzung der Professionals um einen gemeinsamen Wertehorizont wird die Supervision zu einem Ort normativer Geltungsfragen in Bezug auf eine konkrete Praxis und erhält neben der ethischen auch eine politische Dimension. In der Supervision wird eine Präsentation der eigenen Position vor anderen erwartet, die in einem sozial-

kommunikativen Austausch eine Reflexion und Selbstklärung von prinzipiell handlungsbelastenden Problemen beinhaltet und die in einer Öffentlichkeit vor Publikum stattfindet. Die Supervision erzeugt damit einen moralischen Druck, der Erwartungen an einen bestimmten beruflichen und professionellen Ethos formuliert. Dieser Anspruch kann jedoch auch – legitim oder nicht – zurückgewiesen werden. Supervision operiert damit immer auch an der Grenze des Sag- und Besprechbaren. Welche Rolle kann die Supervision zwischen normativem Anspruch und Zurückweisung dieses Anspruchs spielen? Wie bringt sie diesen Konflikt, der sehr schambelastet sein kann, zur Sprache? Inwieweit kann der (Dreiecks-)Kontrakt den Gegenstand des Arbeitsbündnisses bestimmen bzw. inwieweit bestimmt er ihn tatsächlich?

5. Das Einbringen eines Falles bringt die Ambivalenz mit sich, dass der/die Professional sich in seiner Beziehungsdynamik zum/zur Klient:in *zum Fall machen* muss. Dies könnte einem falsch verstandenen autonomen und professionellen Habitus widersprechen. Supervision muss daher einen beruflich-professionellen Habitus voraussetzen, dessen Handeln nicht „in einem determinierten und damit programmierbaren technischen Ablauf besteht, sondern dem Geiste nach ein idealtypisches Modell fallspezifisch konkret und offen je angemessen realisieren soll, nicht in falsche Routinen oder angesichts der spezifischen Problematik konkreter Fälle in unbemerkte Abweichungen vom idealtypischen Modell abgleitet“ (Oevermann, 2010, S. 64). Genau diese Einsicht müssen Professionals jedoch in ihrem Praxisverständnis inkorporiert haben, damit sie in der Supervision ein Anliegen formulieren und die latente Krisenhaftigkeit ihrer Praxis reflektieren und bearbeiten können. Möglicherweise liegt genau hier auch der Unterschied zum Coaching, bei dem sich der/die Coach:in habituell eher als Sparringspartner:in versteht und nicht als jemand, der eine Handlungskrise zu bearbeiten hat. Dafür spräche, dass das Coaching auf der methodischen Ebene fast ausschließlich systemisch, lösungsfokusiert und ressourcenorientiert operiert.
6. Diese in Punkt 1 und 2 genannten Strukturprobleme sollten natürlich auch Berücksichtigung in den Weiterbildungsinstituten und weiterbildenden Masterstudiengängen finden und werfen somit Fragen nach einer weiteren Akademisierung der Supervisionsweiterbildung auf. Zumindest aber sollten sich Weiterbildungsinstitute als Vermittlerin zwischen Wissenschaft und Praxis verstehen. Diese Erkenntnis würde bedeuten, dass eine rein methodische Ausrichtung, die wie bisher auf wenigen wissenschaftlichen Heuristiken beruht, der zukünftigen Dynamiken der Arbeitswelt nicht gerecht werden wird.

5 Ausblick

Dass die Professionalisierungsdebatte derzeit ungewiss und ein offener Prozess ist, soll durch die folgende Szene veranschaulicht werden: Auf der Mitgliederversammlung der DGSv 2019 hat sich sinngemäß folgender Dialog abgespielt: ein Teilnehmer meldet sich zu Wort und sagt, wenn er Coaching mache, mache er doch Supervision, und wenn er Organisationsentwicklung mache, mache er auch Supervision, und wenn er Fortbildungen oder Trainings mache, dann mache er ebenfalls Supervision. Daraufhin antwortet ein Vorstandsmitglied der DGSv: „Wir wissen doch noch gar nicht, was Supervision ist!"

Mit Thomas Löhr (2013, S. 10) wäre also zu fragen, ob die Supervision eine Art Konzept bleibt, das – wie die Äußerung des Teilnehmers vermuten lässt – beliebig interpretiert werden kann. Oder differenziert sie sich in ein Beratungsformat aus, das für sich eine Zuständigkeit formuliert, die sich daran (auch wissenschaftlich) wird messen lassen müssen? Mit der Entscheidung, das Coaching aus marktstrategischen Gründen als weiteres berufliches Beratungsformat in den Verband der „Deutschen Gesellschaft für Supervision und Coaching" (DGSv) aufzunehmen, stellt sich die Frage nach einer Differenzierung innerhalb des eigenen Fach- und Berufsverbandes in besonderer Weise. Eine Möglichkeit bestünde darin, dass sich Supervision und Coaching bis zur Ununterscheidbarkeit aneinander annähern und synonym verwendet würden. Mein Versuch einer professions- und strukturtheoretischen Bestimmung der Supervision zielt jedoch darauf, sie im Sinne Oevermanns als eigene, professionalisierungsbedürftige Praxis zu begründen. Kann, will und soll sich Supervision unabhängig von Markt und Bürokratie als eine am Gemeinwohl orientierte Profession etablieren? Dies ist zunächst keine machtstrategische Frage der sozialen Schließung gegenüber anderen Beratungsformaten, sondern wirft die Frage auf, ob sich die Supervision – strukturtheoretisch und konstitutionslogisch – über eine solche gesellschaftliche Zuständigkeit ausweisen und legitimieren kann. Ist ein anderer Weg in einer hoch differenzierten Gesellschaft überhaupt noch möglich? Mit dieser (vorläufigen) Skizzierung der Supervision als einer spezifisch professionalisierungsbedürftigen Praxis sind weitere Fragen verbunden, die das Verhältnis von Supervision und Coaching betreffen und nicht allein normativ beantwortet werden können, sondern nur mit weiterer empirisch-qualitativer Forschung.

Literatur

Althoff, M. (2020). *Diskursgeschichte der Fallsupervision – Rekonstruktion und Positionsbestimmung durch sozialpädagogische, sozialwissenschaftliche und tiefenhermeneutische Zugänge*. Psychosozial-Verlag.

Austermann, F. (2019). Beratung und ihre Ethik. Impulse aus der Beratungskritik und aus Foucaults Philosophie. *Onlinezeitschrift Forum Supervision, 27(54)*, 42–50. https://doi.org/10.4119/fs-3153

Beck, U., Giddens, A., & Lash, S. (1996). *Reflexive Modernisierung. Eine Kontroverse*. Suhrkamp.

Belardi, N. (1994). *Supervision. Von der Praxisberatung zur Organisationsentwicklung*. Junfermann.

Bell, D. (1975). *Die nachindustrielle Gesellschaft*. Campus.

Berker, P., Hege, M., Leffers, C.-J., Münch, W., Rappe-Giesecke, K., & Weigand, W. (Hrsg.) (1995). Supervision – ein Instrument der Personalentwicklung. 2. Deutscher Supervisionstag München 1994. In *Supervision*. Sonderheft 1995.

Bernhard, S. (2016). Der Quasi-Markt für die Arbeitsvermittlung in Deutschland: Welche Rolle spielen Vertrags- und Trägermerkmale bei ausgeschriebenen Vermittlungsleistungen. *Zeitschrift für Sozialreform, 62(3)*, 271–300. https://doi.org/10.1515/zsr-2016-0013

Bourdieu, P. (2010). *Das Elend der Welt*. Studienausgabe (2. Aufl.). utb.

Bröckling, U. (2013). *Das unternehmerische Selbst. Soziologie einer Subjektivierungsform*. Suhrkamp.

Buchinger, K., & Klinkhammer, M. (2007). *Beratungskompetenz. Supervision, Coaching, Organisationsberatung*. Kohlhammer.

Buer, F. (2005). Coaching, Supervision und die vielen anderen Formate. Ein Plädoyer für ein friedliches Zusammenspiel. *Organisationsberatung – Supervision – Coaching, 12(3)*, 278–296.

Busse, S. (2010). Zur Pragmatik beraterischen Handelns in Supervision und Coaching. In S. Busse & S. Ehmer (Hrsg.), *Wissen, was wir tun? Beraterisches Handeln in Supervision und Coaching* (S. 55–103). Vandenhoeck & Ruprecht.

Deutscher Bundesverband Coaching e.V. (DBCV) (Hrsg.). (2019). Leitlinien und Empfehlungen für die Entwicklung von Coaching als Profession. Kompendium mit den Professionsstandards des DBVC. https://www.dbvc.de/_Resources/Persistent/9/7/c/5/97c54d38f378d6ea9b05bb367b8202e844ec82a8/DBVC%20Coaching%20Kompendium%202019.pdf. Zugegriffen am 31.12.2019.

Dieringer, V. (2019). Dilemma und Dissens. Zur Relevanz der Unterscheidung zweier Typen moralischer Konflikte für ethische Fallbesprechungen. *Forum Supervision, 27(54)*, 8–20. https://doi.org/10.4119/fs-3151

Diessenbacher, H. (1990). Generationenvertrag, Ethik und Ökonomie. Ist das höhere Lebensalter noch finanzierbar? In C. Sachße & H. T. Engelhardt (Hrsg.), *Sicherheit und Freiheit. Zur Ethik des Wohlfahrtsstaates* (S. 255–271). Suhrkamp.

Edding, C. (1994). Profession, Markt und Geld. Der Supervisor als Kleinunternehmer. *Supervision, 25*, 43–54.

Federn, E. (1990). Sozialarbeit – Supervision – Psychoanalyse. Ernst Federn, Wien, im Gespräch mit Wolfgang Weigand. *Supervision, 18*, 25–36.

Fietze, B. (2014). Coaching auf dem Weg zur Profession? Eine professionssoziologische Einordnung. *Organisationsberatung – Supervision – Coaching, 21*(*3*), 279–294.

Fortmeier, P. (2015). Der Neue. *Supervision, 3*, 20–23.

Gaertner, A. (1999). *Gruppensupervision. Theoriegeschichtliche und fallanalytische Untersuchungen*. edition diskord.

Gaertner, A. (2011). Über das allmähliche Verschwinden einer jungen Profession – Zeitgeschichtliche Aspekte zur Entwicklung der Supervision. *Forum Supervision, 19*(*37*), 71–92.

Galdynski, K. (2009). Professionsbildung in der Supervision: Coaching die verpasste Welle oder Sprungbrett zur weiteren Etablierung. In S. Kühl & K. Galdynski (Hrsg.), *Black Box Beratung. Empirische Studien zu Supervision und Coaching* (S. 73–124). Springer.

Garz, D. (2012). „Das Leben stört natürlich ständig". Qualitativ-biografische Verfahren als Methoden der Bildungsforschung. In K. Kraimer (Hrsg.), *Die Fallrekonstruktion. Sinnverstehen in der sozialwissenschaftlichen Forschung*. Suhrkamp.

Griewatz, H.-P. (2016). Pluralität und menschliche Praxis – Hannah Arendts Begriff der politischen Öffentlichkeit in seiner Bedeutung für die Supervision. Teil II. Rekonstruktion des Arbeitsbegriffs von Hannah Arendt im Spiegel soziologischer Arbeitstheorien. *Onlinezeitschrift Forum Supervision, 24*(*47*), 43–61. https://doi.org/10.4119/fs-3151

Gröning, K. (2011). *Pädagogische Beratung. Konzepte und Positionen* (2. Aufl.). Springer.

Gröning, K. (2013). *Supervision. Traditionslinien und Praxis einer reflexiven Institution*. Psychosozial-Verlag.

Gröning, K. (2016). *Sozialwissenschaftlich fundierte Beratung in Pädagogik, Supervision und Sozialer Arbeit*. Psychosozial-Verlag.

Gröning, K. (2017). Supervision – von der personenzentrierten Beziehungskunst zum sozialwissenschaftlich begründeten Format. In A. Hamburger & W. Mertens (Hrsg.), *Supervision in der Praxis – ein Überblick* (S. 58–70). Kohlhammer.

Gröning, K., & Schütze, F. (2016). Fallanalyse als hermeneutische Methode – eine Würdigung der Fallanalyse von Fritz Schütze. *Onlinezeitschrift Forum Supervision, 24*(*47*), 4–11. https://doi.org/10.4119/fs-3151

Habermas, J. (1969). Verwissenschaftlichte Politik und öffentliche Meinung. In J. Habermas (Hrsg.), *Technik und Wissenschaft als ‚Ideologie'* (S. 120–145). Suhrkamp.

Haubl, R., & Hausinger, B. (2009). Dem Ökonomismus auf seinen normativen Grund leuchten. Ein Gespräch über Wirtschaftsethik und Supervisionsforschung. In R. Haubl & B. Hausinger (Hrsg.), *Supervisionsforschung: Einblicke und Ausblicke* (S. 230–240). Vandenhoeck & Ruprecht.

Heitmeyer, W. (2012). Gruppenbezogene Menschenfeindlichkeit (GMF) in einem entsicherten Jahrzehnt. In W. Heitmeyer (Hrsg.), *Deutsche Zustände, Folge 10* (S. 15–41). Suhrkamp.

Illouz, E. (2015). *Gefühle in Zeiten des Kapitalismus*. Suhrkamp.

Jornitz, S., & Leser, C. (2021). Supervision an Schulen als doppelte Krisenbewältigung. In S. Bender, F. Dietrich, & M. Silkenbeumer (Hrsg.), *Schule als Fall. Institutionelle und organisationale Ausformungen* (S. 243–264). Springer.

Kadushin, A. (1990). Supervision in der Sozialarbeit. *Supervision, 18*, 4–24.

Klenner, D. (2017). *Die Übungspraxis in Coachingweiterbildungen. Strukturevaluation eines ausgewählten Formats*. Springer.

Kotte, S., Hinn, D., Oellerich, K., & Möller, H. (2016). Der Stand der Coachingforschung: Kernergebnisse der vorliegenden Metaanalysen. *Organisationsberatung – Supervision – Coaching, 23(1)*, 5–23.

Kühl, S. (2006). Die Supervision auf dem Weg zur Profession? Professionalisierung im Spannungsfeld zwischen Expansionsbestrebung und Selbstbescheidung. *Organisationsberatung – Supervision – Coaching, 13(1)*, 5–18.

Kühl, S. (2008). *Coaching und Supervision. Zur personenorientierten Beratung in Organisationen*. Springer.

Leuschner, G. (1999). Akquisition und Kontrakt im Gegenwind des Zeitgeistes. *Forum. Supervision, 14*(7), 5–23.

Lohl, J. (2019). *„... und ging ins pralle Leben". Facetten einer Sozialgeschichte der Supervision*. Vandenhoeck & Ruprecht.

Löhr, T. (2013). Auxilium auxilorum – Zu einem professionalisierungstheoretisch fundierten Verständnis von Supervision. *Supervision. Mensch – Arbeit – Organisation, 31*(2), 8–19.

Maasen, S., Elberfeld, J., Eitler, P., & Tändler, M. (Hrsg.). (2011). *Das beratene Selbst. Zur Genealogie der Therapeutisierung in den ‚langen' Siebzigern*. transcript.

Oevermann, U. (2010). *Strukturprobleme supervisorischer Praxis. Eine objektiv hermeneutische Sequenzanalyse zur Überprüfung der Professionalisierungstheorie* (3. Aufl.). Humanities Online.

Oevermann, U. (2017). Theoretische Skizze einer revidierten Theorie professionalisierten Handelns. In A. Combe & W. Helsper (Hrsg.), *Pädagogische Professionalität. Untersuchungen zum Typus pädagogischen Handelns* (9. Aufl., S. 70–182). Suhrkamp.

Rosenberger, R. (2008). *Experten für Humankapital. Die Entdeckung des Personalmanagements in der Bundesrepublik Deutschland*. Oldenbourg.

Schibli, S., & Supersaxo, K. (2009). *Einführung in die Supervision*. Haupt.

Schreyögg, A. (2003). Die Differenzen zwischen Supervision und Coaching. *Organisationsberatung – Supervision – Coaching, 10(3)*, 217–226.

Schütze, F. (1994). Strukturen professionellen Handelns. Biographische Betroffenheit und Supervision. *Supervision, 26*, 10–39.

Seel, H.-J. (2014). *Beratung: Reflexivität als Profession*. Vandenhoeck & Ruprecht.

Siller, G. (2008). *Professionalisierung durch Supervision. Perspektiven im Wandlungsprozess sozialer Organisationen*. Springer.

Siller, G. (2009). Professionelles Handeln in Auseinandersetzung mit neuen Herausforderungen – welche Rolle spielt dabei Supervision? *Forum Supervision, 17(34)*, 106–115.

Tändler, M. (2016). *Das therapeutische Jahrzehnt. Der Psychoboom in den siebziger Jahren*. Wallstein.

Ulrich, P. (2009). Die Wirtschaft in einer wohlgeordneten Gesellschaft. Ein wirtschaftsethischer Orientierungsversuch. In R. Haubl & B. Hausinger (Hrsg.), *Supervisionsforschung: Einblicke und Ausblicke* (S. 208–229). Vandenhoeck & Ruprecht.

Wandhoff, H. (2016). *Was soll ich tun? Eine Geschichte der Beratung*. Corlin.

Weigand, W. (1990). Zur Rezeptionsgeschichte der Supervision in Deutschland. *Supervision, 18*, 43–57.

Wernet, A. (2006). *Hermeneutik – Kasuistik – Fallverstehen*. Kohlhammer.

Reflektierte Kontingenzkompetenz als Professionalisierungsfokus – ein Operationalisierungsversuch von Professionswissen im Handlungsfeld von Coaching und Beratung

Christian Kuhlmann und Markus Walber

Zusammenfassung

Der Beitrag diskutiert die Professionalisierung von Coachinnen und Coaches vor dem Hintergrund wachsender Komplexität und Unbestimmtheit im Handlungsfeld Coaching und Beratung. Ausgehend von der Annahme, dass professionelles Handeln weder durch standardisiertes Wissen noch durch rein erfahrungsgeleitete Routinen hinreichend bestimmt werden kann, wird das Konzept der *reflektierten Kontingenzkompetenz* als Schlüsselkompetenz professionellen Handelns eingeführt. Aufbauend auf dem Konstrukt des Professionswissens als dritter Wissensform zwischen Theorie und Praxis, plädiert der Artikel für ein Verständnis von Professionalität, das sich durch die Fähigkeit auszeichnet, mit situativer Offenheit, ethischer Verantwortlichkeit und reflektierter Entscheidungsfähigkeit auf kontingente Handlungssituationen zu reagieren. Die Autoren entwickeln ein heuristisches Modell professioneller Ent-

C. Kuhlmann
Akademie Universitäre Weiterbildung, Universität Bielefeld, Bielefeld, Deutschland
E-Mail: kuhlmann@dimension21.de

M. Walber (✉)
Akademie Universitäre Weiterbildung und Fakultät für Erziehungswissenschaft, Universität Bielefeld, Bielefeld, Deutschland
E-Mail: markus.walber@uni-bielefeld.de

C. Kuhlmann, M. Walber (Hrsg.), *Jahrbuch Coaching und Organisationsberatung*, https://doi.org/10.1007/978-3-658-27271-5_7

scheidungen und beschreiben die strukturellen Rahmenbedingungen, unter denen solche Entscheidungen in Coachingprozessen getroffen werden. Dabei wird reflektierte Kontingenzkompetenz als eine Meta-Fähigkeit konturiert, die Coachinnen und Coaches dazu befähigt, zwischen Schließung (Entscheidung) und Öffnung (Zweifel) zu oszillieren, ohne dabei die Orientierung zu verlieren. Abschließend wird die wissenschaftliche Weiterbildung als besonders geeigneter Ort zur Förderung dieser Kompetenz ausgewiesen und ein Ausblick auf Forschungspotenziale und didaktische Implikationen gegeben.

1 Professionswissen als Rahmen für die Entwicklung von Kontingenzkompetenz

Professionalisierungsdebatten werden in ihrer historischen Entwicklung aus vielfältigen Perspektiven geführt. Beispielsweise wird nach eindeutigen Strukturen und Funktionen, nach klaren Abgrenzungskriterien oder nach dem spezifischen Verhältnis zwischen Professionellen und Klient:innen gesucht. Die gemeinsame Zielsetzung liegt in dem Versuch der deutlichen Abgrenzung zwischen „Professionellen" und „Laien". Eine besondere Perspektive eröffnen Dewe et al. (1992) bereits zu Beginn der 1990er-Jahre, indem sie Professionalität an der Schnittstelle von Theorie und Praxis platzieren (S. 70 ff.). Zentral ist hier nicht die Abgrenzung von Theorie und Praxis, vielmehr wird die Frage nach einer gemeinsamen Wissensbasis gestellt. Im Ergebnis kommen sie zu der Position, dass „Professionswissen" nicht, wie in klassischen professionstheoretischen Positionen beschrieben, durch Transformationsprozesse von Wissenschaft in die Praxis entsteht, sondern eine eigenständige „dritte" Wissensform darstellt, die in keinem dieser beiden Kontexte in Gänze verortet werden kann (Dewe et al., 1992, S. 78 ff.). Damit wird die Verschränkung zwischen alltäglicher Lebenswelt und institutionalisierter Wissenschaft zur zentralen Professionalisierungsfunktion (Dewe & Stüwe, 2016, S. 44 ff.). Unter einer reflexiven Bezugnahme auf diese beiden Kontexte entsteht Professionalität im Sinne reflexiver Handlungskompetenz. Das bedeutet in professionell fordernden lebensweltlichen Situationen sowohl angemessen zu entscheiden und zu handeln als auch aus einer wissenschaftlichen Distanz heraus Situationen und Handlungen zu beobachten und zu reflektieren (Walber & Meyer, 2025).

Professionalität entsteht also aus Interaktionen zwischen Erkenntnissen (wissenschaftlichem) und Erfahrungen (praktischem Wissen), weshalb Walber und Jütte (2015) in ihrem Professionalisierungsmodell von interaktionaler Professionalisierung sprechen.

Das Konzept der *Interaktionalen Professionalisierung* beschreibt, wie professionelles Handeln in sozialen Berufen – insbesondere in der Erwachsenen- und

Weiterbildung – durch kommunikative Prozesse im sozialen Austausch entsteht und weiterentwickelt wird. Es betont, dass Professionalität nicht nur durch individuelles Wissen und Fähigkeiten definiert wird, sondern vor allem durch die Qualität der sozialen Interaktionen.

Interaktionale Professionalisierung ist besonders relevant für Lehrende und Beratende, da ihre Arbeit durch komplexe, kommunikative und oft unvorhersehbare Interaktionssituationen geprägt ist.

Es unterscheidet sich von anderen Ansätzen durch seinen *prozessorientierten, kontextbezogenen* und *kommunikativen* Ansatz. Professionalität wird hier nicht als feststehende Eigenschaft oder Status verstanden, sondern als *situative Leistung*, die in sozialen Interaktionen ständig neu hergestellt und durch Reflexion weiterentwickelt wird.

An dieser Perspektive schließt dieser Beitrag an und versucht *Professionswissen* im Handlungsfeld Coaching und Beratung heuristisch zu operationalisieren. Es geht folglich darum zu explizieren, wie professionelles Wissen verstanden werden kann und unter welchen Bedingungen es entstehen kann.

Bei der Beobachtung des Handlungsfeldes Coaching und Beratung wird schnell deutlich, dass es sich hier um ein diffuses Tätigkeitsfeld mit hoher Komplexität handelt. Vor diesem Hintergrund erscheint es unwahrscheinlich, eine eindeutige abgrenzbare Wissensbasis für professionelles Handeln zu Grunde legen zu können, weshalb sich traditionelle Ansätze, die neben dem Erwerb von Praxiskompetenz im Wesentlichen die Vermittlung domänenspezifischen Wissens im Fokus haben, als Deutungsfolie nicht hinreichend eignen. Typisch für solche Ansätze sind explizit-intensive didaktische Settings, in denen die Wissensvermittlung im Vordergrund steht. Konstitutiv für diese Settings ist eine vermittelnde Person, die über das relevante Wissen im Zuständigkeitsbereich verfügt und Teilnehmende, die in einer Defizitperspektive adressiert werden (Kade et al., 2016, S. 10).

Dieser Form von Professionalisierungsangeboten ist ein Versprechen auf Sicherheit durch standardisiertes Wissen inhärent. Dieses kann allerdings vor dem Hintergrund der zunehmenden Komplexität der professionellen Bezugsprobleme, insbesondere im Bereich der personenbezogenen Dienstleistungen, denen sich Professionelle stellen müssen, immer seltener eingelöst werden. Dieses gilt in besonderem Maße auch für das hier aspirierte Tätigkeitsfeld Coaching und Beratung, in dem sowohl die zu Grunde gelegten relevanten Wissensdomänen als auch die zu bearbeitenden lebensweltlichen Problemlagen diffus sind.

Das Tätigkeitsfeld ist durch multidisziplinäre Anforderungen gekennzeichnet. Auf Seite der Wissensdomänen lassen sich Bezüge zu unterschiedlichen wissenschaftlichen Disziplinen (Erziehungswissenschaft, Psychologie, Soziologie, etc.) herstellen. Coaching und Beratung sind, unter den in der Professionssoziologie angelegten traditionellen Kriterien, folglich nicht als eigenständige Profession zu beschreiben (vgl. Fietze, 2015, S. 6 f.). Damit sind Coaching und Beratung nicht allein; durch die voranschreitende funktionale Ausdifferenzierung der Gesellschaft sind multiprofessionelle Funktionssysteme immer häufiger zu beobachten. Funktionssysteme, in denen nur eine Profession signifikant relevant ist, werden seltener (Stichweh, 2006, S. 8 f.).

Ein solche Diagnose erfordert auch eine Anpassung der Theorie professionellen Handelns (Peters, 2004), welche sich in einem traditionellen Professionsverständnis in eindeutigen Entscheidungen und damit in Bestimmtheit ausdrückt. Aktuelle gesellschaftliche Rahmenbedingungen, die sich insgesamt durch eine Zunahme an Komplexität auszeichnen erschweren solche Bestimmtheiten. Vor diesem Hintergrund können sich professionelle Entscheidungen nicht ausschließlich auf klares und fundiertes Wissen stützen. Professionalisierungsversuche, die auf eine Standardisierung von Verfahren und Techniken abzielen und Professionalität als regelkonforme Anwendung dieser in Handlungssituationen verstehen, erscheinen vor den hier skizzierten Anforderungen nicht zielführend zu sein.

Professionelle Entscheidungen sind nicht endgültig, sondern bleiben bewusst offen, damit sie je nach Situation angepasst werden können. Sie schaffen eine vorübergehende Klarheit, die jedoch jederzeit überdacht und verändert werden kann. Damit diese Flexibilität möglich ist, braucht es eine besondere Art von Wissen: Wissen, das neue Handlungsmöglichkeiten eröffnet, anstatt feste Vorgaben zu machen oder Alternativen auszuschließen.

Aus dieser Perspektive sind professionelle Entscheidungen folglich solche, die die prinzipielle Unbestimmtheit der Entscheidung kontinuieren, um diese bei Bedarf situationsorientiert modellieren zu können. Sie sind nicht endgültig, sondern bleiben bewusst offen, damit sie je nach Situation angepasst werden können. Sie schaffen eine vorübergehende Klarheit, die jedoch jederzeit überdacht und verändert werden kann. Damit diese Flexibilität möglich ist, braucht es eine besondere Art von Wissen, das neue Handlungsmöglichkeiten eröffnet, anstatt feste Vorgaben zu machen oder Alternativen auszuschließen.

Wenn aber aufgrund der Diffusität der Anforderungen passgenaue Wissensdomänen nicht mehr für das Handlungsfeld zu bestimmen sind, dann stellt sich die Frage, wie sich unter dieser Bedingung pädagogische Professionalisierungsangebote bilden können. Auch solche Angebote müssen dem Kontingentwerden und der Fragilität des Wissens Rechnung tragen. Im Zentrum steht folglich ein erweiterter Wissensbegriff, der Ungewissheit als Kreativitätspotenzial betont (Nolda, 2001, S. 109 f.).

Ungewissheit wird hier sowohl im Hinblick auf (berufs-)praktisches als auch wissenschaftliches Wissen verstanden. Vor dem Hintergrund der hier eingenommenen wissenstheoretischen Perspektive (Meyer et al., 2019, S. 31 f.) wird (berufs-)praktisches Wissen in der (beruflichen) Praxis gewonnen und findet dort auch Anwendung. Es basiert auf Erfahrungen und Regelwissen, orientiert sich an dem Kriterium der Angemessenheit und steht unter dem Entscheidungsdruck, der Situation angemessen zu handeln (Dewe et al., 1992, S. 81). In Abgrenzung zum wissenschaftlichen Wissen ist die Strukturlogik dieser Wissensart „nicht in Gestalt […] wissenschaftlicher Aussagen [zu] objektivieren und mit[zu]teilen" (Dewe et al., 1992, S. 84). (Berufs-)Praktisches Wissen lässt sich somit auch als situations- und zeitgebunden beschreiben, es ist nicht hypothetisch, sondern soll das Handeln in der (Berufs-)Praxis ermöglichen (Dewe et al., 1992; Dewe, 1996).

Die Strukturlogik wissenschaftlichen Wissens orientiert sich an dem Kriterium der „Wahrheit" und zielt auf Erkenntnisgewinn (Luhmann, 2009a, S. 194; Baraldi et al., 1997, S. 11–112). Die unmittelbare Anwendung in der (Berufs-)Praxis steht nicht im Fokus, vielmehr werden Phänomene distanziert beobachtet und beschrieben. Wissenschaftliches Wissen lässt sich so als ein der Situation enthobenes Wissen beschreiben, das abstrakt und hypothetisch bleiben kann (Dewe et al., 1992; Dewe, 1996).

Professionalisierungspotenziale entstehen aus einer Differenz, die durch die wechselseitige Bezugnahme der oben beschriebenen Wissensarten aufeinander gebildet wird. Die reflexive Bearbeitung dieser Differenz kann eine strukturorientierte Wissensform, das Professionswissen, hervorbringen. Professionswissen beinhaltet im Kern somit eine Struktur, die es dem/der Professionellen erlaubt, auf wissenschaftliches und berufspraktisches Wissen zu fokussieren und zu relationieren, dass die Handlungsmöglichkeiten in der Praxis zwischen Aktion und Reflexion (Schließung und Öffnung) oszillieren.

Professionswissen ist damit sowohl für das angemessene Handeln und Entscheiden in der Situation als auch die Beobachtung des Handelns aus einer wissenschaftlichen Distanz heraus konstitutiv. Diese Wissensart kann folglich als situationsbezogen beschrieben werden und zeigt sich in einem überdachten Handeln (Dewe et al., 1992; Dewe, 1996), im Sinne einer reflektierten Beruflichkeit (Walber et al., 2017).

Nachfolgend wird versucht, das professionelle Handeln am Beispiel des Treffens professioneller Entscheidungen in prinzipiell unbestimmbaren Coaching- und Beratungskontexten heuristisch zu operationalisieren.

2 Fokus der Professionalisierung: professionelle Entscheidungen

Wenn man Professionalisierung als professionalisiertes Handeln und dieses Handeln als die Bezugnahme auf Professionswissen begreift, dann stellt sich die Frage, wie beide Aspekte – die des Handelns und die des Professionswissens – zusammenkommen. Beide kumulieren – so die hier verfolgte These – im Akt professioneller Entscheidungen. Wann aber lässt sich von einer professionellen Entscheidung sprechen?

Zunächst wird dazu der Begriff der *Entscheidung* beleuchtet: Von seiner Wortbedeutung her geht es in Entscheidungen um die Trennung und Auswahl von Optionen (vgl. Pfeifer, 1993). Eine Entscheidung setzt also verschiedene Handlungsoptionen voraus. Aus diesem Grund reicht es nicht aus, professionelles Handeln und Entscheiden einzig auf Erfahrung bzw. berufspraktisches Wissen zu gründen. Mag Erfahrung noch so hilfreich sein, so ist es gerade ein Kennzeichen von Erfahrung, dass in der Regel keine Handlungsalternativen in den Blick geraten, sondern in bestimmter, routinisierter Form zu agieren, weil es eben so in der Vergangenheit funktioniert hat. Um entscheiden zu können, muss es zunächst zu einer Schaffung von Optionen kommen. Die anschließende Auswahl braucht eine Bewertung der Optionen und damit Bewertungskriterien, anhand derer diese vorgenommen werden kann. Wenn man nun professionelle von nicht professionellen Entscheidungen abgrenzen will, dann kann dies über die Art und die Qualität der Begründbarkeit dieser Entscheidungen geschehen. Professionelle Entscheidungen lassen sich dann als solche benennen, die auf Professionswissen (s. o.) rekurrieren. Es handelt sich also nicht um wahre oder richtige Entscheidungen, sondern um solche, die durch die Relationierung von Erfahrungswissen und wissenschaftlichem Wissen die Chancen und Risiken einer Entscheidung reflektiert haben. Professionelle Entscheidungen werden dadurch zu verantwortbaren Entscheidungen, weil sie im Angesicht ihrer Ambivalenz getroffen werden.

Damit ist ein weiteres Kriterium professioneller Entscheidungen eingeführt, das der Verantwortbarkeit. Verantwortbarkeit wird dabei im Sinne ethischer und anthropologischer Reflexionen verstanden, zum einen als Rechenschaftsfähigkeit eigener Entscheidungen und zum anderen als Inanspruchnahme der menschlichen Freiheit, sich zu Themen und zu Dingen bewusst zu verhalten (vgl. Hübner, 2014; Längle, 2012). Verantwortbar ist dann eine Entscheidung, wenn der/die Entscheidende diese ethische Dimension der Entscheidung reflektiert. Verantwortung basiert also auf der ethischen Begründbarkeit der Entscheidung und des Freiheitsgrades ihrer Entstehung.

Ferner soll ein letztes Merkmal professioneller Entscheidungen benannt werden, das insbesondere der Organisationsforscher Günther Ortmann in Bezugnahme auf Heinz von Foerster in die Diskussion eingeführt hat. Ortmanns These ist, dass jede Entscheidung letztendlich ein Akt der Willkür ist, also eben nicht final begründbar ist (vgl. Ortmann, 2011). Wäre sie dies, dann wäre es im Sinne von Heinz von Foerster keine Entscheidung, sondern eine Ableitung: „Wir können nur jene Fragen entscheiden, die prinzipiell unentscheidbar sind" (von Foerster, 1993a, S. 351). Diese Bestimmung von Entscheidungen als willkürlicher Akt führt im Rahmen professioneller Entscheidungen zu einem weiteren Merkmal dieser Entscheidungen: Die Möglichkeit ihrer Revidierbarkeit. Professionelle Entscheidungen tragen den Zweifel somit in sich, halten diesen „wach", um diese Offenheit der Revidierbarkeit zu bewahren.

Mit Blick auf Coaching- und Beratungsprozesse erscheint dieses Verständnis von professionellem Handeln durchaus anspruchsvoll, realisieren sich diese Prozesse insbesondere in Interaktionen, innerhalb derer der Raum für solche Art von reflektierten Entscheidungen begrenzt ist. Erste empirische Untersuchungen im Rahmen des Forschungs- und Entwicklungsclusters Coaching und Organisationsberatung der Bielefelder Akademie Universitäre Weiterbildung zeigen, dass Intuition und Unbegründbarkeit ein Merkmal des Beratungshandelns in solchen Situationen sind. Das Verhältnis von praktischem Handeln und professionellen Entscheidungen dürfte darum ein zentraler Aspekt der Professionalisierungsforschung sein. Im Folgenden werden noch einmal die strukturellen Rahmenbedingungen beschrieben, in denen dieses Verhältnis zu verhandeln ist.

3 Zu strukturellen Rahmenbedingungen professioneller Reflexionsformate

Es wurde schon angedeutet, dass professionelle Entscheidungen im Rahmen von Beratungs- und Coachingprozessen unter besonderen Rahmenbedingungen stattfinden. Diese sind struktureller Art.

Eine erste Bedingung besteht in der kommunikativen Brüchigkeit von Gesprächssituationen im Coaching. Es muss in solchen Gesprächen immer wieder – systemtheoretisch beschrieben – für kontinuierliche Anschlussfähigkeit gesorgt werden, ohne die die Kommunikation oder auch die Interaktion abbrechen würde. Das Sicherstellen dieser Anschlussfähigkeit ist dem professionellen Entscheiden nicht entgegengesetzt, erschwert allerdings die im Prozess vorhandene Reflexionszeit, weil es immer irgendwie weitergehen muss, und zwar sofort.

Die zweite strukturelle Bedingung ist das Bilden einer kommunikativen Ordnung in Gesprächen, die die Handlungsoptionen professioneller Entscheidungen vorstrukturiert. Wenn ein:e Coach:in – um ein einfaches pointiertes Beispiel zu nehmen – „rogerianisch“ angefangen hat, dann ist die Wahrscheinlichkeit hoch, dass er/sie dabeibleibt. Luhmann hat dies in seiner Art sehr verdichtet beschrieben:

> *„Einer handelt zuerst und setzt damit ein Datum, das den anderen [...] vor die Alternative bringt, Ja oder Nein zu sagen, anzunehmen oder abzulehnen. Er kann nicht etwas Beliebiges tun, einer inneren Laune nachgeben, sondern muss sich danach richten, wie die Situation bereits angefangen hat“ (*Luhmann, 2009b, S. 315 ff.*).*

Die sich bildendenden kommunikativen Strukturen und die Freiheit professioneller Entscheidungen in Beratungsgesprächen zu verbinden, ist eine zentrale Professionalisierungsaufgabe.

Die dritte strukturelle Rahmenbedingung geht auf die Unterscheidung „trivialer“ und nicht trivialer Maschinen von Heinz von Foerster zurück. Nach diesem Modell sind Menschen nicht durch Inputs instruierbar, sondern ihr Handeln folgt einer Eigenlogik, die von außen, also z. B. für andere Gesprächsteilnehmer nicht zugänglich ist (vgl. von Foerster, 1999, S. 12; von Foerster & Bröcker, 2007, S. 176 f.). In einem Beratungsgespräch begegnen sich somit Black Boxes, die nicht genau einschätzen können, wie der jeweils andere die eigenen kommunikativen Impulse verarbeitet und damit umgehen wird. Ein Beratungsgespräch kann dann mit Glanville (1982) als Whitening-Versuche verstanden werden, um auswählen zu können, welche kommunikativen Anschlüsse man im Gespräch auswählt. Beispiele für Whitening-Prozesse in Beratungsgesprächen sind u. a. Fragetechniken. Die Qualität dieser Whitening-Prozesse hat den Status von Verdachtshypothesen und nicht den Status von Erkenntnissen über den anderen. Die Auswahl professioneller Entscheidungen sieht sich also einer strukturellen *Blindheit* und *Unsteuerbarkeit* ausgesetzt, die sich aus der Nicht-Trivialität der Black Boxes ergeben. Eine Gesprächsführung im Sinne einer geplanten Interventions- bzw. Coachingstrategie erscheint so nicht möglich. Es stellt sich dann die Frage, an welchen Referenzpunkten sich Professionalität und Professionalisierung im Coaching orientieren kann.

Niklas Luhmann spricht in diesem Zusammenhang vom Technologie-Defizit der Pädagogik (vgl. Luhmann & Schorr, 1979). Handeln und Entscheiden, welches sich auf die Einwirkung auf den Zustand oder das Handeln einer anderen Person bezieht – wie z. B. Erziehung – lässt sich nicht mit kausalen Erklärungen beschreiben, sondern eher mit Karl Weick (1985) als lose gekoppelt. Professionelle Entscheidungen leiten also konstruktive Koppelungsversuche an, ohne in Form eines

Expertenwissens zu wissen, welche Kopplungen zu bestimmten Beratungs- oder Coachingergebnissen führen.

Diese strukturellen Rahmenbedingungen führen zu grundsätzlichen Herausforderungen einer Professionalisierung im Coaching:

- Wie können aufgrund mangelnder Reflexionszeit bewusste Entscheidungen in einer Coaching-Situation getroffen werden?
- Wie kann es gelingen, auf der einen Seite die kommunikative Anschlussfähigkeit zu sichern und sich gleichzeitig immer wieder die Möglichkeit zu bewahren, neue Pfade im Gespräch einzuschlagen?
- Wie können Gründe für professionelle Entscheidungen gefunden werden, obwohl Coachingsgespräche immer eine Black-Box sind und man im Vorfeld nicht wissen kann, welche Entscheidung zu welcher Auswirkung führt?
- Wie kann mit Blick auf das Technologiedefizit entschieden werden, welches wissenschaftliche Wissen man der eigenen Entscheidung zu Grunde legt?

Diese strukturellen Herausforderungen ergeben sich insbesondere aus den beschriebenen Unbestimmtheiten eines Coachinggesprächs sowie dem geringen Reflexionspotenzial, welches Interaktionssituationen strukturell innewohnt. Sie bilden das Bedingungsfeld, in das professionelle Entscheidungen eingebettet sind. Dies erfordert auf Seiten der Professionellen eine Meta-Fähigkeit, um mit diesen Anforderungen konstruktiv umgehen zu können. Diese wird hier *reflektierte Kontingenzkompetenz* genannt und soll nachfolgend konzeptionell entfaltet werden.

4 Eckpunkte der reflektierten Kontingenzkompetenz

Es dürfte deutlich geworden sein, dass der Begriff des Professionswissens nicht in Form substanziell richtigen Wissens zu verstehen ist. Professionelle Coachingentscheidungen basieren daher nicht auf der einfachen Anwendung von erlerntem Wissen, sondern werden hier im Sinne eines situationsspezifischen reflexionsbedürftigen Anwendungsversuchs verstanden. Vor diesem Hintergrund stellt Professionswissen im Coaching lediglich strukturelles Wissen dar. Es handelt sich dabei um ein Wissen, welches die Coaches/Coachinnen in die Lage versetzt, Handeln und Beobachten, Entscheiden und Reflexion, Fortsetzen und Neuanfangen in ein Verhältnis zu bringen, welches eine möglichst gute Bearbeitung des Coachingthemas ermöglicht. Diese Form des Professionswissens im Coaching kulminiert in der Fähigkeit der reflektierten Kontingenzkompetenz, die eine Ausbalancierung der beschriebenen Polaritäten ermöglicht und den/die Coach:in so in die Lage versetzt, sich flexibel auf unterschiedliche und potenziell widersprüchliche Situationen einzustellen und dabei auch die eigene Position kritisch zu reflektieren und bewusste Entscheidungen zu treffen.

Der Begriff der Kontingenz verweist darauf, dass jede Coachingssituation bzw. jeder Coachingmoment das bisherige Handeln, die bisherigen Entscheidungen im Coachingsgespräch in Frage stellen kann. „Der Wind kann sich immer drehen" – und das erfordert von einem/einer Coach:in auf der einen Seite eine maximale Flexibilität im Denken und Handeln und auf der anderen Seite die Fähigkeit neue Wissens- und Erfahrungsquellen „anzuzapfen". Karl Weick (1993) hat die Notwendigkeit situativen Handelns eindrücklich am Beispiel eines tragischen Waldbrandes im Mann Gulch-Tal in Montana im Jahr 1949 veranschaulicht. Damals brach ein Feuer aus, dem ein Team von Fire Jumpers zur Bekämpfung entgegengeschickt wurde. Durch eine plötzliche Wetteränderung gerieten die Männer jedoch selbst in Lebensgefahr, als das Feuer rasch auf sie zukam. Der Anführer der Einheit, Walter Dodge, wies seine Leute an, zunächst ihre Werkzeuge wegzuwerfen und anschließend ein sogenanntes „Ersatzfeuer" ins Gras zu schlagen, in das sie sich legen sollten, um dem herannahenden Hauptfeuer zu entkommen. Er befahl also seinen Feuerwehrmännern all das zu vergessen, was ihr professionelles Wissen ihnen vorgab, um sich so alternativen Möglichkeiten zu öffnen. Drop your tools! – das war die zentrale Aktion, um mit einer kontingenten Situation umgehen zu können. Keiner der Fire Jumpers befolgte den Befehl – alle kamen im Feuer um.

Reflektiert ist diese Kompetenz deshalb, weil sie nicht nur auf die Fähigkeit abzielt, mit Kontingenz umgehen zu können, sondern auch beinhaltet, diesen Umgang mit Kontingenz selbst immer wieder zu reflektieren und zu prüfen. Wie gehe ich mit kontingenten Situationen im Coaching um? Diese Frage drückt den Kern der Reflexion in diesem Falle aus. Die Konkretisierung dieser Kompetenz bezieht sich auf die Bereiche ethische Haltung, Grundoperationen und Fähigkeiten.

Es sollte deutlich geworden sein, dass die Grundidee des Konzepts der reflektierten Kontingenzkompetenz darin besteht, dass ein professioneller Umgang mit Unbestimmtheit das bewusste Zusammenspiel zwischen Komplexitätsaufbau und Komplexitätsreduktion voraussetzt. Dafür bedarf es in den Bereichen Haltung, Handlung und Beurteilung unterschiedliche Fähigkeiten, die in einer reflektierten Kontingenzkompetenz münden.

4.1 Ethische Haltung: Übernehme Verantwortung und Selbstlegitimation für eigene Entscheidungen

Die Basis von reflektierter Kontingenzkompetenz besteht in der Übernahme der Letztverantwortung für die vollzogenen Handlungen im Coaching. Gerade weil es – wie es die strukturellen Rahmenbedingungen aufgezeigt haben – keine wissenschaftliche „Coaching-Technologie" in dem Sinne gibt, dass die Wissenschaft oder eben auch die Profession sagt, welche Aktion im Gespräch die Richtige ist, ist der/die Coach:in am Ende auf sich selbst zurückgeworfen und kann die Verantwortung für das Richtige oder Professionelle nicht an andere Instanzen („Die Wissenschaft" oder „die Profession") abgeben.

Verantwortung wird hier im Sinne Frankls und Längles als das Suchen und Geben einer passenden Antwort auf eine konkrete Handlungssituation verstanden. In Ver-antworten steckt antworten und diese Antwort muss jede:r Coach:in in jeder Situation selbst geben. Längle (2021) hat diesen Gedanken in seinem Modell der existenziellen Situation folgendermaßen beschrieben:

> „Jedes menschliche Verhalten ist somit eine Antwort auf die subjektiv verstandende Anfrage der Situation – selbst das Unterlassen jeglichen Tuns ist eine Antwort. Zusammengefasst kann man also sagen: Menschsein heißt in Frage stehen, Leben ist Antwort geben." (S. 24).

Diese Antwort lässt sich dabei als eine subjektive Entscheidung verstehen, die darum notwendig wird, weil der/die Coach:in in seinem Verhalten frei ist. Heinz von Foerster (1993b) drückt dieses Verhältnis von Freiheit und Verantwortung prägnant wie folgt aus:

> „Mit dieser Freiheit der Wahl haben wir die Verantwortung für jede unserer Entscheidungen übernommen." (S. 73 f.).

Nach Längle (2021) gründet das Finden einer Antwort in dem Entdecken der Anfrage, die eine konkrete Gesprächssituation dem/der Coach:in stellt. Wie kann man sich eine solche Anfrage vorstellen? In jeder Situation ergeben sich Handlungsmöglichkeiten für den/die Coach:in. Diese Handlungsmöglichkeiten zu erkennen, ist ein wesentlicher Bestandteil der Übernahme von Verantwortung. Darum ist eine Leitfrage im Rahmen der reflektierten Kontingenzkompetenz diese: „Welche Handlungsmöglichkeiten zeigen sich mir in der aktuellen Gesprächssituation im Coaching?". Eine solche Leitfrage impliziert eine bestimmte Offenheit auf Seiten des/der Coaches/Coachin und unterscheidet sich von einem sehr geplanten und technologischen Vorgehen. Darum sind eine explorative Offenheit und absichtslose Suchprozesse eine weitere Fähigkeit der reflektierten Kontingenzkompetenz.

4.2 Explorative Offenheit und absichtlose Suchprozesse

David Stark (2011), ein amerikanischer Organisationsforscher, betont, dass Suchprozesse in komplexen Gesellschaften eine zentrale Rolle spielen. Insbesondere verweist er darauf, dass solche – wie er es nennt – nicht-trivialen Suchprozesse zunehmend an Bedeutung gewinnen. Diese zeichnen sich dadurch aus, dass man etwas sucht, ohne genau zu wissen, wonach man eigentlich sucht – und erst im Moment des Findens erkennt, was man gesucht hat.

Eine Coachinghaltung, die auf Kontingenzen und Selbstzweifel setzt, ermöglicht Suchprozesse, die – den Ausführungen von Stark (2011) folgend – offen und zunächst absichtslos sind. Es ist ein Modus der explorativen Neugierde. Ein eher absichtsloses Erkunden des mit Kontingenzen entstehenden Raumes und ein nicht zu schnelles Abscannen dieses Raumes, ist eine Vorgehensweise, in der neue und ungeahnte Möglichkeiten der Lösung oder des weiteren Vorgehens entstehen können. Bereits die Festlegung eines Themas oder einer Fragestellung markiert den Beginn eines solchen offenen Suchprozesses. Kontingenzkompetenz lädt dazu ein, sich gemeinsam auf die Suche zu begeben, ohne von vornherein eine klare Zielrichtung zu definieren. Die Fähigkeit, diesen offenen Prozess zuzulassen und die damit verbundene Unsicherheit auszuhalten, ist daher ein zentraler Haltungsaspekt der Kontingenzkompetenz.

Diese Haltung ist ethisch fundiert, weil sie – im Sinne Heinz von Foerster (1993b) – die Erweiterung und verantwortungsbewusste Nutzung von Möglichkeitsräumen unterstützt. In seinem ethischen Imperativ formuliert er, „Handle stets so, daß die Anzahl der Wahlmöglichkeiten größer wird!" (S. 234). Diese Aussage ist in eine soziale Perspektive eingebettet: Die Vergrößerung der Wahlmöglichkeiten berücksichtigt den sozialen Kontext und kann als Aufforderung verstanden werden, andere nicht einzuschränken, indem eigene ethische Entscheidungen zu normativen Vorgaben für andere gemacht werden. Die ethische Dimension der Kontingenzkompetenz zeigt sich somit in der Gestaltung von Suchprozessen, die die Wahlmöglichkeiten in einer Situation insgesamt erweitern. Eine Beratung im Umgang mit Konflikten sollte daher nicht nur darauf abzielen, die Handlungsspielräume der beratenen Person zu vergrößern, sondern auch jene der nicht anwesenden Beteiligten zu berücksichtigen.

4.3 Selbstlegitimation als Grundlage von Entscheidungen

Eine verantwortbare Entscheidung benötigt nicht nur ein offenes Erkunden der Situation. Sie benötigt auch gute Gründe. Diese Gründe zielen darauf, dass der/die Coach:in für sein/ihr Verhalten vor sich und dem/der Coachee Rechenschaft ablegen kann: Was waren die Gründe, die zu meiner Entscheidung geführt haben? Ein Gedanke, der in der impliziten Ethik von Heinz von Foersters ausgeführt ist. Von Foerster argumentiert in seiner ethischen Selbstreferentialität, dass der/die Beobachter:in (bzw. der/die Entscheider:in) nicht außerhalb des Systems (der Welt) steht, sondern immer Teil des Kontextes ist, in dem er/sie handelt, und dass Entscheidungen letztlich auf den/die Entscheider:in selbst zurückgeführt werden müssen, wenn er/sie die Freiheit hat selbst entscheiden zu können (vgl. von Foerster & Bröcker, 2007, S. 5, 17).

Der/die Coach:in kann dabei auf sehr unterschiedliche Begründungsquellen zurückgreifen. Er/sie kann sich auf *Erfahrungsgründe* stützen oder aber wissenschaftliche Theorien oder Modelle zur „Grundlage" seiner/ihrer Entscheidung nehmen. Dabei ist – so hat es die Existenzphilosophie (z. B. Jaspers, 2012) beschrieben – das Subjekt am Ende der letzte Grund der eigenen Entscheidung. Heidegger fasst die ausgeführten Gedanken im Begriff der Jemeinigkeit zusammen (vgl. Heidegger, 2010). Jede professionelle Entscheidung bleibt die je-meinige Entscheidung und muss darum rückgebunden sein an die zu entscheidende Person. Gerade darin wird die Verantwortung professioneller Akteure/Akteurinnen wirksam, indem diese sich eben nicht auf von außen begründbare Ansätze berufen, sondern ihre professionelle Entscheidung als freie und eigenverantwortliche Wahl begreifen. Kontingenzkompetenz führt somit zu einem eigenständigen Entscheiden im Angesicht vorhandener und nicht vorhandener Gründe.

4.4 Coaching als Oszillation zwischen Schließung und Öffnung im Dialog

Die bisherigen Ausführungen verdeutlichen, dass die Fähigkeit der reflektierten Kontingenzkompetenz einem/einer Coach:in ermöglichen, immer zwischen Schließung (Entscheidung) und Öffnung (Zweifeln) zu oszillieren. Diese Pendelbewegung verdankt sich dem Sachverhalt, dass es in einem Coachinggespräch keine objektiven richtigen Entscheidungen gibt und dass darum immer wieder geprüft – also geöffnet – werden muss.

Dies gilt aber nicht nur für die Entscheidungen des/der Coaches/Coachin, sondern auch für die Entscheidungsfragen, die die Kund:innen im Rahmen von Coaching- und Beratungsprozessen zu reflektieren und zu finden suchen. Auch hier gilt es, den/die Kund:in in die entsprechende Pendelbewegung zu bringen, sodass der/die Kund:in selbst zu einer für sich richtigen Entscheidung kommen kann. Der Prozess der reflektierten Kontingenzkompetenz findet also nicht nur auf der Seite des/der Coach:in statt, sondern ist auch didaktisches Gesprächsprinzip (Professionalisierungsmedium) im Coaching. So kann der/die Kund:in dann selbst zu „jeseinigen" Entscheidungen kommen. Das Prinzip der Kontingenzkompetenz wird hier also auf den/die Kund:in gespiegelt und erweist sich somit nicht nur als Professionalisierungsmedium für den/die Coach:in und Berater:in, sondern auch als Entscheidungsmedium für den/die zu Beratende:n.

Eine Beratung, die auf Kontingenzkompetenz basiert, bewegt sich auch im Beratungsgespräch selbst zwischen Schließung und Öffnung. Um dieses Wechselspiel zu unterstützen, muss der/die Coach:in selbst in seinen/ihren Entscheidungen die Fähigkeit haben, seine/ihre eigenen Setzungen für Änderungen, Widersprüche und Umjustierungen offen zu halten. Wenn der/die Coach:in eine Frage stellt, eine Pause einlegt oder eine Anregung gibt, sorgt er/sie für einen Moment der Bestimmtheit, weil er/sie der Reflexion eine intendierte Richtung gibt. Bestimmtheit wird hier also verstanden als „Entscheidung für einen kommunikativen Impuls". Diese Bestimmtheit immer wieder in Frage zu stellen – vor sich selbst und vor dem/der Coachee – ermöglicht das Finden eigener und ‚jeseiniger' Entscheidungen und guter Gründe auf Seiten des/der Coachee.

Gerade in der Oszillation zwischen Schließung und Öffnung zeigt sich die eigentliche Dynamik reflektierter Kontingenzkompetenz: Nicht die Entscheidung als solche, und auch nicht die fortlaufende Möglichkeit, die eigene Entscheidung als kontingent zu reflektieren, wird zum zentralen Moment des Coachingprozesses. Es ist vielmehr die gute Balance zwischen diesen beiden Polen, die das „Herzstück" bilden. Dies bedeutet im Coaching, dass der/die Coach:in auf der einen Seite die Entscheidungsfindung des/der Coachee begleitet, auf der anderen Seite diese immer wieder in Frage stellt: Wenn beispielsweise ein:e Coach:in das Angebot einer neurobiologischen Erklärung für ein bestimmtes Verhalten unterbreitet und der/die Coachee sich für diese entscheidet, dann wäre eine kontingenzbewusste Reaktion nicht nur die Frage „Sind Sie sich wirklich sicher?", sondern auch die Eröffnung alternativer Erklärungshorizonte. Erst in diesem Zusammenspiel wird Coaching zu einem Prozess, der nicht auf Eindeutigkeit zielt, sondern auf die Kultivierung einer Haltung, die Unbestimmtheit nicht als Defizit, sondern als Bedingung reflexiver Autonomie anerkennt.

4.5 Reflection in Action

Um zu einer eigens verantwortbaren professionellen Entscheidung zu kommen, fußt die Kontingenzkompetenz auch auf der Fähigkeit zur Reflection in Action. Reflection in Action bezeichnet die Fähigkeit, sich selbst und das Coachinggespräch im laufenden Prozess zu beobachten. Diese Form der Selbst- und Fremdbeobachtung beruht auf den Prozessen der Selbst- und Fremdwahrnehmung, der Einschätzung, Erklärung und Bewertung der jeweiligen Coachingsituation, inklusive der eigenen individuellen Entscheidungen (vgl. in Anlehnung an Simon, 2010).

Im Coachingprozess bedeutet dies eine Art *Mehr-Ebenen-Handeln*: Während auf der einen Seite aktiv gehandelt wird, erfolgt gleichzeitig eine reflexive Beobachtung dieses Handelns. Zur konzeptionellen Veranschaulichung bietet sich ein Rückgriff auf Ego-State-Modelle an, die die menschliche Persönlichkeit als Zusammensetzung verschiedener Teilpersönlichkeiten oder „States" beschreiben (vgl. Schmidt, 2024). Diese States übernehmen innerhalb der Gesamtpersönlichkeit spezifische Aufgaben und Funktionen. Ein häufig beschriebenes Element dieser Konzepte ist der sogenannte „Innere Beobachter" (Peichl, 2023), der eine Selbstdistanzierung ermöglicht. Durch diese Distanzierung können eigene innere Prozesse reflektiert und bewusster gesteuert werden, was ein höheres Maß an Eigenverantwortung fördert. Reflection in Action basiert auf dieser Beobachtungsfunktion, indem das eigene Verhalten und die eigenen Entscheidungen im Coachingprozess kontinuierlich reflektiert wird. In diesem Sinne handelt es sich um eine Beobachtung zweiter Ordnung, bei der nicht nur das Handeln selbst, sondern auch die zugrunde liegenden Reflexionsprozesse in den Blick genommen werden.

4.6 Balancieren zwischen Stabilität und Instabilität

Die Einführung von Unbestimmtheit und einer Erhöhung von Kontingenz führt zu einer wachsenden Instabilität der Wirklichkeitskonstruktionen des/der Coaches/Coachin. Die Orientierung und Ausrichtung im Denken und Handeln wird brüchiger, der Zweifel und die Skepsis wachsen. War jemand sich beispielsweise sicher, dass ein anderer im Rahmen eines Konflikts im Unrecht war, kommt es nun zum Zweifel, ob diese – bisher auch handlungsleitende Konstruktion – passend ist und nicht auch anders sein könnte. Systemische und konstruktivistische Konzepte haben immer wieder darauf hingewiesen, dass die Störung (Pertubation) – als Erhöhung von Kontingenz verstanden – nicht zu einem „Kipppunkt im System" führen darf, sondern dass ein Fokus auf Homöstase auch bei der Kontingenzerhöhung gewahrt werden soll. Gerät diese Homöostase aus dem Blick, kann es zu nicht mehr produktiven und sinnvollen Suchprozessen in der Beratung kommen. Kontingenzkompetenz beinhaltet also in diesem Sinne die Fähigkeit, eine gute Balance zwischen Stabilität und Instabilität im Rahmen des Gesprächs im Fokus zu haben: Wann braucht es mehr, wann braucht es weniger Kontingenz? Welches Kontingenzniveau führt zu produktiven Reflexions- und Suchprozessen? Wie viel Unsicherheit ist dem/der Coachee zuzumuten?

Die Einschätzung des angemessenen Kontingenzniveaus im Rahmen einer Beratung oder eines Beratungsprozesses steht in Verbindung mit der Komplexitätsverarbeitungskapazität des/der zu Beratenden. Diese Einschätzungskompetenz setzt auf der Seite des/der Coaches/Coachin ebenfalls eine Komplexitätsverarbeitungskapazität voraus. Aus dieser Sichtweise ergibt sich die Anforderung an die Beratenden, sich selbstreflexiv mit dieser eigenen Unsicherheits-Kapazität auseinanderzusetzen. Welche Unsicherheiten und Instabilitäten in meinen eigenen Konstruktionen kann ich aushalten? Die Fähigkeit des/der Coaches/Coachin auch bei sich selbst, Stabilität und Instabilität auszubalancieren, ist ein weitere Aspekt der reflektierten Kontingenzkompetenz.

4.7 Stellungnahme im Coaching

Entscheiden bedeutet zu urteilen und bewertend Stellung zu beziehen. Die Operation der *Stellungnahme* ist darum ein weiterer Aspekt der reflektierten Kontingenzkompetenz. Sie meint die Fähigkeit, sich ein Urteil, eine Einschätzung, eine Position zu bilden – und dies gerade trotz des Zweifels. Ein Urteil erfordert, zu klären, welche Argumente und Gründe für die eine oder andere Entscheidungsoption sprechen. Im Ergebnis entstehen eine Positionierung und eine Stellungnahme. Eine Stellungnahme in den Blick zu nehmen, diese zu bedenken und sich daraufhin eine Position zu bilden. Die Operation der Stellungnahme beruht auf dem Mut zum eigenen Urteil und der Bereitschaft, dass sich dieses Urteil zu einem anderen Zeitpunkt auch als falsch erweisen könnte.

Im Rahmen reflektierter Kontingenzkompetenz gewinnt die Stellungnahme besondere Bedeutung. Reflektierte Kontingenzkompetenz beschreibt die Fähigkeit, mit Unsicherheiten, Mehrdeutigkeiten und dem Wissen um die Vorläufigkeit eigener Urteile umzugehen. Stellungnahme ist in diesem Sinne nicht bloß eine einmalige Entscheidung, sondern Ausdruck eines fortlaufenden Prozesses, in dem sich Individuen mit der Kontingenz ihres eigenen Denkens und Handelns auseinandersetzen. Sie bedeutet, Verantwortung für die eigene Position zu übernehmen, ohne dabei dogmatisch zu werden, sondern im Bewusstsein, dass jede Stellungnahme nur eine Perspektive unter vielen darstellt und durch neue Erfahrungen oder Erkenntnisse revidiert werden kann. Gerade in komplexen, offenen Entscheidungssituationen, in denen keine eindeutige Lösung existiert, erweist sich Stellungnahme als eine essenzielle Fähigkeit, um handlungsfähig zu bleiben und mit Unsicherheit produktiv umzugehen.

4.8 Zweifel als Kontingenzmechanismus

Eine Stellungnahme ist aber immer nur eine vorläufige Beurteilung. Um zu guten Entscheidungen zu kommen, ist es darum wichtig, diese Stellungnahme immer wieder in Frage stellen zu können. Aus diesem Grund ist im Modell der reflektierten Kontingenzkompetenz die Operation des *Zweifelns* grundlegend. Zweifel lässt sich als ein Zustand der Unentschiedenheit und des Schwankens verstehen. Ist das so richtig wie ich es tue? Soll ich es wirklich so tun? Ist das nun die professionellste Entscheidung, die ich in dieser Situation treffen kann? Der Zweifel führt immer wieder in die Unsicherheit, er bewahrt diese Unsicherheit. Zu Zweifeln hat in der Regel einen Anlass: Ein Argument, was einem gerade noch einfällt, die gegenteilige Meinung eines anderen Menschen oder eine überraschende Wendung innerhalb einer Situation. Hier geht es nun darum, sich selbst immer wieder mit Zweifeln zu versorgen, sich somit selbst absichtlich in Unsicherheit zu versetzen. Dies kann dann gelingen, wenn der/die Coach:in regelmäßig seine/ihre Entscheidungen und Vorhaben mit anderen Perspektiven konfrontiert und sie auf ihre Sinnhaftigkeit testet. Gerade darum ist es wichtig, dass der/die Coach:in über eine Vielzahl von unterschiedlichen und teils sich widersprechenden Ansätzen und Perspektiven verfügt, die sowohl auf Erfahrungs- als auch auf wissenschaftlichem Wissen basieren können. Der Zweifel fungiert dann nicht nur als Ausdruck von Unsicherheit oder Entscheidungsunfähigkeit, sondern als eine zentrale Ressource reflektierter Kontingenzkompetenz: Er ermöglicht es, Alternativen zu erwägen, Perspektiven zu wechseln und sich der Kontingenz professionellen Handelns bewusst zu werden. Im konkreten professionellen Coachinghandeln zeigt sich der Zweifel in einer produktiven Unruhe des Denkens und Fragens, um sicherzustellen, nicht vorschnell zu eindeutigen Lösungen zu gelangen. Reflektierte Kontingenzkompetenz bedeutet in diesem Zusammenhang, den Zweifel als Instrument zu nutzen, um sich nicht von vermeintlichen Gewissheiten oder Routinen leiten zu lassen, sondern situationssensibel und kontextbewusst zu agieren. Gerade in dynamischen und komplexen Handlungskontexten erweist sich der Zweifel als Motor für ein professionelles Handeln, das Offenheit für andere und adaptive Entscheidungsprozesse bewahrt.

4.9 Pluralistische Bewertungsperspektiven

Kontingenzkompetenz umfasst auch eine fachliche Kompetenz. Um in Beratungsprozessen und Coachinggesprächen Kontingenz zu erzeugen und Suchprozesse zu ermöglichen, braucht es Fragestellungen, Interventionen, Vorgehensweisen, die sich aus unterschiedlichen Ansätzen der Coaching- und Beratungsmodelle ableiten. Kontingenzerhöhung – so könnte man pointiert formulieren – setzt Differenz voraus und Differenz in der Beratung setzt den Zugriff auf solche differenten Perspektiven und Ressourcen voraus.

Diese Differenz kann sich auf verschiedene Weise manifestieren. Zum einen bezieht sie sich auf didaktische Vielfalt: Coaches/Coachinnen und Berater:innen sollten mit unterschiedlichen Schulen und Paradigmen vertraut sein, um flexibel auf die Bedarfe und Dynamiken eines Prozesses reagieren zu können. So kann beispielsweise ein systemischer Zugang, der auf Zirkularität und Wechselwirkungen fokussiert, in bestimmten Situationen produktiv mit einem tiefenpsychologischen oder kognitiv-verhaltenstherapeutischen Ansatz kombiniert werden. Zum anderen umfasst Differenz auch eine reflexive Haltung gegenüber der eigenen professionellen Praxis: Die Fähigkeit, multiple Erklärungsansätze nicht nur nebeneinander stehen zu lassen, sondern sie aktiv in die Gestaltung von Beratung und Coaching einzubeziehen, ist ein Kernaspekt professioneller Beratung.

Darüber hinaus erfordert der Zugriff auf vielfältige und teils widersprüchliche Konzepte nicht nur ein umfangreiches Fachwissen, sondern auch eine epistemische Demut. Berater:innen und Coaches/Coachinnen müssen bereit sein, ihre eigenen Annahmen immer wieder zu hinterfragen und zu reflektieren. „Sich in einen Ansatz zu verlieben" oder „dieser Ansatz passt einfach zu mir" sind Aussagen, die es aus der Perspektive dieses Modells zu hinterfragen gilt. Dies schließt die Bereitschaft ein, Ambiguitäten auszuhalten und eigene Deutungsmuster temporär zu suspendieren, um neue Perspektiven zu ermöglichen. So können unterschiedliche Theorien und methodische Zugänge bewusst gegeneinander in Spannung gesetzt werden, kann jene Form von Unsicherheit generiert werden, die kreative Suchprozesse fördert und innovative Lösungen ermöglicht.

Abb. 1 fasst die Prozessschritte zur Entscheidung auf Basis reflektierter Kontingenzkompetenz zusammen.

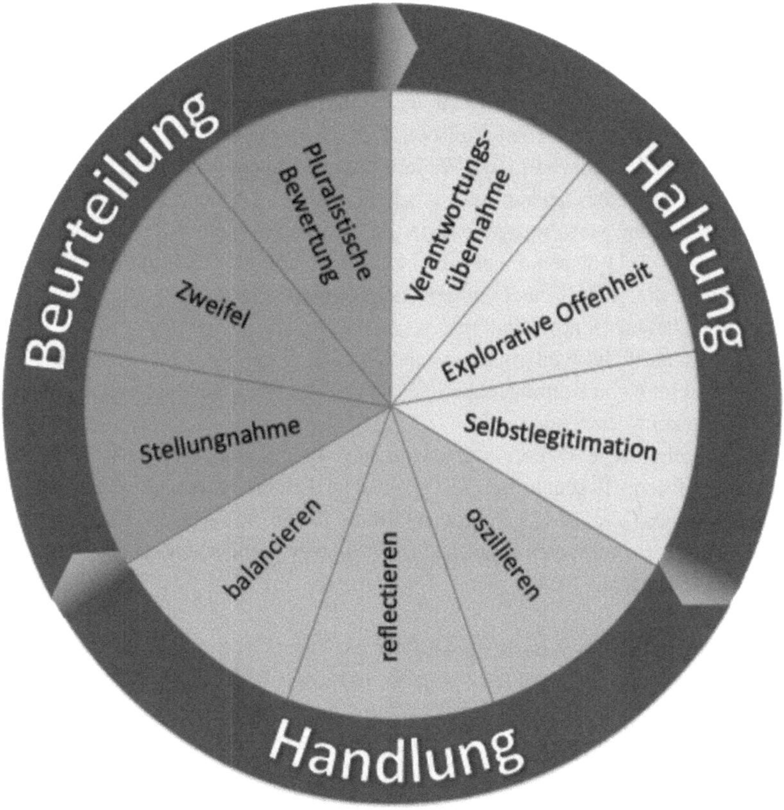

Abb. 1 Entscheidungs-Prozessmodell. (Eigene Darstellung)

5 Wissenschaftliche Weiterbildung als Entstehungsformat von reflektierter Kontingenzkompetenz

Die vorangegangenen Überlegungen haben gezeigt, dass reflektierte Kontingenzkompetenz ein zentraler Schlüssel für professionelles Handeln im Coaching- und Beratungsfeld sein kann – gerade unter Bedingungen von Ungewissheit, Vieldeutigkeit und situativer Komplexität. Sie operationalisiert Professionalität nicht als Anwendung normativer Standards, sondern als ethisch fundiertes, reflektiertes Entscheiden im Spannungsfeld von Wissenschaft und Erfahrung.

Gleichzeitig eröffnet das Konzept Anschlussmöglichkeiten an weiterführende Diskurse in der Professionalisierungsforschung. So lassen sich etwa Verbindungen zur Debatte um Reflexivität in der Praxis der Lehrer:innenbildung (vgl. Bade et al., 2020) oder zum Diskurs um Professionalität unter Bedingungen der Ungewissheit in der Erziehungswissenschaft (Helsper, 2021, S. 140 ff.) finden.

Im Kontext Wissenschaftlicher Weiterbildung weist das Modell der reflektierten Kontingenzkompetenz zudem über das Feld Coaching hinaus: Es bietet Impulse für eine Rahmung von Professionalisierungsprozessen, die auf Reflexivität, kritisches Denken und Entscheidungskompetenz im Umgang mit Komplexität abzielt – Fähigkeiten, die auch in anderen personenbezogenen Berufen (z. B. Pflege, Bildung, Sozialarbeit) zentral sind.

Wissenschaftliche Weiterbildung scheint folglich ein besonders geeigneter Ort zur Entwicklung von Kontingenzkompetenz zu sein. Wie kann man nun reflektierte Kontingenzkompetenz erlernen?

Wissenschaftliche Weiterbildung wird hier als ein Raum verstanden, in dem wissenschaftliche Erkenntnisse und praktische Erfahrungen zusammenkommen (vgl. Walber & Jütte, 2015). Folgende Gründe lassen sich nennen, warum reflektierte Kontingenzkompetenz in wissenschaftlichen Weiterbildungsangeboten besonders gut entstehen kann.

- Wissenschaftliches Wissen steht immer zur Probe, ist immer vom Zweifel begleitet, wissenschaftliche Erkenntnisse sind in der Regel nur vorläufig.
- Wissenschaftliches Wissen erweitert den Blick, weil es verallgemeinernde Erkenntnisse anstrebt und anregt. Darum eignet es sich, um das eigene Erfahrungswissen in Frage zu stellen.
- Wissenschaftliche Methodiken – quantitative und qualitative – fördern die Such- und Prüfkompetenz auf Seiten der Coachinnen und Coaches.
- Wissenschaftliches Wissen zeigt auf, dass am Ende Entscheidungen für professionelles Handeln an die Wissenschaft abgegeben werden kann und die Verantwortung letztendlich bei dem/der einzelnen Coach:in liegt.
- Durch den in der wissenschaftlichen Weiterbildung verstärkten Praxisbezug wird die Fähigkeit eingeübt, durch die Verbindung von wissenschaftlichen Erkenntnissen und Erfahrungen zu professionellen praktischen Handlungen zu gelangen.

Diese Möglichkeiten der Wissenschaftlichen Weiterbildung zur Entstehung von reflektierter Kontingenzkompetenz haben Kuhlmann und Walber im Weiterbildenden Studium „Professional Business Coaching“ (vgl. Artikel Förster & Walber in diesem Band) didaktisch umgesetzt. Diese didaktische Umsetzung weiterzuentwickeln und den Mehrwert reflektierter Kontingenzkompetenz zu erforschen, dürfte eine zukünftige Aufgabe in den Professionalisierungsbemühungen im Coaching sein.

In zukünftiger Forschung könnte geprüft werden:

- wie sich diese Kompetenz empirisch fassen lässt;
- welche didaktischen Settings ihre Entwicklung besonders begünstigen;
- inwiefern sie zur Weiterentwicklung von Professionalisierugnstheorien beitragen kann;
- und wie sie – etwa im Sinne einer „professionellen Haltung" – in organisationalen Kontexten gefördert werden kann.

So verstanden, stellt die reflektierte Kontingenzkompetenz nicht nur ein heuristisches Modell für Coaching und Beratung dar, sondern verweist auf grundlegende Fragen nach der *Zukunft professionellen Handelns in komplexen Gesellschaften.* In einer Zeit wachsender Ungewissheiten kann sie als Professionalisierungsmodell dienen, das Unsicherheit produktiv macht – als Ausgangspunkt für verantwortungsvolles, reflektiertes und humanes Handeln in der Praxis.

Literatur

Bade, P., Brandt, M., Herold, G., Kandzora, G., Koch, P., Lehmbäcker, E., & Wauschkuhn, B. (2020). *Reflexionskompetenz Fördern. Reflexion und Reflexionskompetenz in der Lehrkräftebildung.* a&c Druck und Verlag GmbH.

Baraldi, C., Corsi, G., & Esposito, E. (1997). *GLU. Glossar zu Niklas Luhmanns Theorie sozialer Systeme.* Suhrkamp.

Dewe, B. (1996). Das Professionswissen von Weiterbildnern: Klientenbezug – Fachbezug. In A. Combe & W. Helpser (Hrsg.), *Pädagogische Professionalität. Untersuchungen zum Typus pädagogischen Handelns* (S. 714–757). Surkamp.

Dewe, B., & Stüwe, G. (2016). *Basiswissen Profession. Zur Aktualität und kritischen Substanz des Professionskonzeptes für die Soziale Arbeit. In memoriam Wilfried Ferchhoff.* Beltz Juventa.

Dewe, B., Ferchhoff, W., & Radtke, F.-O. (Hrsg.). (1992). Das „Professionswissen" von Pädagogen. Ein wissenstheoretischer Rekonstruktionsversuch. In B. Dewe, F. Olaf-Radtke, & W. Ferchhoff (Hrsg.), *Erziehen als Profession. Zur Logik professionellen Handelns in pädagogischen Feldern* (S. 70–91). Leske & Budrich.

Fietze, B. (2015). Coaching auf dem Weg zur Profession? Eine professionssoziologische Einordnung. In A. Schreyögg & C. Schmidt-Lellek (Hrsg.), *Die Professionalisierung von Coaching* (3. Aufl., Bd. 3, S. 3–21). Springer.

von Foerster, H. (1993a). Mit den Augen des anderen. In S. J. Schmidt & H. v. Foerster (Hrsg.), *Wissen und Gewissen. Versuch einer Brücke* (S. 350–363). Suhrkamp.

von Foerster, H. (1993b). *KybernEthik.* Merve.

von Foerster, H. (1999). *Sicht und Einsicht. Versuche zu einer operativen Erkenntnistheorie.* Carl-Auer.
von Foerster, H., & Bröcker, M. (2007). *Teil der Welt. Fraktale Ethik – oder Heinz von Foersters Tanz mit der Welt* (2. Aufl.). Carl-Auer.
Glanville, R. (1982). Inside every white box there are two black boxes trying to get out. *Behavioral Science, 27*(1), 1–11.
Heidegger, M. (2010). *Die Grundbegriffe der Metaphysik.* Klostermann/Vittorio.
Helsper, W. (2021). *Professionalität und Professionalisierung pädagogischen Handelns: Eine Einführung*. Barbara Budrich.
Hübner, D. (2014). *Einführung in die philosophische Ethik.* UTB.
Jaspers, K. (2012). *Kleine Schule philosophischen Denkens.* Pieper.
Kade, J., Seitter, W., & Dinkelaker, J. (2016). Wissen(stheorie) und Erwachsenenbildung/Weiterbildung. In *Handbuch Erwachsenenbildung/Weiterbildung* (Bd. 56, S. 1–20). Springer Fachmedien.
Längle, A. (2012). *Erfüllte Existenz. Entwicklung, Anwendung und Konzepte der Existenzanalyse*. Facultas.
Längle, A. (2021). *Existenzanalyse und Logotherapie*. Kohlhammer.
Luhmann, N. (2009a). *Soziale Aufklärung 4. Beiträge zur funktionalen Differenzierung der Gesellschaft.* Springer VS.
Luhmann, N. (2009b). *Einführung in die Systemtheorie*. Carl-Auer.
Luhmann, N., & Schorr, K. E. (1979). *Reflexionsprobleme im Erziehungssystem.* Klett-Cotta.
Meyer, K., Walber, M., & Jütte, W. (2019). Weiterbildungsstudiengänge als Formate der interaktionalen Professionalisierung. *ZHWB – Zeitschrift Hochschule und Weiterbildung, 2019*(*1*), 30–39.
Nolda, S. (2001). Das Konzept der Wissensgesellschaft und seine (mögliche) Bedeutung für die Erwachsenenbildung. In J. Wittpoth (Hrsg.), *Erwachsenenbildung und Zeitdiagnose* (S. 91–117). wbv.
Ortmann, G. (2011). *Kunst des Entscheidens: Ein Quantum Trost für Zweifler und Zauderer.* Velbrück Wissenschaft.
Peichl, J. (2023). *Ego States, Seiten, Parts & Co.* Klett-Cotta.
Peters, R. (2004). *Erwachsenenbildungs-Professionalität: Ansprüche und Realitäten.* wbv.
Pfeifer, W. (1993). *„Entscheidung"*. Etymologisches Wörterbuch des Deutschen (digitalisierte und von Wolfgang Pfeifer überarbeitete Version im Digitalen Wörterbuch der deutschen Sprache). https://www.dwds.de/wb/etymwb/Entscheidung. Zugegriffen am 14.02.2025.
Schmidt, G. (2024). *Einführung in die hypnosystemische Therapie.* Carl Auer.
Simon, F. (2010). *Einführung in die Systemtheorie des Konflikts.* Carl Auer.
Stark, D. (2011). *The sense of dissonance. accounts of worth in economic life.* University Press.
Stichweh, R. (2006). *Professionen in einer funktional differenzierten Gesellschaft.* https://www.fiw.uni-bonn.de/de/forschung/demokratieforschung/team/prof-dr-rudolf-stichweh/papers/pdfs/53_stw-prof-fd.pdf. Zugegriffen am 01.11.2018.
Walber, M., & Jütte, W. (2015). Entwicklung professioneller Kompetenzen durch didaktische Relationierung in der wissenschaftlichen Weiterbildung. In O. Hartung & M. Rumpf (Hrsg.), *Lehrkompetenzen in der wissenschaftlichen Weiterbildung. Theorie und Empirie Lebenslangen Lernens* (S. 49–64). Springer.

Walber, M., & Meyer, K. (2025). Professionalisierung in der wissenschaftlichen Weiterbildung. In W. Jütte & M. Rohs (Hrsg.), *Handbuch Wissenschaftliche Weiterbildung* (S. 153–171). Springer.

Walber, M., Jütte, W., & Meyer, K. (2017). Gelegenheitsstrukturen zur Professionalisierung in Interaktionsräumen der wissenschaftlichen Weiterbildung. In *Forschungsbericht: Interaktionale Professionalisierung. Wissenschaftliche Weiterbildung als intermediäres System zwischen Wissenschaft und Praxis*. Universität Bielefeld.

Weick, K. (1985). *Der Prozess des Organisierens*. Suhrkamp.

Weick, K. (1993). The collaps of sensemaking in organisations. The Mann Gulch disaster. *Administrative Science Quarterly, 38*(4).

Erkenntnis (be)trifft Erfahrung: Wissenschaftliche Weiterbildung als Professionalisierungsmotor im Coaching

Milena Michelle Förster und Markus Walber

Zusammenfassung

Der Beitrag untersucht wissenschaftliche Weiterbildung als Motor interaktionaler Professionalisierung im Coaching. Ausgehend vom Modell der Interaktionalen Professionalisierung wird aufgezeigt, wie wissenschaftliches und praktisches Wissen in interaktiven Settings miteinander verschränkt werden können, um Professionswissen zu generieren. Anhand einer qualitativen Absolvent:innenbefragung im Rahmen des weiterbildenden Studiums *Professional Business Coaching* an der Universität Bielefeld werden individuelle Entwicklungsprozesse, initiierte Verhaltensveränderungen und Professionalitätskonzepte im Coaching herausgearbeitet. Die Ergebnisse bestätigen zentrale Annahmen des Modells, konkretisieren dessen Wirkmechanismen und liefern Hinweise für die didaktische Gestaltung wissenschaftlicher Weiterbildungsangebote. Im Zentrum stehen reflexive Prozesse, die über formale Wissensvermittlung hinausgehen und Persönlichkeitsentwicklung sowie professionelles Handeln im Sinne coachee-orientierter und selbstreflexiver Praxis ermöglichen. Die Studie unter-

M. M. Förster · M. Walber (✉)
Akademie Universitäre Weiterbildung & Fakultät für Erziehungswissenschaft, Universität Bielefeld, Bielefeld, Deutschland
E-Mail: milena_michelle.foerster@uni-bielefeld.de; markus.walber@uni-bielefeld.de

C. Kuhlmann, M. Walber (Hrsg.), *Jahrbuch Coaching und Organisationsberatung*, https://doi.org/10.1007/978-3-658-27271-5_8

streicht das transformative Potenzial wissenschaftlicher Weiterbildung und plädiert für die Gestaltung von Angeboten im Sinne reflexionsfördernder Interaktionsräume.

1 Einleitung

Angebote der wissenschaftlichen Weiterbildung verfolgen in der Regel das allgemeine Ziel, das Handeln und Denken der Teilnehmer:innen zu verbessern bzw. zu professionalisieren. Diese Zielsetzung wird normativ formuliert, während empirische Studien hierzu bislang nur vereinzelt vorliegen. Der vorliegende Text beschreibt am Beispiel des weiterbildenden Studiums Professional Business Coaching an der Universität Bielefeld mittels einer qualitativen Absolvent:innenbefragung die beobachteten Effekte wissenschaftlicher Weiterbildung.

2 Professionalisierung verstehen: Theoretische Perspektiven und Herausforderungen

Die Diskussion über die Professionalität in der Erwachsenenbildung wird historisch aus verschiedenen Blickwinkeln betrachtet. Neben strukturfunktionalistischen und kriterienbasierten Ansätzen, die eine klare Unterscheidung zwischen *Professionellen* und *Laien* anstreben, verorten Dewe, Ferchhoff und Radtke Anfang der 1990er-Jahre Professionalität an der Schnittstelle von Theorie und Praxis und beschreiben unterschiedliche Formen ihrer Beziehung zueinander (Dewe et al., 1992, S. 70–73). Im Mittelpunkt steht hier nicht die Trennung von Theorie und Praxis, sondern die Frage nach einer gemeinsamen Wissensgrundlage zur Erlangung von Professionalität bzw. professionellem Handeln.

Als Ressource professionellen Handelns beschreiben sie eine Wissensart, das Professionswissen, welches aus theoretischem und praktischem Wissen emergiert. Sie gelangen zu dem Schluss, dass *professionelles Wissen* nicht durch die Übertragung von Wissenschaft in die Praxis entsteht, wie es in klassischen professionstheoretischen Positionen beschrieben wird, sondern eine eigenständige *dritte* Wissensform darstellt, die sich weder vollständig in der Wissenschaft noch in der Praxis verorten lässt (Dewe et al., 1992, S. 78–81).

Daher ist die Interaktion zwischen den Wissensarten der Wissenschaft und der Praxis notwendig, um gemeinsames Professionswissen zu entwickeln. Professionswissen kennzeichnet dabei eine Qualität, die eine höhere Performanz professionellen Handelns ermöglicht. Beispielsweise ist es möglich, eine Fremdsprache zu sprechen, die ausschließlich auf Basis von *Erfahrungen* erworben wurde. Durch die Verknüpfung der Spracherfahrungen mit *Erkenntnissen* hinsichtlich der Sprachgrammatik erhöhen sich allerdings Sprachqualität und Formulierungsmöglichkeiten, die Voraussetzung für die Erstellung und das Verstehen komplexer Texte sind (vgl. Dewe & Radtke, 1991, S. 154 ff.). Auf der anderen Seite ergänzen Erfahrungen Erkenntnisse, indem sie eine konkrete situative Anpassung an einen Erfahrungsraum ermöglichen.

Die Beispiele zeigen, dass es beim professionellen Handeln um ein Zusammenspiel von Erkenntnissen und Erfahrungen geht. Professionswissen bewegt sich folglich an der Schnittstelle zwischen disziplinärem Wissen, auf das sich z. B. Weiterbildungsangebote stützen, und dem professionellen Handeln der Teilnehmenden.

In der Perspektive einer interaktionalen Professionalisierung sind neben den Teilnehmenden, die vornehmlich als Vertreter: innen des Praxissystems angesehen werden können, auch die Programmplaner:innen und Lehrenden den gemeinsamen Interaktionsprozessen beteiligt. Auch ihre Tätigkeit kann als professionelles (pädagogisches) Handeln verstanden werden, wie Gieseke (2000) für das Programmplanungshandeln und Peters (2004) für das didaktische Handeln von Erwachsenenbildner: innen herausgearbeitet haben. Im Unterschied zu diesen Studien werden Programmplaner: innen und Lehrende hier jedoch nicht als eigenständig professionell Handelnde bezeichnet, sondern als Vertreter: innen und Gestalter: innen der Interaktionssysteme in wissenschaftlichen Weiterbildungsangeboten und der Integration von Wissenschaft und Praxis darin (Walber & Jütte, 2012).

Versteht man Wissenschaft und Praxis in systemtheoretischer Perspektive als zwei voneinander getrennte selbstorganisierte Systeme, dann sind diese als gesellschaftliche Funktionssysteme ihrer je eigenen, der Selbstorganisation verpflichteten Systemlogik verhaftet. Das Wissenschaftssystem hat zum Ziel, überprüfbares *wahres* Wissen zu produzieren, das Praxissystem strebt nach viablem Praxiswissen, das nach dem Filter des Nutzens für erfolgreiches Praxishandeln, beurteilt wird. Die Entstehung professionellen Wissens, unter der Berücksichtigung von wissenschaftlichem und praktischem Wissen, ist allenfalls in Interaktionssystemen denkbar. Interaktionssysteme sind im Gegensatz zu Funktionssystemen durch die Kommunikation von *körperlich* Anwesenden, sich gegenseitig wahrnehmenden Beobachter:innen, klassifiziert (Simon, 2008, S. 99–102). Sind Vertreter: innen des Wissenschafts- und des Praxissystems beteiligt, kann in solchen Systemen systemübergreifende Kommunikation entstehen. Erst die Verschränkung der Perspektiven (Gieseke, 2010) leuchtet durch die wechselseitige Beobachtung die blinden Flecken der jeweils anderen Perspektive aus (Luhmann, 1992, S. 86) und ermöglicht die Entstehung von Professionswissen und die anschließende Reflexion im jeweiligen Funktionssystem.

Konstitutiv für die Entstehung von Professionswissen sind also die interaktiven Dynamiken, weshalb die Schaffung von Möglichkeitsräumen für die Interaktion von Wissenschafts- und Praxisvertreter: innen im Folgenden als *interaktionale Professionalisierung* bezeichnet wird (s. auch Jütte et al., 2012).

Ein zentraler Aspekt des Modells der interaktionalen Professionalisierung ist das zugrunde gelegte Theorieverständnis. Theorie wird dabei nicht primär als abstrakte, von der Praxis getrennte Wissensform verstanden, sondern als ein Reflexionsmedium, das professionelles Handeln orientieren, strukturieren, und legitimieren kann (vgl. Walber & Jütte, 2012; Meyer et al., 2019). Sie kann zur Konstruktion professioneller Identität beitragen und ist ein zentrales Moment reflexiver Praxis.

Im Sinne des Modells wird Theorie als eine Wissensform aufgefasst, die nur in ihrer Verschränkung mit praktischer Erfahrung in interaktionalen Settings ihr volles Potenzial im Hinblick auf Professionalität entfalten kann. Diese konzeptionelle Rahmung grenzt sich von traditionellen Transfermodellen ab und betont die gemeinsame (Re-)Konstruktion von Wissen im Austausch zwischen Akteursgruppen aus Wissenschaft und Praxis. Professionalisierung wird somit nicht als bloßer Wissenserwerb, sondern als Prozess der reflexiven Auseinandersetzung mit Theorie und Erfahrung im Dialog verstanden – ein Prozess, der subjekt- und kontextsensitiv gestaltet werden muss, insbesondere im Hinblick auf interaktionale wissenschaftliche Weiterbildungsformate.

Wissenschaftliche Weiterbildungsangebote bieten entsprechende Möglichkeitsräume und können dazu beitragen, die beiden Wissensarten miteinander in Resonanz zu bringen und dadurch die Entwicklung von Professionswissen und in Folge reflexivem Handeln zu unterstützen (vgl. Walber & Jütte, 2012). (Abb. 1)

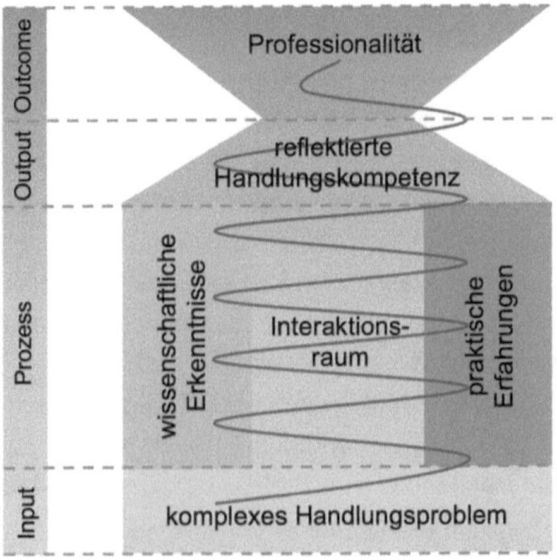

Abb. 1 Bielefelder Modell der Interaktionalen Professionalisierung. (Eigene Darstellung)

3 Von der Theorie zur Empirie: Forschungsfokus und theoretische Vorannahmen

Die Untersuchung basiert auf folgenden Ausgangsthesen, die sich aus der theoretischen Perspektive auf den hier untersuchten Gegenstand ergeben:

- Professionelles Handeln basiert auf Professionswissen (vgl. Dewe et al., 1992), welches aus der Perspektivverschränkung von wissenschaftlichem und praktischem Wissen emergiert.
- Da diese Wissensarten unterschiedlichen Systemlogiken verhaftet sind, ist eine Perspektivverschränkung in erster Linie in Interaktionssystemen von räumlich anwesenden Personen denkbar, die sich eher als Repräsentant:innen des Praxissystems (Teilnehmer:innen und ggf. Lehrende) oder eher als Repräsentant:innen des Wissenschaftssystems (Lehrende und Programmplaner: innen) verstehen.
- Wissenschaftliche Weiterbildung schafft durch ihre Angebote Interaktionsräume für die wechselseitige Beobachtung und gegenseitige Relationierung von Wissenschaft und Praxis.

Es stellt sich dann die empirische Frage, wie in diesen speziellen Interaktionssystemen, die durch wissenschaftliche Weiterbildungsangebote geschaffen werden, Professionswissen entsteht. Der Forschungsfokus wird dabei auf diejenigen Akteursgruppen gerichtet, die an den Interaktionsprozessen bei der Verschränkung von Wissenschafts- und Praxissystem beteiligt sind. Vor diesem Hintergrund wurden in dem Forschungsprojekt folgende Forschungsfragen bearbeitet:

1) Wie erleben die Teilnehmer:innen die Verschränkung der Systemlogiken im weiterbildenden Studium und
2) welche Verhaltenseffekte – beispielsweise im Sinne veränderter Denk-, Handlungs- und Reflexionsprozesse – nehmen Absolvent:innen des Weiterbildenden Studiums Professional Business Coaching bei sich selbst wahr?

Im späteren Auswertungsprozess sollen die somit erfragten Wahrnehmungen und Interpretationen der Absolvent:innen mit dem Modell der Interaktionalen Professionalisierung abgeglichen werden, um das Modell zum einen inhaltlich zu präzisieren und zum anderen modellerweiternde Erkenntnisse zu generieren.

4 Empirischer Zugang: Forschungsdesign, Sampling und Methodik

Gegenstand des Forschungsprojekts bildet die exemplarisch ausgewählte wissenschaftliche Weiterbildung *Professional Business Coaching*. Das Angebot wurde auf Basis des Interaktionalen Professionalisierungsmodells entwickelt und versucht systematisch Erkenntnisse und Erfahrungen miteinander zu verknüpfen. Diese Verknüpfung spiegelt sich didaktisch auf folgenden Ebenen wider:

- Bei den Dozierenden handelt es sich in der Regel um Personen mit Affinitäten sowohl zur Wissenschaft als auch zur Praxis.
- Der didaktische Grundaufbau der Weiterbildungsseminare besteht in einem didaktischen Dreischritt, in dem zunächst theoretische Konzepte vorgestellt und erarbeitet werden und diese im Anschluss an relevanten wirklichkeitsnahen Praxisbeispielen ausprobiert und im Anschluss reflexiv bearbeitet werden.
- Studienbegleitend verfassen die Studierenden schriftliche wissenschaftliche Essays zu Themen, die sie selbst wählen und im Hinblick auf ihre eigenen Erfahrungen reflektieren.
- Das Studium schließt mit einer Selbst-Professionalisierungsarbeit, in der die Teilnehmer:innen eine Intervention für eine konkrete Praxisanforderung planen und durchführen müssen. Diese wird aufgezeichnet und mit Methoden qualitativer Sozialforschung analysiert und ausgewertet. Besondere Momente des Interventionsprozesses werden herausgegriffen, reflektiert und im Hinblick auf alternative Handlungsoptionen ausdifferenziert.

Da insbesondere die subjektiven Wahrnehmungen der Befragten analysiert werden sollten, wurde für die Studie ein qualitativer Forschungszugang gewählt. Qualitative Sozialforschung zielt darauf ab herauszuarbeiten, welche Bedeutungen und Sinn Menschen Phänomenen ihrer Lebenswelt zuschreiben (Friebertshäuser, 2009, S. 702). Übertragen auf diese Studie verspricht eine qualitative Untersuchung einen Einblick darin, wie Teilnehmende Professionalisierungseffekte durch die Weiterbildung wahrnehmen und interpretieren.

Zur Datenerhebung wurden leitfadengestützte Interviews geführt, für die ein Gesprächsleitfaden entwickelt wurde. Damit ermöglicht das teiloffene Interview als qualitatives Erhebungsinstrument, Befragungen nach bestimmten Forschungsschwerpunkten auszurichten (Helfferich, 2014).

Für die Auswahl der Interviewpartner:innen wurde das Sampling-Verfahren nach Kriterien angewandt. Demnach wird die Auswahl der Fälle durch vorab festgelegte Kriterien (bspw. Alter, Lebensumstände, beruflicher Hintergrund) eingeschränkt (Flick, 2007). Um die Breite des Forschungsfelds möglichst zu erfassen, bietet sich als ein Kriterium für die Interviews der Beginn- bzw. Abschlusszeitpunkt des Weiterbildenden Studiums an. So konnte zum Zeitraum der Datenerhebungsphase auf Absolvent:innen aus fünf Durchgängen zurückgegriffen werden, aus denen jeweils eine Person befragt wurde (n = 5). Um eine möglichst große Varianz an Merkmalen sicherzustellen, wurden die Personen vor dem Hintergrund folgender Merkmale ausgewählt: a) aktuelle Tätigkeit als Coach:in, Mitarbeitende:r oder Führungskraft, b) Alter bzw. Geburtsjahr und c) Geschlecht.

5 Interaktionale Professionalisierung in Aktion: Zentrale Befunde der Studie

Die Auswertung der erhobenen Daten erfolgte mit der inhaltlich strukturierenden Inhaltsanalyse nach Kuckartz und Rädiker (2024). Mit dem Durchlaufen der Analysephasen konnte auf Grundlage der erhobenen Interviewdaten ein Kategoriensystem entwickelt werden, das aus drei Hauptkategorien jeweils mit Unterkategorien besteht (siehe Tab. 1). Die Ergebnisdarstellung folgt der von Kuckartz und Rädiker (2024) vorgeschlagenen Auswertungsvariante der kategorienbasierten Auswertung entlang der Hauptkategorien. Diese stellt eine beschreibende Auswertungsform dar und bildet eine von mehreren Möglichkeiten der Auswertung. Wie die Bezeichnung bereits andeutet, wird der Blick während der Ergebnisdar-

Tab. 1 Entwickeltes Kategoriensystem

Kategorienart	*Kategorienbezeichnung*
Hauptkategorie 1	**Einflussfaktoren für Entwicklungsprozesse**
Unterkategorie 1	Studieninhalte
Unterkategorie 2	Didaktik
Unterkategorie 3	Selbst-Studium
Hauptkategorie 2	**Durch WBS initiierte Veränderungsprozesse**
Unterkategorie 1	Innere Veränderungen
Unterkategorie 2	Verhaltensveränderungen
Hauptkategorie 3	**Professionalität im Coaching**
Unterkategorie 1	Professionelles Handeln als Coach:in
Unterkategorie 2	Herausforderungen in der Coaching-Praxis

stellung auf die entwickelten Hauptkategorien gerichtet. In dieser Studie wurden darüber hinaus die Unterkategorien einbezogen. Die inhaltlichen Ergebnisse der Kategorienbildung und der Codierprozesse sollen dadurch in qualitativer Weise präsentiert werden (Kuckartz & Rädiker, 2024).

Diese methodische Vorgehensweise ermöglicht, das Forschungsanliegen gezielt und facettenreich anhand der erhobenen Daten zu beleuchten. Leitend für die Studie waren die Fragen, wie die Befragten die Verschränkung unterschiedlicher Systemlogiken im untersuchten Weiterbildungsangebot erleben und welche Verhaltenseffekte sie durch eine Teilnahme an der wissenschaftlichen Weiterbildung wahrnehmen. Mit den erarbeiteten Kategorien lassen sich die Wahrnehmungen und Deutungen der Absolvent:innen systematisch abbilden. Die mit den erarbeiteten Kategorien gewonnenen Erkenntnisse dienen nicht nur der Beantwortung der Forschungsfragen, sondern tragen auch zur Weiterentwicklung des Modells der Interaktionalen Professionalisierung bei. Die elaborierten Kategorien zeigt Tab. 1.

Im Folgenden werden die zentralen Ergebnisse an den Hauptkategorien strukturiert dargestellt.

5.1 Einflussfaktoren für Entwicklungsprozesse

Im Hinblick auf die Einflussfaktoren für Entwicklungsprozesse der Absolvent:innen im Weiterbildungsangebot benennen die Befragten verschiedene Elemente des weiterbildenden Studiums, die sowohl ihre professionelle als auch ihre persönliche Weiterentwicklung maßgeblich beeinflusst haben. Es konnten dabei Faktoren auf drei Ebenen herausgearbeitet werden: auf inhaltlicher, auf didaktischer Ebene und auf der Ebene des Selbst-Studiums.

Die Unterkategorie *Studieninhalte* umfasst wissenschaftliche Theorien, Modelle und Konzepte sowie daraus abgeleitete Methoden, die in den Weiterbildungsseminaren behandelt wurden. Die Analyse zeigt, dass den behandelten Theorien im Vergleich zu Methoden eine übergeordnete Rolle zugeschrieben wird, wenn es um erweiterte Handlungsmöglichkeiten als Coach:in geht. Folgende Äußerung macht die Bedeutung von Theorie besonders deutlich:

> „Weil die Theorien sind ja im Endeffekt die Basis, aus der sich vieles halt oder sich alles dann halt her leitet, bis zur Ebene der Tools, der Instrumente."

Insgesamt konnten drei Funktionen herauskristallisiert werden, die wissenschaftliche Theorien im untersuchten Weiterbildungssetting erfüllen:

1) Sie ermöglichen, (Coaching-)Themen aus unterschiedlichen Perspektiven zu betrachten und zu bewerten.
2) Ihre einzelnen Bestandteile bieten Anlässe zur Reflexion von eigenem Verhalten oder Situationen.
3) Die leitenden Thesen der Theorien bieten (neue) Handlungsstrategien für das Coaching.

Die zweite Unterkategorie *Didaktik* zeigt, dass vor allem zwei Elemente als besonders entwicklungsfördernd wahrgenommen werden: Zum einen die individuell zugeschnittene Begleitung durch Einzelgespräche und Peer-Gruppen-Termine, zum anderen das gemeinsame Lernen und Üben im Gruppensetting. Diese Kombination fördert laut Datenmaterial Reflexionsprozesse über die eigene Haltung und das eigene Handeln als Coach:in. Hierbei wird dem didaktischen Grundaufbau der Seminare (Dreischritt: Theorievorstellung, Praxiserprobung, Reflexion) besondere Relevanz zugeschrieben. Diese Form ermöglicht laut den Befragten nachhaltigere Lernprozesse als etwa ein Vorlesungsformat. Eine befragte Person fasst es wie folgt zusammen:

> „Die theoretischen Kenntnisse gemischt mit der Praxis, das ist einfach sehr, sehr lebendig immer gewesen und die Kombination war großartig. Und dann auch in Kombination mit den Übungen, die wir gemacht haben, … das fand ich einfach rund, also das war einfach gut."

Das *Selbst-Studium* bildet zwar ein didaktisches Element, wird jedoch aufgrund seiner besonderen Bedeutung der Befragten nach als eigene Unterkategorie betrachtet. In den Selbststudien-Phasen der untersuchten Weiterbildung erarbeiten sich die Teilnehmenden Inhalte eigenständig. Dazu verfassen die Teilnehmenden zwei Essays sowie eine Abschlussarbeit und setzen sich eigenständig mit Fachliteratur und ihren eigenen Positionen auseinander. Vor allem die schriftlichen Leistungen werden als herausfordernde nebenberufliche Aufgaben wahrgenommen. Dennoch tragen sie laut Aussagen der Befragten zum nachhaltigen Lernerfolg bei: Sie vertiefen das Verständnis der Inhalte, steigern die intrinsische Motivation zur Auseinandersetzung mit Fachliteratur und -themen und fördern die Verbindung zwischen theoretischen Konzepten und der eigenen Praxis. Die verschiedenen Aspekte werden kommen unter anderem in folgenden Äußerungen zum Ausdruck:

> „Ich muss auch sagen, dass da die Selbstprofessionalisierungsarbeit sehr, sehr gut und hilfreich war und auch die beiden Essays. Also, es war für mich wertvoll, auch wenn es natürlich ein Angang ist, wenn man das neben dem Job macht, aber es ist eine

andere Selbstverpflichtung, sich mit Themen zu beschäftigen und ohne das wäre mein persönlicher Lernerfolg sehr viel geringer ausgefallen, also da bin ich mir sicher."

„Es ist so, dass ich … im Nachhinein zum Studium eigentlich noch viel lese, was ich jetzt im Studium nicht immer so geschafft habe. Und merke, ich habe einfach viel Freude und viel Lust, mich mit den Themen noch tiefer zu beschäftigen."

„Das erste Essay habe ich genutzt, um Qualitätsentwicklung in einer systemischen Perspektive zu reflektieren. Ich habe das so mit meiner eigenen Praxis verbunden und das war für mich sehr wertvoll."

Insgesamt zeigen sich facettenreiche individuelle Entwicklungsprozesse, die von den Befragten zu großen Teilen Impulsen aus dem weiterbildenden Studium zugeschrieben werden.

5.2 Initiierte Veränderungen

Als weiteres zentrales Ergebnis lassen sich Veränderungen festhalten, die von Teilnehmenden identifiziert werden und die laut der Befragten explizit durch die wissenschaftliche Weiterbildung angeregt worden sind. Hierbei unterscheiden sich zwei Arten der Veränderungen, einmal sind es äußere, beobachtbare, Veränderungen, andererseits handelt es sich um innere Veränderungen.

Innere Veränderungen (Unterkategorie 1) werden von den Teilnehmenden im Inneren ihrer Person verortet und sind somit nicht von außen bzw. für Dritte erkennbar. Die Befragten beschreiben diese Veränderungen als einen persönlichkeitsbildenden Prozess, für den ein bestimmter Ablauf gezeichnet werden kann (Abb. 2).

Den initiierenden, auslösenden Moment für diesen persönlichkeitsbildenden Prozess markiert die Möglichkeit im Rahmen der Wissenschaftlichen Weiterbildung, sich mit sich selbst zu beschäftigen. Konkret wird dies von den Befragten als Selbst-Fokussierung tituliert, indem Teilnehmende sich mit sich selbst konfrontiert fühlen. Dies wird von den Befragten als zentraler Unterschied zu anderen Lebenskontexten wahrgenommen, in denen es kaum Raum für eine solche Selbst-Fokussierung gibt.

Aus dieser Beschäftigung mit sich selbst gehen Reflexionsprozesse hervor, die sich insbesondere um Fragen folgender Art drehen:

- Was zeichnet mich unabhängig vom Coaching und der Weiterbildung als Menschen aus?

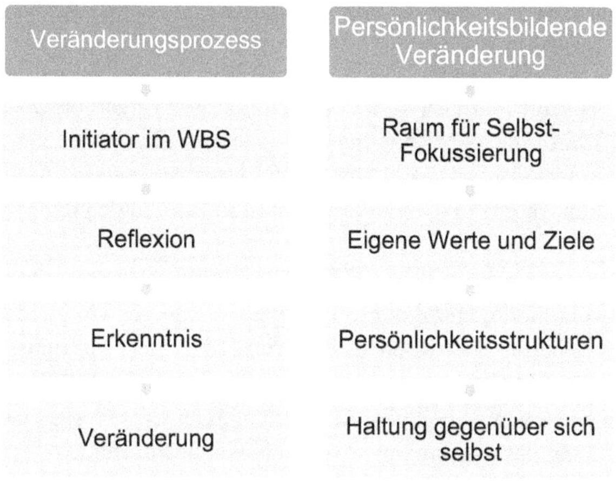

Abb. 2 Innere Veränderung. (Eigene Darstellung)

- Was ist mir wichtig – in der Arbeit und in übergreifenden Kontexten?
- Welche Ziele habe ich für meine berufliche Tätigkeit und darüber hinaus?

Die Anlässe zur Selbst-Fokussierung werden auf den didaktischen Dreischritt zurückgeführt, der insbesondere die Verknüpfung von Theorie mit Phasen der Reflexion vorsieht. Zur Entwicklung von Antworten auf diese Fragen greifen die Teilnehmenden auf Studieninhalte zurück oder nutzen den Austausch innerhalb der Studiengruppe.

Die Auswertung zeigt, dass für die befragten Personen die Reflexionsprozesse Erkenntnisse der gleichen Dimension ergeben: Sie haben durch die Bearbeitung der o. g. Fragen eigene Persönlichkeitsdimensionen erkannt, indem sie Erklärungen dafür entwickelt haben, von welchen (Verhaltens-)Motiven sie geprägt sind und welche Verhaltensmuster sich daraus ergeben. Folgende Aussagen betonen diesen Erkenntnisgewinn:

> „Es gab im Weiterbildenden Studium Schlüsselerkenntnisse, was meine eigene Struktur angeht. Die sind sehr, sehr persönlich. Mir sind Strukturen bei mir sehr deutlich geworden, dadurch, dass ich oft sehr mit mir selber konfrontiert war in diesem Studium."

Als innere Veränderung folgt daraus eine veränderte Sicht auf und ein veränderter Umgang mit sich selbst. Die Befragten charakterisieren dies als eine wohlwollendere und bewertungsfreiere Haltung gegenüber sich selbst und anderen:

> „Ich kann mich jetzt auf eine sehr viel positivere und gelassenere Sicht auf die Welt und das Leben und auf mich selbst einlassen, definitiv."

Die empirischen Ergebnisse zu Veränderungsprozessen zeigen insgesamt, welchen Wirkungskreis einzelne Weiterbildungselemente anstoßen können. Deutlich wird dies unter anderem darin, dass die Wirkung des inneren Veränderungsprozesses bis zu beobachtbaren – äußeren – Veränderungen führt, was zugleich die zweite Unterkategorie abbildet.

Die gewonne Klarheit über eigene Verhaltensmuster sowie die veränderte Haltung initiieren darüber hinaus einen veränderten, sichtbaren Umgang mit anderen, insbesondere im beruflichen Kontext. Die Absolvent:innen machen dies im Konkreten an ihrem Interaktionssverhalten fest, dass sie seit dem Weiterbildungsbeginn als ein anderes wahrnehmen. Die Befragten fassen es insbesondere als eine Weiterentwicklung ihrer kommunikativen Fähigkeiten zusammen.

> „Ich versuche, die Kolleginnen an verschiedenen Punkten anders zu erreichen, anders nachzufragen, anders zu verstehen".

Die Befragten legen ihren Fokus stärker auf das Verstehen ihres/ihrer Gesprächpartner:in, wobei ihnen verschiedene Fragen bzw. Fragetechniken helfen. Die flexible, anpassbare Nutzung unterschiedlicher Frage- und Gesprächstechniken wird zusammengefasst als Veränderungsmoment festgehalten. Auch in diesem Zusammenhang wird die Reichweite einzelner veränderter Elemente deutlich. Denn die Auswertung zeigt, dass diese veränderte Kommunikationsweise auch berufliche und private Beziehungen der Absolvent:innen beeinflusst. Eine Befragte macht es wie folgt deutlich:

> „Also mein Umfeld fand diese Veränderung zunächst nicht so klasse, weil immer, wenn sich was verändert in einem bestehenden System, ergibt das Übergangsschwierigkeiten."

Abschließend lässt sich festhalten, dass einzelne Weiterbildungselemente wie bestimmte Studieninhalte oder didaktische Elemente Veränderungsprozesse anregen können, die sich auf unterschiedliche Lebenswelten der Teilnehmenden auswirken können.

5.3 Professionalität im Coaching

Die qualitative Analyse konnte schließlich Professionalitätsdimensionen generieren, die von den Weiterbildungsteilnehmenden für das Feld Coaching gezeichnet werden. Darunter fallen Deutungen, die explizit im Weiterbildungskontext entstanden sind, aber auch Deutungen, deren Entstehungsanalass in der Empirie uneindeutig bleibt.

1) *Coachee-Orientierung*: Als Coach:in professionell zu handeln (Unterkategorie 1) bedeutet in der Empirie nicht vorrangig die Nutzung theoretisch fundierter Coaching-Methoden. Der Analyse nach vollzieht sich professionelles Handeln im Coaching im Kontakt mit dem/der Coachee, der geprägt sein sollte von einer coachee-orientierten Haltung und entsprechendem Handeln. Die Verbindung von Haltung und Handeln stellt sich als wesentliche Basis für ein professionelles und gelingendes Coaching dar. Unter Coachee-Orientierung fassen die Befragten eine vorurteilsfreie Wahrnehmung des/der Coachee:s bereits im Erstkontakt des Prozesses, die eine Möglichkeit dafür schafft, das Anliegen aus der Perspektive des/der Coachee:s zu identifizieren. Professionelles Handeln zeichnet sich ferner dadurch aus, dass ein:e Coachee in der Bearbeitung eines Anliegens durch den/die Coach:in unter Wahrung der o. g. Haltung und mit Hilfe von Methoden unterstützt wird, der/die Coach:in dem/der Coachee aber nicht die Lösungen für das Problem abnimmt. Diese Aussage fasst diese Professionalitätsdimension zusammen:

   > „Ich versuche immer zielführend zu handeln, also wie gesagt, ganz im Sinne des Coachees."

2) *Fortwährende Selbstreflexion*: Eine andere Ebene professionellen Handelns umfasst die ständige Reflexion des eigenen Handelns als Coach:in. Für die Befragten stellt diese Selbstreflexion ein essenzielles Element dar, um Coachees angemessen zu coachen. Zum einen kann Reflexionsgegenstand das konkrete Handeln im Coaching-Prozess sein. Die Reflexion kann dabei bereits vor, während des Coachings selbst und/oder im zeitlichen Nachgang stattfinden. Ziel hierbei ist die Prüfung, ob eingesetzte Methoden und das Handeln für den/die Coachee nachvollziehbar und für den Coaching-Prozess hilfreich sein werden, sind und/oder waren. Zum anderen kann die eigene Haltung und die eigene Coaching-Qualifikation zum Reflexionsgegenstand werden, indem diese auf das Coaching-Anliegen hin geprüft werden. Hierzu gehören für die Befragten als Professionalitätsmarker insbesondere ein reflektierter Umgang mit eigenen Grenzen als Person und mit Grenzen der Kompetenz als Business Coach:in.

Die Analyse verdeutlicht, dass professionelles Handeln als Coach:in nicht vorrangig an einem kompetenten Einsatz von Methoden festgemacht werden kann. Vielmehr sind eine selbstreflexive und coachee-orientierte Gestaltung des Coachings, aber auch der Beziehung zum/zur Coachee für professionelles Coaching ausschlaggebend.

Darüber hinaus offenbart das Datenmaterial verschiedene Herausforderungen (Unterkategorie 2), die die Befragten in der Praxis erleben und die auf Professionalitätsaspekte zurückgeführt werden können.

Eine von drei zentralen Herausforderungen bezieht sich auf die Anwendung der Coaching-Ansätze und Methoden. Die Befragten beschreiben die Aufgabe als schwierig, in der unmittelbaren Arbeit mit dem/der Coachee spontan zu entscheiden, welcher Ansatz und/oder welche Methode zum/zur Coachee bzw. zum Anliegen passt. Die Ansatz- und Methodenvielfalt, die sie sich in der Weiterbildung angeeignet haben, erfordert laut der Absolvent:innen eine sichere und flexible Nutzung im Coaching. In der Entwicklung einer spontanen und adressatengerechten Einbindung von Methoden im Coaching liegt zusammengefasst ein Professionalisierungsbedarf. Hier zeigt sich eine besondere Professionalisierungsherausforderung im Spannungsfeld von reflektiertem und spontanem Handeln

Als weiteren herausfordernden Aspekt kann die Herstellung eines angemessenen Nähe-Distanz-Verhältnisses zwischen Coach:in und Coachee festgehalten werden. Aus Sicht der Befragten ist ein ausgewogenes Verhältnis dieser Pole ein Bestandteil professionellen Handelns. Zwei Bereiche sind hierbei von zentraler Bedeutung: Die Wahrnehmung von zu viel Nähe als dass es für den Coaching-Prozess förderlich ist, stellt sich als wesentlich heraus. In solchen Fällen braucht es eine Grenzziehung, um die eigene Professionalität zu wahren. Ein:e Absolvent:in beschreibt diese Beispielsituation:

> „Da habe ich entschieden, ich mache jetzt einen Cut, denn wir sind uns zu nahegekommen. Der Coachee hat mich schon ein Stück weit als Freundin gesehen."

Eine Verbalisierung und Thematisierung von Grenzüberschritten dieser Art mit dem/der Coachee bedeutet der Analyse nach professionell zu handeln. Genauso verhält es sich mit Themen, die für eine Bearbeitung im Rahmen von Coaching nicht geeignet sind, sondern in anderen Kontexten behandelt werden sollten, wie zum Beispiel im Falle von psychischen Pathologien.

Die/der Absolvent:innen rücken im Rahmen einer letzten Herausforderung die Frage danach, was professionelles Handeln als Coach:in bedeutet, selbst in den Fokus. Sie beschäftigen sich mit der grundsätzlichen Frage nach Unterschieden zwischen professionellen Reaktionen und Reaktionen als Privatperson. Sie erleben diese Unklarheit in der Coaching-Praxis als herausfordernd, indem sie diese immer wieder neu austarieren, um das Coaching möglichst wirksam zu gestalten.

Die Analyse zeigt ein Kontinuum zwischen Rolle und Person, auf dem sich die Befragten bei dem Umgang mit dieser Frage verorten. Eine Gruppe der Absolvent:innen versucht durch die stetige Reflexion zu unterscheiden in professionellem und privatem Handeln mit dem Anliegen, durch Abgrenzung deutliche Merkmale herauszuarbeiten, die als Professionelle:r handlungsleitend sind. Eine andere Gruppe hingegen beschreibt, dass sie sich so stark als Coach:in identifizieren, sodass es für sie herausfordernd ist, diese Rolle in anderen Lebenskontexten abzulegen und Mitmenschen nicht als potenzielle Coachees wahrzunehmen.

Bei dieser Herausforderung geht es also insgesamt darum, die eigene Rolle als Coach:in für sich zu reflektieren und personadäquat und situationsangemessen zu handeln. Dass es sich hierbei nicht um eine eindeutige persistente Festlegung handelt, zeigen bereits die vielfältigen Beschreibungen der Befragten: Verständnisse dazu reichen von einer versuchten Trennung zwischen sich als Privatperson und Coach hin zu einem übernommenen allgegenwärtigen Dasein als Coach:in.

6 Interaktionale Professionalisierung weiterdenken: Die Ergebnisse im Diskurs

Insgesamt zeigt die empirische Auswertung, dass die Absolvent:innen die wissenschaftliche Weiterbildung als einen Interaktionsraum beschreiben, wie ihn das Modell der Interaktionalen Professionalisierung zeichnet (siehe Abb. 1). Dabei lassen sich im Datenmaterial sowohl die unterschiedlichen Akteursgruppen als auch die beiden an der Interaktion beteiligten Wissensarten – wissenschaftliches Wissen und Erfahrungswissen – identifizieren. Darüber hinaus liefern die entwickelten Kategorien Hinweise auf spezifische Elemente, die ausschlaggebend für die Verschränkung beider Wissensarten sind – und damit wesentlich zur Entwicklung von Professionswissen beitragen.

Im Folgenden werden die zentralen Ergebnisse der Studie in Bezug zum Modell der Interaktionalen Professionalisierung gesetzt und hinsichtlich ihrer theoretischen wie praktischen Bedeutung diskutiert. Zunächst (Abschn. 6.1) wird herausgearbeitet, inwiefern die empirischen Befunde das Modell bestätigen, konkretisieren oder erweitern. Daran anknüpfend (Abschn. 6.2) wird reflektiert, welche Rückschlüsse sich für die Gestaltung wissenschaftlicher Weiterbildungsangebote ziehen lassen. Den Abschluss (Abschn. 6.3) bilden Überlegungen zu den Grenzen der Studie und Impulsen für zukünftige Forschung.

Obwohl die empirische Untersuchung exemplarisch im Feld der Coaching-Weiterbildung verortet ist, lassen sich die daraus gewonnenen Erkenntnisse in ihrer grundlegenden Struktur auch auf andere Kontexte wissenschaftlicher Weiterbildung übertragen. Im Folgenden wird daher weniger auf das spezifische Handlungsfeld Bezug genommen, sondern vielmehr auf die allgemeinen Mechanismen, Grenzen und Gelingensbedingungen interaktionaler Professionalisierung eingegangen.

6.1 Zentrale Erkenntnisse im Lichte des Modells

Die Forschungsfragen der Studie, die auch für diesen Beitrag leitend waren, richteten sich auf die Wahrnehmung und Interpretation der Verschränkung von Systemlogiken innerhalb der untersuchten Weiterbildung sowie auf die daraus resultierenden Professionalisierungseffekte bei den Absolvent:innen. Die Analyse zeigt deutlich, dass die wissenschaftliche Weiterbildung von den Befragten als Interaktionsraum erfahren wurde, der durch die Beteiligung verschiedener Akteursgruppen und Wissensarten geprägt ist. Damit deuten die Ergebnisse darauf hin, dass die grundlegenden Annahmen des Modells der Interaktionalen Professionalisierung in der exemplarisch untersuchten Weiterbildung im Bereich Coaching zum Tragen kommen.

Gleichzeitig ermöglichen die Befunde eine inhaltliche Differenzierung und Weiterentwicklung des Modells: Die Kategorienbildung macht sichtbar, welche konkreten Elemente innerhalb des Weiterbildungsangebots zur Emergenz von Professionswissen beitragen. Insbesondere der didaktische Aufbau, der peergestützte Austausch sowie die gezielte Selbstfokussierung sowohl in den Seminaren als auch in Selbststudienphasen werden als maßgebliche Einflussfaktoren beschrieben. Diese Elemente schaffen – so die Befragten – nicht nur Raum für die Aneignung von Fachinhalten, sondern auch für die kritische Auseinandersetzung mit sich selbst, mit der eigenen Rolle und mit dem professionellen Selbstverständnis.

Eine zentrale Erkenntnis der Auswertung besteht darin, dass Reflexion des Verhältnisses von wissenschaftlichen Erkenntnissen und praktischen Erfahrungen nicht nur als Bestandteil einzelner didaktischer Phasen benannt wird, sondern sich als querliegendes, verbindendes Momentum durch alle analysierten Kategorien zieht. Sie fungiert in diesem Sinne als zentrales Verschränkungsmoment zwischen Wissenschaft und Praxis – und damit als entscheidende Bedingung für die

Entwicklung von Professionswissen. Reflexion kann hiernach als ein wesentlicher Professionalisierungsmotor in wissenschaftlichen Weiterbildungskontexten festgehalten werden.

Die empirische Auswertung offenbart darüber hinaus ein Verständnis von Professionalität, das sich weniger über Methodenkompetenz oder den vermeintlich richtigen Einsatz von Techniken definiert, sondern vielmehr über Haltung, Selbstreflexion und eine coachee-orientierte Beziehungsgestaltung. Damit verschiebt sich der Fokus professionellen Handelns im Coaching von einem methodisch-technischen zu einem relationalen und prozessbezogenen Verständnis. Diese Sichtweise liefert nicht nur Anknüpfungspunkte für die Weiterentwicklung des Modells, sondern kann auch als bedeutsamer Impuls für die Konzeption anderer Coaching-Weiterbildungen bzw. für die Weiterentwicklung der untersuchten Weiterbildung dienen.

6.2 Implikationen für die wissenschaftliche Weiterbildung

Die empirischen Ergebnisse verdeutlichen zentrale Implikationen für die Konzeption und Gestaltung wissenschaftlicher Weiterbildungsangebote im Coaching-Bereich, aber auch darüber hinaus. Besonders deutlich wird, dass die Teilnehmer:innen die Weiterbildung nicht als reinen Wissenstransfer, sondern als eine transformative Erfahrung beschreiben, die sowohl das berufliche als auch das persönliche Selbstverständnis beeinflusst. Damit wird Persönlichkeitsentwicklung nicht als eine Art Nebenprodukt, sondern als integraler Bestandteil professioneller Weiterentwicklung markiert. Dies wirft die Frage auf, ob wissenschaftliche Weiterbildung künftig noch bewusster als Raum für Persönlichkeitsbildung konzipiert werden sollte und unter welchen Bedingungen eine solche Entwicklung verantwortungsvoll didaktisch gestaltet werden kann.

Zentral für diese transformatorische Wirkung scheint die gezielte Verschränkung von wissenschaftlichem Wissen und Praxis zu sein. Diese wird in der Erziehungswissenschaft als grundlegende Bedingung für die Entwicklung professionellen Handelns hervorgehoben (Helsper, 2021). Die empirischen Ergebnisse legen nahe, dass insbesondere Formate, die eine reflektierte Anwendung von theoretischem Wissen in praktischen Handlungssituationen ermöglichen, die Professionalisierung der Teilnehmenden wirksam fördern können. Daraus ergeben sich konkrete Gestaltungsempfehlungen für wissenschaftliche Weiterbildungsangebote:

- *Reflexionsräume explizit einbauen:* Reflexion fungiert als Schlüsselprozess für Professionalisierung (vgl. Abschn. 6.1). Eine Integration von systematischen Phasen der Selbst- und Fremdreflexion in die Weiterbildung können hieran anschließen, wie etwa über strukturierte Reflexionsaufgaben, durch entsprechend moderierten Diskussionen während der Seminare oder mit Instrumenten wie Lernjournalen/Lerntagebüchern.
- *Selbstprofessionalisierungsformate stärken:* Die Ergebnisse unterstreichen den Wert eigenständiger Auseinandersetzungen mit und Positionierungen zu wissenschaftlichem Wissen und Praxis, wie sie im Rahmen von wissenschaftlichen Leistungen, Selbststudienphasen oder der Beschäftigung mit Seminarinhalten realisiert werden. Solche Formate können die Selbstfokussierung und nachhaltige Lernprozesse ermöglichen. In wissenschaftlicher Weiterbildung könnten für diese Formate systematisch Gelegenheiten geschaffen werden.
- *Peer-Austausch institutionalisieren:* Der Austausch mit Peers wird den empirischen Ergebnissen nach als besonders entwicklungsförderlich erlebt. Peer-Gruppen und kollegiale Fallberatungen könnten vor diesem Hintergrund zum festen Bestandteil von Curricula gemacht werden, um verschiedene Perspektiven produktiv zu nutzen und gemeinsame Reflexionsräume zu schaffen.
- *Dozierende als Brückenakteure stärken:* Dozierende in wissenschaftlichen Weiterbildungsangeboten übernehmen eine zentrale Rolle als Relationierer:innen zwischen wissenschaftlichem Wissen und praktischer Anwendung. Ihre Fähigkeit, Theorie-Praxis-Verschränkungen anzuregen und Reflexionsprozesse darüber zu initiieren und zu begleiten, ist für den Professionalisierungsprozess essenziell und sollte entsprechend in der Konzeption und Auswahl von Dozierenden berücksichtigt werden. Daran schließt außerdem eine regelmäßige Evaluation an, mit der die Qualität der Theorie-Praxis-Verschränkung nachhaltig gesichert wird.

Solche Möglichkeitsräume zur (Weiter-)Entwicklung von wissenschaftlicher Weiterbildung wie sie hier benannt wurden, können insbesondere die Persönlichkeitsentwicklung von Teilnehmenden anstoßen. Ob Teilnehmende solche Anlässe dann auch nutzen und ob die gewünschten Prozesse in Gang gesetzt werden, bleibt allerdings offen. Festzuhalten bleibt aber, dass wissenschaftliche Weiterbildung, die Professionalisierung im Sinne einer interaktionalen Verschränkung von wissenschaftlichem Wissen und Praxis initiieren will, Räume für reflexive, selbstfokussierte und sozial eingebettete Lernprozesse eröffnen sollte. So kommt sie ihrem Anspruch entgegen, nicht allein Wissensvermittlung zu betreiben, sondern professionelle Entwicklungsprozesse anzuregen. Grenzen im Blick – Potenziale im Ausblick

Die Ergebnisse der Untersuchung liefern wertvolle Einblicke in die Prozesse interaktionaler Professionalisierung im Rahmen wissenschaftlicher Weiterbildung. Dennoch sind bei der Einordnung und Interpretation der Ergebnisse bestimmte methodische und inhaltliche Grenzen zu berücksichtigen, von denen im Folgenden die Zentralsten abgebildet sind.

Methodische Grenzen

Die Ergebnisse dieses Beitrags basieren auf einer qualitative Studie, die die spezifischen Erfahrungen von Absolvent:innen eines konkreten Weiterbildungsangebots im Bereich Coaching fokussiert. Die daraus gewonnenen Erkenntnisse erlauben tiefgehende Einsichten und inhaltlich-didaktische Impulse, sind jedoch wegen ihrer fehlenden Repräsentativität nicht grundsätzlich generalisierbar. Zudem ist die Zusammensetzung der Befragten in Hinblick auf Vorerfahrungen, Berufsbiografien und Motivation heterogen, was zwar – und so war es beabsichtigt – vielfältig geprägte Sichtweisen auf Forschungsgegenstände ermöglicht, die Vergleichbarkeit einzelner Wahrnehmungen aber erschweren kann. Des Weiteren sind die in Kap. 5 generierten Ergebnisse zugleich Ergebnisse einer bestimmten qualitativen Forschungsmethode. Im Bewusstsein darüber, dass rekonstruktiv ausgewertete Daten immer eine subjektive Prägung durch die Forschenden tragen, wurde eine Auswertungsmethode gewählt, die möglichst nah am Datenmaterial bleibt und aus diesem die Generierung von Thesen ermöglicht. Mit einer anderen Auswertungsmethode wären wahrscheinlich auch andere (Arten von) Ergebnisse entwickelt worden, die wiederum andere Implikationen für interaktionale Professionalisierungsprozesse in wissenschaftlicher Weiterbildung generiert hätten. Die hier dargestellten Ergebnisse und Ableitungen stellen somit eine *mögliche* Perspektiven auf den Forschungsgegenstand dar.

Inhaltliche Grenzen

Das Modell der interaktionalen Professionalisierung, das den professionalisierungstheoretischen Rahmen der Studie bildet, operiert mit dem Begriff der Theorie als einer Form wissenschaftlicher Erkenntnisse (vgl. Kap. 2 und vgl. Meyer et al., 2019, S. 34). Gezeigt werden konnte, dass die Absolvent:innen Theorie im Rahmen wissenschaftlicher Weiterbildung eine besondere Relevanz zuweisen. Doch die Be- und Ausdeutung theoretischer Konzepte könnte sich aus Sicht der Teilnehmenden von jener der Studiengangs-/Programmplanenden sowie von Perspektiven, die Literatur zulässt, unterscheiden, ohne dass diese Differenz in diesem Rahmen explizit erhoben und reflektiert wurde.

Auch bleibt die Perspektive der Dozierenden auf den Forschungsgegenstand im Hintergrund: Ihre Rolle als Interaktionsakteur:innen zwischen wissenschaftlichem

Wissen und Erfahrungswissen – eine zentrale Annahme im Modell der interaktionalen Professionalisierung – wurde nicht systematisch untersucht.

Darüber hinaus wurde nur in Ansätzen gezeigt, wie die Interaktion konkret gestaltet, moderiert und von den Beteiligten wahrgenommen wird. Zukünftige Studien könnten hier vertiefend ansetzen – etwa durch ethnografische Methoden – um die Dynamiken in den Interaktionssystemen genauer zu erfassen.

Weiterführende Forschungsfelder

Diese Limitationen eröffnen zugleich Ansatzpunkte für zukünftige Forschungsbemühungen. Besonders fruchtbar erscheinen Längsschnittuntersuchungen, die der Frage nachgehen, inwieweit sich die beschriebenen Professionalisierungsprozesse auch langfristig – jenseits des unmittelbaren Studienabschlusses und der Zertifikatsvergabe – stabilisieren und weiterentwickeln. Hier knüpfen Überlegungen zur Nachhaltigkeit an: Inwiefern entfalten Weiterbildungserfahrungen über längere Zeiträume hinweg wahrnehmbare Wirkungen auf berufliche und persönliche Handlungsorientierungen? Angesichts der erziehungswissenschaftlichen These, dass sich professionelles Handeln durch wissenschaftlich fundierte Begründungen des eigenen Handelns auszeichnet (Helsper, 2021), könnte weitergehend untersucht werden, inwieweit sich bei Absolvent:innen solches Begründungsverhalten finden lässt und welche Rolle dabei die Verschränkung von Theorie und Praxis dem Modell der Interaktionalen Professionalisierung spielt.

Darüber hinaus sollte die Perspektive von Dozierenden in empirischen Projekten gezielt in den Blick genommen werden: Wie nehmen sie ihre Rolle als Brückenakteur:innen zwischen Wissenschaft und Praxis wahr? Welche Strategien nutzen sie, um Theorie und Erfahrung miteinander zu verschränken? Eine vergleichende Perspektive könnte schließlich durch Studien eröffnet werden, die verschiedene Formate wissenschaftlicher Weiterbildung gegenüberstellen, etwa unterschiedliche Coaching-Programme oder Weiterbildungskonzepte aus anderen Feldern.

Neben den bereits benannten Perspektiven auf die individuelle Professionalisierung eröffnet die Studie auch einen weiterführenden Diskussions- und Forschungsanschluss im Kontext des wissenschaftlichen Transfers. Universitäten nehmen neben den Aufgaben von Lehre und Forschung zunehmend eine aktive Rolle in der Gestaltung gesellschaftlicher Entwicklungen wahr, die im aktuellen Diskurs als dritte Mission bzw. third Mission von Hochschulen zusammengefasst wird (vgl. Roessler & Hachmeister, 2021). Wissenschaftliche Weiterbildung kann in diesem Zusammenhang nicht nur als Instrument zur Professionalisierung einzelner Personen verstanden werden, sondern als ein Medium, das durch die Initiierung nachhaltiger Reflexionsprozesse gesellschaftliche Transformationsprozesse kritisch begleitet und mitgestaltet.

Die hier untersuchte Form der Weiterbildung, die auf der Verschränkung von Theorie und Praxis und auf reflexiven Professionalisierungsprozessen beruht, kann insofern als beispielhafte Transformationsaktivität gesehen werden. Daraus ergibt sich ein weiteres Forschungsfeld: Künftige Studien könnten untersuchen, inwiefern wissenschaftliche Weiterbildung tatsächlich als nachhaltiges Transformationsformat im Sinne der Third Mission wirkt – etwa im Hinblick auf die Entstehung reflexiver Praxen, die über die individuelle Ebene hinaus gesellschaftliche Kontexte beeinflussen.

Insgesamt verweist die Studie auf die besondere Bedeutung reflexiver, theoriegeleiteter und praxisnaher Lernprozesse in der wissenschaftlichen Weiterbildung. Professionalisierung wird hier nicht auf das Erreichen formaler Qualifikationsziele reduziert, sondern umfasst tiefgreifende Prozesse der persönlichen und beruflichen Entwicklung – also jenseits rein formaler Zertifizierung. Eine wesentliche Bedeutung in diesem Zusammenhang erhalten in der Weiterbildung entstehende Reflexionsräume, die das zentrale verschränkende Element in Interaktionalen Professionalisierungsprozessen darstellen. Wissenschaftliche Weiterbildung erweist sich hiermit als wirksamer Motor für die Professionalisierung im Bereich Coaching. Die Herausforderung künftiger Forschung und Gestaltung wissenschaftlicher Weiterbildung liegt darin, diese Prozesse sichtbar zu machen, gezielt zu unterstützen und wissenschaftlich fundiert weiterzuentwickeln. Die hier dargestellten empirischen Ergebnisse bieten Impulse, an denen eine solche Weiterentwicklung anknüpfen kann.

Literatur

Dewe, B., & Radtke, F.-O. (1991). Was wissen Pädagogen über ihr Können. Professionstheoretische Überlegungen zum Theorie-Praxis-Problem in der Pädagogik. In J. Oelkers & H.-E. Tenorth (Hrsg.), *Pädagogisches Wissen* (S. 143–162). Beltz.

Dewe, B., Ferchhoff, W., & Radtke, F.-O. (1992). Das „Professionswissen" von Pädagogen. Ein wissenschaftstheoretischer Rekonstruktionsversuch. In B. Dewe, W. Ferchhoff, & F.-O. Radtke (Hrsg.), *Erziehen als Profession. Zur Logik professionellen Handelns in pädagogischen Feldern* (S. 70–91). Leske & Budrich.

Flick, U. (2007). *Qualitative Sozialforschung: Eine Einführung* (5. Aufl.). Rowohlt.

Friebertshäuser, B. (2009). Qualitative Methoden. In S. Andresen, R. Casale, T. Garbiel, R. Horlacher, S. Larcher Klee, & J. Oelkers (Hrsg.), *Handwörterbuch Erziehungswissenschaft* (S. 698–712). Beltz.

Gieseke, W. (Hrsg.). (2000). *Programmplanung als Bildungsmanagement? Qualitative Studie in Perspektivverschränkung*. Bitter.

Gieseke, W. (2010). Perspektivverschränkung. In R. Arnold, S. Nolda, & E. Nuissl (Hrsg.), *Wörterbuch Erwachsenenbildung* (2. Aufl., S. 238). Klinkhardt.

Helfferich, C. (2014). Leitfaden- und Experteninterviews. In N. Baur & J. Blasius (Hrsg.), *Handbuch Methoden der empirischen Sozialforschung* (S. 559–574). Springer.

Helsper, W. (2021). *Professionalität und Professionalisierung pädagogischen Handelns: Eine Einführung*. Utb.

Jütte, W., Walber, M., & Behrens, J. (2012). Interaktive Professionalisierung in der Weiterbildung. Das Bielefelder Modell. In R. Egetenmeyer & I. Schüssler (Hrsg.), *Akademische Professionalisierung in der Erwachsenenbildung/Weiterbildung* (S. 171–181). Hohengehren.

Kuckartz, U., & Rädiker, S. (2024). *Qualitative Inhaltsanalyse. Methoden, Praxis, Umsetzung mit Software und künstlicher Intelligenz* (6. Aufl.). Beltz Juventa.

Luhmann, N. (1992). *Die Wissenschaft der Gesellschaft*. Suhrkamp.

Meyer, K., Walber, M., & Jütte, W. (2019). Weiterbildungsstudiengänge als Formate der interaktionalen Professionalisierung. *ZHWB – Zeitschrift Hochschule und Weiterbildung, 1*, 30–39.

Peters, R. (2004). *Erwachsenenbildungs-Professionalität: Ansprüche und Realitäten*. wbv.

Roessler, I., & Hachmeister, C. (2021). Wissenstransfer als Bestandteil der Third Mission der Hochschulen. In U. Schmidt & K. Schönheim (Hrsg.), *Transfer von Innovation und Wissen* (S. 195–214). Springer.

Simon, F. B. (2008). *Einführung in Systemtheorie und Konstruktivismus*. Carl Auer.

Walber, M., & Jütte, W. (2012). Grenzüberschreitungen-(System-)Interaktionen als Leitprinzip in der wissenschaftlichen Weiterbildung. In U. Bade-Becker & M. Beyersdorf (Hrsg.), *Grenzüberschreitungen in der wissenschaftlichen Weiterbildung: Interdisziplinarität, Transnationalisierung, Öffnung* (DGWF Beiträge, 52, S. 14–19).

Ethik als relevante Unterscheidung im Coaching

Klaus Erfkamp

Zusammenfassung

Der Beitrag untersucht Ethik als zentrales Unterscheidungsmerkmal im Coaching unter besonderer Berücksichtigung von Verantwortungsethik und Gesinnungsethik. Ausgehend von der These, dass Professionalisierung im Coaching ethische Reflexion erfordert, werden drei prominente Coachingansätze – der Personenzentrierte Ansatz nach Rogers, die Existenzanalyse nach Längle und der Systemische Ansatz – hinsichtlich ihres jeweiligen Verständnisses von Verantwortung analysiert. Während der personenzentrierte Ansatz auf die Selbstverantwortung des Coachees und eine wertschätzende Beziehung setzt, betont die Existenzanalyse die dialogische Verantwortung und Stimmigkeit als Grundlage für sinnvolle Lebensgestaltung. Der systemische Ansatz hingegen relativiert die Zuschreibung von Verantwortung. Die vergleichende Analyse zeigt, dass die ethische Grundhaltung und das zugrunde liegende Menschenbild die Art und Weise der Verantwortungszuschreibung im Coaching wesentlich prägen und zu spezifischen Praxisimplikationen führen. Der Artikel schließt mit einer systematisierenden Gegenüberstellung und plädiert dafür, Ethik als relevanten Differenzierungsfaktor in der professionellen Coachingpraxis ernst zu nehmen.

Der Artikel baut auf einer studentischen Gruppenarbeit an der Universität Bielefeld auf, an der Lena Schumann, Nicolas Seele und Nicole Meyer mitgewirkt haben.

K. Erfkamp (✉)
Universität Bielefeld, Weiterbildendes Studium Professional Businesscoaching
Bielefeld, Deutschland

C. Kuhlmann, M. Walber (Hrsg.), *Jahrbuch Coaching und Organisationsberatung*, https://doi.org/10.1007/978-3-658-27271-5_9

1 Einleitung

Coaching boomt und fordert somit Professionalisierungsbemühungen geradezu heraus. Für eine Vielzahl der Coachingthemen stehen verschiedene etablierte Coachingansätze zur Verfügung. In den letzten Jahrzehnten hatten systemische Ansätze im Beratungs- und Coachingbereich einen Aufschwung und haben unterschiedliche Ausprägungen hervorgebracht. Bei der Beschäftigung mit Strukturen und Mustern geriet dabei leicht in Vergessenheit, dass es im Coaching um Menschen geht, was den Rückgriff auf humanistische Verfahren nahelegt.

Unterstellt man, dass mit der Professionalisierung auch die Beschäftigung mit dem Thema Ethik einhergeht, öffnet sich hier ein weites Forschungsfeld. Historisch betrachtet hat sich die Gesinnungsethik, die Priorisierung und Beschäftigung mit den Prinzipien und Absichten *des Guten* gewandelt hin zur Verantwortungsethik, die die Konsequenzen einer Handlung und den Handlungserfolg in den Blick nimmt.

Mit diesem Beitrag gehen wir gezielt der Frage nach, wieviel Verantwortungsethik – oder konkreter – wieviel Verantwortung in einem jeweiligen Coachingansatz steckt, und streifen die dazugehörige Gesinnungsethik dieser Ansätze am Rande.

Untersuchungsgegenstand sind drei etablierte Therapie- und Coachingansätze. Als einer der Ältesten ist sicherlich die Klient:innenzentrierte Gesprächspsychotherapie von Carl Rogers zu nennen. Ähnliches gilt für die Logotherapie von Viktor Frankl, die in der Existenzanalyse von Alfried Längle eine Überarbeitung erfahren hat. Als dritter Ansatz, als *moderner Kontrast*, dient ein Systemischer Ansatz.

Einleitend erörtern wir in einem Theorieteil den Begriff der Verantwortung und analysieren im Folgenden jeden der Ansätze auf seinen Verantwortungsgehalt und seine jeweilige Ausprägung hin. In der abschließenden Diskussion differenzieren wir die personale Verantwortung des/der Coaches/Coachin von der jeweiligen inhärenten Verantwortung, die mit der Anwendung des jeweiligen Ansatzes verbunden ist und fügen die Einzelerkenntnisse zu einem Gesamtbild zusammen.

2 Theorie Verantwortung

Ethik kann zunächst als das philosophische Reflektieren und Nachdenken über die Moral definiert werden. Ethik stellt daher die Wissenschaft der Moral dar. Moralische Logiken, Begründungen, Aussagen und Argumente werden in der Ethik analysiert (Hübner, 2018, S. 12 ff.).

Wird die Moral betrachtet, so lässt sich festhalten, dass Moral durch Normsysteme dargestellt werden kann, deren Gegenstand menschliches Verhalten ist und welche einen Anspruch auf Allgemeingültigkeit erheben. Die Moral kann sowohl gruppenbezogene als auch personenspezifische Wertüberzeugungen abbilden. Sie kann die private Lebensführung, aber auch gesamtgesellschaftliche Perspektiven für das öffentliche Zusammenleben beeinflussen. In der pluralen Gesellschaft ist der Mensch dazu aufgefordert eigene Moralen zu entwickeln und zu wählen (Hübner, 2018, S. 12). Durch die heutige komplexe Gesellschaft ist es notwendig auch den ethischen Diskurs in seiner Komplexität zu würdigen (u. a. Kreß & Müller, 1997).

Verantwortungsethik lässt sich hier als ethische Teildisziplin verorten. Dieser wird sich im Folgenden durch einen ausschnitthaften-historischen Einblick genähert, um anschließend eine Verortung im heutigen Diskurs des Coachings vornehmen zu können.

In der vorneuzeitlichen Betrachtung ist Verantwortungsethik als Pflicht-gebundener, Disziplin-orientierter und Schuld-zuweisender Begriff zu definieren, welcher sich erst durch Max Weber ändert. Dieser transformiert die vorherrschende Vorstellung einer Gesinnungsethik, welche Handlungen nach ihren Handlungsabsichten zu bewerten sucht, zu einer Verantwortungsethik. Hier ist die Idee von Verantwortung zentral, welche eben jene auf Handlungsfolgen ausrichtet (Kreß & Müller, 1997, S. 13 ff.). Hans Jonas ist als weitere zentrale Figur der neuzeitlichen Verantwortungsethik zu nennen, der sich mit der zunehmenden Technologisierung und den daraus resultierenden Veränderungen in den Ansprüchen an die Ethik auseinandersetzt.[1] Jonas fokussiert dabei in seinen verantwortungsethischen Betrachtungen zukünftige Generationen und deren Lebenswelt (Thies, 2019, S. 3 f.).

Der heutigen komplexen Gesellschaft geschuldet gibt es multiple individualverantwortliche, sowie sozialethische Betrachtungen.[2] Allgemein gefasst lässt sich festhalten, dass Verantwortung eine Form von gesellschaftlicher Basis darstellt, welche ein Individuum für sich und andere inne hat. Die individual-Verantwortung liegt in sozialer Beziehbarkeit, welche verschiedene Bezugspunkte haben kann.[3] Sozialethische Betrachtungen fokussieren das Leben in der Zukunft und die Siche-

---

[1] Siehe hierzu auch: Hans Jonas (1979): Das Prinzip der Verantwortung.

[2] Vergleiche hierzu: Levians, Ingarden, Jonas, Apel, Birnbacher etc. Zu beachten bleibt, dass kein Ansatz frei von Kritik ist.

[3] Bezugspunkte können hier beispielsweise Gemeinden, Gottheiten oder andere Subjekte sein. Auch der Bezug auf das Selbst ist möglich.

rung dessen[4] (Kreß & Müller, 1997, S. 93 ff.). Als Minimalkonsens kann festgehalten werden, dass Verantwortung nach realen Folgen fragt und nicht nach Handlungsabsichten. Es wird als Handlungssubjekt Verantwortung vor jemandem übernommen in Form von Handlungsfolgen unter bestimmten Bedingungen und mit Blick auf den Schaden und Nutzen (Kreß & Müller, 1997, S. 105). Als Orientierung zum Verantwortungsbegriff kann zudem Franz-Xaver Kaufmanns[5] Perspektive angeführt werden. Er selbst fasst Verantwortung als Selbstverpflichtung oder als soziale Zuschreibung. Hier sieht Kaufmann einen direkten Zusammenhang von Verantwortung mit der „menschlichen Freiheit" (Kaufmann et al., 2012, S. 205). „Die soziale Funktion der Zuschreibung von Verantwortung und Verantwortlichkeit besteht [...] in der Mobilisierung von Selbstverpflichtung im Sinne außergewöhnlicher, nicht programmierbarer Handlungsbereitschaft für spezifische Zwecke sozialer Systeme" (Kaufmann et al., 2012, S. 206). Wird also von Verantwortung gesprochen, so muss nach Kaufmann immer das reziproke Verhältnis von Zuschreibung und Selbstverpflichtung, sowie deren gesamtsystemische Funktion mitgedacht werden. Als Bezugspunkte und Abhängigkeiten dieser Verantwortungsdefinition werden individuelle und kollektive Werte, sowie Kultur und Prägung, als auch die Vorstellung von Ursache und Wirkung der Handlung genannt. Es wird deutlich, dass Verantwortung kein eindeutiges Maß für die moralische Vertretbarkeit vorgibt und daher eine situationsbezogene moralische Auseinandersetzung notwendig ist (Kress & Müller, 1997, S. 15 ff.).

3 Verantwortung im Personenzentrierten Ansatz

Der Personenzentrierte Ansatz (PZA) von Carl Rogers (1972) findet als humanistischer Ansatz für interaktive, auf das Gespräch und die zwischenmenschliche Beziehung konzentrierte Hilfeformen große Verbreitung. So auch im Coaching. Carl Rogers selbst hat nicht zwischen der Therapie und der Beratung (Counseling) unterschieden, wobei er seinen Ansatz bewusst über die Grenzen der verschiedenen Helferdisziplinen hinaus, bis in die Felder der politischen und ökonomischen Auseinandersetzungen weiterentwickelte (Rogers, 1972).

Der menschliche Organismus, gemäß Rogers Definition die Einheit der biologisch-physiologischen und psychologischen Ebenen des menschlichen Seins,

[4] Hier können die Existenz des Menschen in der Zukunft sowie die Sicherung der Humanität als Ziele genannt werden.

[5] Auch Kaufmann sieht die Problematik der wenigen Beforschung und die mangelhaft strukturierte Darstellung des Verantwortungsbegriffes.

wird von einer ständigen Aktualisierungstendenz vorangetragen und angetrieben. Die dem Organismus inhärente Aktualisierungstendenz stellt das ständige Streben der menschlichen Existenz nach Weiterentwicklung, Ausdifferenzierung und Entfaltung der Möglichkeiten dar (Finke, 2019, S. 17). Es handelt sich somit um eine organismische Vorwärtsbewegung der menschlichen Natur. Gerät der Mensch in einen Zustand in dem diese Bewegung, also seine (wiederkehrenden) Erfahrungen, Eindrücke oder Erlebnisse, nicht mit seinem Selbstkonzept übereinstimmen, stellt sich ein krisenhafter Zustand, die Inkongruenz, ein. Sie verkörpert die Kollision der Aktualisierungstendenz mit dem, für das Individuum vorherrschende, Selbstkonzept (Brossi, 2006, S. 375 f.). Um diesen Zustand zu verhindern und in einem diametralen Sinne die Entwicklung, Krisenstabilität und Autonomiegewinnung des Individuums zu gewährleisten und zu fördern, nimmt der PZA die Beziehung zwischen Coach:in und Coachee in den Fokus der Methodik. Arbeitet der/die Coach:in streng nach dem PZA, muss er/sie die Verantwortung für die Schaffung einer *heilsamen* Beziehung übernehmen. Charakteristisch für diese Art von Beziehung ist neben einem gewissen Leidensdruck des/der Coachee und der Bereitschaft zur Zusammenarbeit, die bedingungsfreie positive Betrachtung des/der Helfenden, sein/ihr einfühlendes Verstehen und die unabdingbare Kongruenz oder Echtheit im Prozess der Hilfe (Finke, 2019, S. 33 ff.). Die Theorie der Heilsamkeit der richtigen Beziehung stellt Rogers Kernhypothese dar und wird von ihm folgendermaßen formuliert: „Wenn ich eine gewisse Art von Beziehung schaffen kann, dann wird der andere die Fähigkeit in sich selbst entdecken, diese Beziehung zu seiner Entfaltung zu nutzen, und Veränderung und persönliche Entwicklung finden statt" (Rogers, 2018, S. 47). Wie es bereits durch die Theorie der Aktualisierungstendenz des Organismus deutlich wird, spricht der PZA der menschlichen Existenz und dem Individuum ein hohes Maß an Autonomie zu. So lehnt Rogers bewusst alle Formen des therapeutischen Trainings, der paternalistischen Bevormundung durch konkrete Handlungsanleitungen oder aus einem Expertenstatus erwachsene Fremdbestimmungen ab (Rogers, 2018, S. 46). Indes verweist er im Zuge dieser radikalen Autonomiebestätigung direkt auf die Thematik der Verantwortungsverschiebung. Der/Die Coachee übernimmt innerhalb der Beziehung die Verantwortung für die Lösung seiner/ihrer Inkongruenz und schafft sich so die Möglichkeit zu einer tiefgreifenden Selbstexploration, welche für den PZA einen zentralen Prozessschritt definiert (Rogers, 2016, S. 78 ff.). Diese Nicht-Direktivität ist Ausdruck des humanistischen Charakters des PZA und äußert Rogers Abneigung gegenüber dogmatischen Sinnvorgaben. Sie verdeutlicht zudem gut die Sensibilität im Umgang mit Verantwortung innerhalb der Theorie und Praxis.

4 Verantwortung im Existentiellen Coaching

Die Logotherapie/Existenzanalyse wurde von dem Holocaustüberlebenden Viktor E. Frankl in den 1930er-Jahren neben den Konzepten von Alfred Adler und Siegmund Freud als die dritte Wiener Schule der Psychotherapie begründet. Das humanistisch orientierte Psychotherapieverfahren wurde von Alfried Längle in den Jahren 1980/1990 maßgeblich weiterentwickelt. Längle fügte der Sinnthematik Frankls weitere existenzielle Themen hinzu, und übertrug den Ansatz auf den Bereich des Coachings und des Leadership (Längle, 2014).

Auf die Leitfrage dieses Aufsatzes bezüglich der Verantwortung im Existentiellen Coaching, findet sich bei Längle und Bürgi (2014): „Es [das existentielle Coaching] macht sich zum Anwalt des Menschen. Es sieht sein Wesen als wichtiger an als sein Funktionieren" (S. 11). Existenzielles Coaching will den Menschen verstehen und ihn befähigen zu einem erfüllten Leben voller innerer Zustimmung zu gelangen. Im Mittelpunkt dieses Coaching-Ansatzes steht die Bearbeitung von grundsätzlichen Fragen der eigenen Existenz des/der Coachee:s, und der daraus abzuleitenden Verantwortung. Der Verantwortung für das eigene Leben.

Die Existenzanalyse versteht Existenz als ein in Freiheit und Verantwortung gestaltetes Leben, in welchem vor allem die Gegenwart und die Hinwendung auf die Zukunft eine Rolle spielen. Der Mensch wird dabei nicht als Ergebnis innerpsychischer Prozesse angesehen, sondern primär als dialogisches Wesen, das auf die konkreten Anfragen seiner Innenwelt und Außenwelt ausgerichtet ist und vor dem Hintergrund seiner Bedingungen und Möglichkeiten befähigt ist, sein Leben eigenverantwortlich zu vollziehen (Längle & Bürgi, 2014, S. 23).

Hierfür sieht der Autor zwei Modelle vor. Im Prozessmodell – dem Wie –, bildlich ein Dreieck mit der Person im Zentrum, versucht die Existenzanalyse mit phänomenologischen Methoden dem/der Coachee einen Eindruck (erster Abschnitt) von seiner eigenen Person zu vermitteln. Mit Person ist hier das Freie, Geistige im Menschen gemeint, was nicht konkret greifbar ist, dem man im Gespräch aber begegnen kann. „Den Eindruck kennzeichnen Gefühle, spontane Impulse und tiefes, unmittelbares Verständnis des Erlebten" (Längle, 2007, S.9). In der darauffolgenden Stellungnahme (zweite Abschnitt) wird die eigene Reaktion kritisch hinterfragt und mit dem Verstehen anderer Personen abgeglichen, um zu einem fundierten Urteil zu gelangen. Das Ausdrucksverhalten, „der dritte Abschnitt ist die strategische Entwicklung eines praktischen Handels, das auf die reale Situation abgestimmt wird und auf die Konsequenzen vorbereitet" (Längle, 2007, S.9).

Das Strukturmodell der Existenzanalyse – das Was – stellt die vier Grundmotivationen der menschlichen Existenz dar und bildet den theoretischen und praktischen Hintergrund für das Coaching. Im Coachinggespräch erspürt der/die Coach:in denjenigen Baustein der Existenz, der gerade oben auf (bedroht) zu sein scheint, und erarbeitet unter Anwendung des Prozessmodells gemeinsam mit dem/der Coachee eine für den/die Coachee stimmige Lösung. Erst die Erfüllung aller vier Bedingungen löst bei dem/der Coachee ein sinnvolles Wollen und die innere Zustimmung zum Handeln aus.

Die erste Grundmotivation ist an das reale Leben gekoppelt. Längle und Bürgi (2014) sprechen hier von Faktizität. Der Mensch braucht Schutz, Raum und Halt um als Mensch einfach nur da sein zu können und sein Können zu entfalten. Oder aber die Gegebenheiten des eigenen Daseins als gegeben anzunehmen und auszuhalten.

In der zweiten Grundmotivation geht es um Werte im Leben. Erlebt der/die Coachee Beziehung, Zeit und Nähe, so sind die Voraussetzungen geschaffen das Leben zu bejahen. Das Einstehen für Werte impliziert vom Leben angesprochen zu werden, sich berühren zu lassen, sich der Realität zu stellen, und das Leben zu mögen.

Beim dritten Baustein der Existenzanalyse steht die Frage: „Ich bin – aber darf ich so sein, wie ich bin?“ im Fokus. Es geht um Identität, das Eigensein eines jeden Menschen. Erfährt der Mensch in der Begegnung mit Anderen Beachtung, Gerechtigkeit und Wertschätzung, kann sein/ihr Ich einen Selbstwert ausbilden. Steht er/sie zu sich selbst, tritt für seine/ihre Belange ein, entwickelt er/sie Identität und Authentizität und übernimmt Verantwortung für sich selbst.

Die vierte Grundmotivation, oder auch Dimension beschäftigt sich mit der Sinnfrage der Existenz: „Ich lebe, aber wozu soll mein Leben gut sein?“. Im Erleben von größeren Sinnzusammenhängen, Aufgaben oder auch im Glauben findet der Mensch Zugehörigkeit und die Möglichkeit persönlicher Reifung. Hierdurch „nehme ich mich aus der Abhängigkeit des Antwort-Bekommens [auf die Sinnfrage] heraus und erhalte das Entscheidende in der Hand: das Antwortgeben. Diese Freiheit, die Selbstaktivierung und die Verantwortung für die Antwort erlauben mir, mich als Person zu verwirklichen“ (Längle & Bürgi, 2014, S. 133).

Metaphorik ist im allgemeinen Coaching eine gängige Methode. Zusammenfassend könnte folgendes Bild dienen: Im Laufe des Coaching Gesprächs übergibt der/die Coach:in einen bildlichen Staffelstab der Verantwortung an seine:n Coachee. Im ersten Bild der Sequenz, der ersten Grundmotivation, hat der/die Coach:in den Staffelstab fest in seinen/ihren Händen und sorgt dafür, dass der/die Coachee die Situation annehmen kann. Durch eine wertschätzende Beziehung ermöglicht er/sie dem/der Coachee die Situation zu mögen, indem er/sie den Staffelstab überreicht. In der dritten Grundmotivation zeigt das Bild den/die Coachee den Staffelstab in beiden Händen hochhaltend: „Ja, ich bin ich – und ich darf so sein, wie ich bin. Ich nehme meine Verantwortung an" (Längle & Bürgi, 2014). Mit dem Abschlussbild der vierten Grundmotivation, der Sinnfrage, hat der/die Coachee erkannt, was das Leben aktuell bei ihm/ihr anfragt. Er/Sie kann diese Situation annehmen, ist von ihr berührt und empfindet sein/ihr Verhalten als das Seinige/Ihrige. Der/Die Coachee erkennt den Sinn und folgt dem Aufforderungscharakter gerne.

5 Verantwortung im systemischen Coaching

Das systemische Coaching lehnt sich nicht an eine systemische Theorie an, vielmehr ist das systemische Paradigma in den 1960er-Jahren, interdisziplinär aus Bereichen der Mathematik, der Physik, der Biologie und der Chemie sowie aus der Logik, der Sprachwissenschaften und der Kommunikationstheorie entstanden (Blume, 2016, S. 22). Relevant stellt sich allerdings die Systemtheorie Niklas Luhmanns dar. Insbesondere unter organisatorischer oder gesellschaftspolitischer Perspektive. Diese Theorie bietet die operationale Grundlage für Kommunikation, basiert auf konstruktivistischen Perspektiven und integriert gleichzeitig die Kybernetik zweiter Ordnung (Blume, 2016, S. 23). Um den Blick auf den expliziten und auch impliziten Umgang mit Verantwortung, also deutlicher, den Blick auf Handlungsfolgen im Coaching zu richten, ist es hilfreich, zunächst die Grundannahmen der Systemtheorie zu betrachten.

Ein System definiert sich nach Luhmann über die Differenz zur Umwelt. Diese Annahme bildet die Leitunterscheidung der gesamten Systemtheorie. Innerhalb eines Systems befinden sich Elemente, die nicht singulär betrachtet werden, sondern in einem Verhältnis bzw. in einer Relation zueinander stehen und somit in ihrer Wechselwirkung betrachtet werden. Luhmann unterscheidet zwischen Organismen, psychischen Systemen und sozialen bzw. Kommunikationssystemen, die er jedoch als selbst organisierende Systeme zusammenfasst. Diese autopoetischen Systeme sind in sich geschlossen, organisieren sich selbst, erschaffen sich ihre eigene Struktur und folgen ihrer eigenen Logik. Diese Systeme sind nicht von ihrer Umwelt steuerbar. Sie sind autonom, aber lernfähig (Blume, 2016, S. 26 f.). Diese autopoetischen Systeme sind ebenfalls autonom in der Erschaffung ihrer eignen Wirklichkeit, sie reagieren auf Irritationen mit Bezug auf ihre internen Muster. Es wird eine Innen-Außen-Unterscheidung hergestellt und ob eine Intervention bzw. Irritation eines/einer Coaches/Coachin anschlussfähig ist oder das System zur Lernbereitschaft anregt, hängt von der Sinnzuschreibung des Systems ab. Für die Praxis bedeutet diese Ausgrenzung von der internen Wirklichkeit des Kundensystems, dass der/die Coach:in zwar Angebote machen kann, diese jedoch nicht in einer Ursache-Wirkungsbeziehung stehen (Simon, 2014, S. 38 ff.). An dieser Stelle wird nun die Frage nach der Verantwortung im Sinne der Handlungsfolgen unmöglich, da autopoetische Systeme nicht von außen gesteuert werden können. Der/Die Coach:in hat zwar Einfluss auf das Setting/Coachingsystem, jedoch nicht im Sinne einer Steuerung. Es ist weder eine Kontrolle möglicher Handlungsfolgen noch die Gewissheit über die interne Verarbeitung seines Einflusses möglich. Es ist also vielmehr die Frage: Wie geht ein:e Coach:in in der Praxis mit Handlungsfolgen um oder wie verhält er/sie sich zu diesen, wenn die Theorie streng genommen diesen Bezug nicht anbietet? Fritz B. Simon (2014) bietet hierzu folgende Unterscheidung: „Das heißt zwar, dass die Macht des Beraters begrenzt ist, es heißt aber nicht, dass es beliebig ist, was er tut. Denn es gilt tradiertes und/oder wissenschaftlich erworbenes Wissen, Erfahrungen, Erlerntes usw., das die Unterscheidung zwischen besserem oder schlechterem Coaching bzw. nützlichen und schädlicheren Intervention erlaubt“ (S. 43).

6 Konklusion

Allen drei Ansätzen gemein ist sicherlich die Tatsache, dass ein:e Coachee zu einem/einer Coach:in geht und um dessen Unterstützung nachfragt. Quasi per Definition ist die Arbeitsweise des/der Coaches/Coachin als Hebammenprinzip oder als Hilfe zur Selbsthilfe in die *DNA des/der Coaches/Coachin* eingeschrieben. Bevor es zur eigentlichen inhaltlichen Arbeit kommt, wird der/die Coach:in eine Reihe von Dingen mit dem/der Coachee klären wollen, um Art, Umfang und den Kontext des Coachings kennenzulernen. Diese Auftragsklärung ist bei professionellen Coaches/Coachinnen Coaches unabhängig vom in Anwendung gebrachten Coachinganszatz und ist häufig durch ethische Vorgaben eines, oder mehrerer Coachingverbände definiert. Hier greift die von Kaufmann beschriebene Verantwortung in Form der sozialen Zuschreibung zu der Rolle als Coach:in und natürlich auch die Selbstverpflichtung, die sich jede:r Coach:in auferlegt. Für die Praxis sollte es also dem/der Coachee egal sein, in welche Hände er/sie sich begibt, für sein/ihr Wohl ist gleichermaßen gut gesorgt. Der/Die Coach:in verantwortet als Basisverantwortung den Rahmen und den Prozess des Coachings. Seine/Ihre Professionalität besteht darin, seine/ihre personale Gesinnungsethik in konkrete Verantwortungsethik umzusetzen.

Unterschiedlich ist jedoch die aus dem jeweiligen Ansatz zusätzliche, speziell hervorgehende Art der ethischen Verantwortung. Diese äußert sich darin, dass der/die jeweilige Coach:in sich *seinem/ihrem* Ansatz verbunden fühlt, und diesen möglichst lehrbuchgetreu unter Beachtung der situativen Besonderheiten anwendet.

Verstanden sein will diese Idee natürlich metaphorisch, denn im Sinn von *wer will was von wem und warum*, kann natürlich kein Ansatz für etwas Verantwortung im personalen Sinn übernehmen.

Wie wir oben erfahren haben, lehnt der systemische Ansatz eine Verantwortung dieser Art ab. Auf Grund der Autopoesie ist es dem/der Coach:in nicht möglich gezielte Fremdsteuerimpulse zu setzen. Somit muss auch keine Handlung verantwortet werden.

Anders dagegen im Personenzentrierten Ansatz. Nach Rogers (2018) hat jeder Mensch die Fähigkeit zur Entwicklung und Entfaltung seines Potenzials und ist hierfür selbst voll verantwortlich. Der/Die Coach:in verantwortet die Ermöglichung der Selbstaktualisierung (im Rahmen seiner/ihrer Basisverantwortung) nimmt seinem/ihrem Coachee die Verantwortung aber nicht ab.

Im existenzanalytischen Ansatz ist die Verantwortung zentrales Element der menschlichen Existenz. Nach dem Konzept der dialogischen Verantwortung verantwortet der/die Coach:in seine/ihre Handlungen gegenüber seinem/seiner oder ihrem/ihrer Coachee. Im Coaching befähigt er/sie ihn/sie bewusst Verantwortung für das eigene Leben zu übernehmen und stimmige Entscheidungen zu treffen. Der/Die Coachee bezieht Stellung zum eigenen Leben und handelt verantwortlich in Freiheit und mit Konsequenz. Im Kern bedeutet dies eine gemeinsame Verantwortung für die ethische Entwicklung des/der Coachees als Ansatzspezifikum des Existenzanalytischen Ansatzes von Längle (2014).

Als zentraler Aspekt der Gesinnungsethik, die die Prinzipien eines Ansatzes und dessen Handlungsabsichten in den Blick nimmt, stellt sich die klassische Frage nach *dem Guten*. Was ist das Gute in jedem Ansatz? Was macht jeden Ansatz so besonders, was unterscheidet ihn von den anderen, sodass sich alle drei Ansätze über Jahrzehnte nebeneinander behauptet haben.

Für den Personenzentrierten Ansatz lässt sich das Gute in der Fähigkeit der Selbstverwirklichung eines Menschen fassen. Wertschätzung, Empathie und Kongruenz seitens des/der Coaches/Coachin tragen zur gelingenden Selbstwerdung und Selbstoptimierung des/der Coachee bei. Bezeichnend hierfür ist das bekannte Bild des *Wohnzimmers*, in das der/die Coachee seinen/ihren Coach:in einlässt bzw. diese:r sich bemüht Einlass zu bekommen.

Zentrales Element im Existenzanalytischen Ansatz ist die Stimmigkeit. Kann, mag, darf und will der/die Coachee seine Handlungsabsicht realisieren? Mit der Erfüllung der Grundmotivationen erlangt der/die Coachee innere Zustimmung zu seiner/ihrer Handlungsabsicht, und die Freiheit verantwortungsvoll für sein/ihr Leben einzustehen.

Das Gute im Systemischen Ansatz liegt in seiner Perspektive auf den Kontext und das Beziehungsgeflecht in dem sich ein Mensch befindet. Heinz von Foerster

Tab. 1 Darstellung von Verantwortung in den verschiedenen Coachingansätzen

	Ethische Basisverantwortung des Coaches		
Verantwortungs-ethik	**Ansatzspezifische Kriterien**		
	Personenzentrierter Ansatz	**Existenzanalytischer Ansatz**	**Systemischer Ansatz**
	Sehr hohe Eigenverantwortung des Coachee	Gemeinsame Verantwortung von Coach und Coachee	Ablehnung von Verantwortung
Gesinnungsethik	**Was ist das Gute des Ansatzes**		
	Selbstverwirklichung	Stimmigkeit	Kontext
	Welche Welt entsteht beim Coaching		
	Coachee bleibt in seiner Welt verhaftet	Coachee entwickelt sich in die Welt	Coachee wird zum Beobachter der Welt

(1993) hat hierfür den Begriff der Beobachtung zweiter Ordnung geprägt. Der/Die Coachee, der/die als Teil der Welt mitten im Geschehen ist, stellt sich neben sich und erkennt als Beobachter:in der Welt seine/ihre Möglichkeiten. Diese Art der Unterscheidung auf die beiden humanistischen Ansätze übertragen bedeutet, beim existenzanalytischen Ansatz entwickelt sich der/die Coachee in seine/ihre neue Welt hinein, während der/die Coachee im personenzentrierten Ansatz in seiner/ihrer Welt verhaftet bleibt.

Auf einen Blick stellt sich die ethische Verantwortung der Coachingansätzen wie in Tab. 1 abgebildet dar.

Mit den hier gezeigten Aspekten lässt sich festhalten, dass Ethik eine relevante Unterscheidung im Coaching ausmachen kann. Neben der gemeinsamen Basis bieten die Ansätze verschiedene Anknüpfungspunkte, um im Dialog mit Fragen eine jeweils unterschiedliche Welt zu erzeugen. Eine neue Welt, die den/die Coachee in seiner/ihrer Entwicklung unterstützen kann.

Literatur

Blume, R. G. (2016). *Systemische Ethik*. Vandenhoeck & Ruprecht.

Brossi, R. (2006). *Krisenintervention in Gesprächspsychotherapie*. Facultas.

Finke, J. (2019). *Personenzentrierte Psychotherapie und Beratung*. Ernst Reinhardt.

von Foerster, Heinz (1993). In S. von J. Schmidt (Hrsg.), *Wissen und Gewissen: Versuch einer Brücke*. Übersetzung aus dem Amerikanischen von W. K. Köck. Suhrkamp.

Hübner, D. (2018). *Einführung in die philosophische Ethik* (2. Aufl.). Vandenhoeck & Ruprecht.

Jonas, H. (1979). *Das Prinzip der Verantwortung*. Suhrkamp.

Kaufmann, F.-X., Schott, R., & Franz, H.-J. (2012). Über die soziale Funktion von Verantwortung und Verantwortlichkeit. In E. Lampe (Hrsg.), *Verantwortlichkeit und Recht. Jahrbuch für Rechtssoziologie und Rechtstheorie* (14. Aufl., S. 204–228). Westdeutsche Verlag.

Kreß, H., & Müller, W. E. (1997). *Verantwortungsethik heute: Grundlagen und Konkretionen einer Ethik der Person*. Kohlhammer.

Längle, A. (2007). Existenzanalyse – durch Dialog zu Entschiedenheit anleiten in *Gesprächspsychotherapie und Beratung*, 7(1), S. 7-10.

Längle, A. (2014). *Lehrbuch zur Existenzanalyse. Grundlagen*. Facultas.

Längle, A., & Bürgi, D. (2014). *Existentielles Coaching, Theoretische Orientierung, Grundlagen und Praxis für Coaching, Organisationsberatung und Supervision*. Facultas.

Rogers, C. (1972). *Die nicht-direktive Beratung. Counseling and Psychotherapy*. Kindler.

Rogers, C. (2016). *Die klientenzentrierte Gesprächspsychotherapie*. Fischer.

Rogers, C. (2018). *Entwicklung der Persönlichkeit: Psychotherapie aus der Sicht eines Therapeuten* (21. Aufl.). Klett-Cotta.

Simon, F. B. (2014). *Einführung in die (System-)Theorie der Beratung*. Carl-Auer.

Thies, R. (2019). *Hans Jonas. Etappen seines Denkwegs*. Springer.

FSC
www.fsc.org
MIX
Papier | Fördert
gute Waldnutzung
FSC® C083411

Kolibri 360 GmbH
Ferdinand-Jühlke-Straße 7
99095 Erfurt, Deutschland
produktsicherheit@kolibri360.de